Martín Ocaña Flores

una aproximación evangélica

— a la teología de la prosperidad —

LOS BANQUEROS *de* DIOS

Segunda edición

Ediciones PUMA

Los banqueros de Dios
Una aproximación evangélica a la teología de la prosperidad

Hecho el Depósito Legal en la Biblioteca Nacional del Perú N° 2014-06693
ISBN N° 978-9972-701-93-1

Categoría: Vida cristiana - Asuntos contemporáneos

Segunda edición: junio 2014

Primera edición: octubre 2002

Editado por:

Av. Arnaldo Márquez 855, Jesús María, Lima
Telf.: (511) 423-2772
E-mail: puma@cenip.org
Web: www.edicionespuma.org
Ediciones Puma es un programa del Centro de Investigaciones y Publicaciones (CENIP)

Diseño de carátula: Henrique Martins Carvalho
Diagramación: Hansel James Huaynate Ventocilla

Contenido

Prólogo a la segunda edición

Las primeras teologías en la historia de la iglesia fueron apologéticas. Se trataba de elaborar una defensa de la fe en confrontación con los desafíos de otras religiones y de filosofías que amenazaban lo central del Evangelio. Paul Tillich define a la "apologética" como "teología que responde a la situación". Con la obra de Martín Ocaña, *Los banqueros de Dios* estamos, precisamente, en presencia de una teología apologética que responde a una situación concreta: el surgimiento, desarrollo y popularidad de la "teología de la prosperidad".

Aunque como bien señala el autor, sus promotores no designen su discurso con esa terminología, él mismo es portador de una teología cuyo eje central está en la prosperidad, sobre todo material, de los cristianos y las cristianas. Por definición, "teología" es un *logos* (discurso, razonamiento, ciencia) concerniente al *Theos* = Dios. No hay una sola manera de hacer teología. Se trata de un campo de conocimientos tan diverso que se podría decir que su enumeración es casi infinita: teología bíblica, teología sistemática, teología pastoral, teología histórica, teología estética, teología política, teología contextual, teología de la liberación, teología de género, etc. Pero si hay algo que unifica a la teología cristiana —ya que hay teologías que no son cristianas— es el fundamento bíblico.

Como bien señala Ocaña, una "teología bíblica, por lo anteriormente dicho, es una construcción humana seria, responsable, y que presupone —como mínimo— el *manejo de diversas herramientas* que hagan de su discurso, y de la práctica que acompaña, una articulación coherente, fiel a "todo el consejo de Dios". Esta última frase, "todo el consejo de Dios", tiene una importancia mayúscula, porque siendo la Biblia una colección de libros, se ha dicho hasta el cansancio que con ella se puede fundamentar cualquier cosa. Todo depende de los textos que privilegiamos a la hora de elaborar una teología.

Las llamadas "sectas" —no olvidemos que el cristianismo comenzó como una "secta" del judaísmo— tienen un mínimo común denominador: basan sus doctrinas en "textos sueltos" de la Escritura. No apelan a la totalidad del consejo de Dios, interpretando lo que en general enseña la Biblia sobre un tema en particular. En el caso del discurso teológico que nos ocupa, sus promotores, como demuestra el autor, apelan a una "hermenéutica simbólica". La cita de textos de la Biblia no convierte a una teología en teología bíblica *stricto sensu*, ya que esos textos sólo son un aditamento a los presupuestos adoptados previamente a modo de *petitio principii*.

Ocaña rastrea en los orígenes de este movimiento e insinúa que acaso nos encontramos con una especie de "Weber redivivo". En efecto, el sociólogo Max Weber había planteado en su obra *La ética protestante y el espíritu del capitalismo* —texto que a menudo se lee superficialmente— un contraste entre países protestantes y países católicos. El *ethos* de sus respectivos pueblos era tan contrastante que para los primeros el trabajo, el ahorro y la prosperidad económica servían de acicate para su acción en el mundo; en otras palabras, se trataba de una santidad intramundana que confirmaba la elección divina. Por el contrario, para los segundos, la santidad y espiritualidad cristianas se hacían patentes en el servicio sacerdotal. Ahora, la teología de la prosperidad pareciera remozar ese esquema, pero de un modo más radical e incisivo: en la medida en que el cristiano y la cristiana prosperen, como "hijos e hijas del Rey", autenticarán su filiación divina en el mundo. Lo que el autor afirma sin ambages es que efectivamente hay prosperidad económica en los ámbitos estudiados, pero en su mayoría los que prosperan no son los creyentes en general sino, sobre todo y, casi exclusivamente, los líderes de esos espacios religiosos.

De manera particular debe destacarse el esfuerzo del teólogo peruano por analizar la presencia e impacto de la teología de la prosperidad en su propio país. Citando a su compatriota Samuel Escobar, Martín Ocaña Flores dice que en los escenarios del neopentecostalismo, los discursos ya no son la "articulación teológica" propia de los evangélicos ni la predicación narrativa del pentecostalismo clásico, sino que se trata, pura y simplemente, de un discurso "que exalta la funcionalidad de la fe". En otras palabras, apela a su aceptación para lograr resultados palpables en términos de prosperidad económica.

El autor define bien a la teología de la prosperidad como un nuevo fundamentalismo, ya que se construye a partir de los postulados clásicos del fundamentalismo estadounidense, con su énfasis en la infalibilidad de la Biblia y su "inerrancia", aunque este último aspecto fue un agregado posterior del movimiento. Sobre la responsabilidad social, este nuevo fundamentalismo se torna simplista y evasivo, ya que todo se solucionará, mágicamente, si se siguen las recetas de su discurso. El texto de Ocaña señala con acierto que el plano en que se construye ese discurso es eminentemente individualista; se trata de que cada uno alcance su salvación económica sin importarle el prójimo en su necesidad, a quien solo cabe convertirlo a este nuevo evangelio de prosperidad.

También debe destacarse la identificación de este movimiento teológico como una nueva religiosidad evangélica o, mejor expresado, "de los evangélicos", ya que con el evangelio de Jesús tiene poco o nada que ver. Este aspecto muestra la importancia de las expresiones religiosas del culto, el discurso, los ritos y los gestos que resignifican una fe determinada y se corporizan en aspectos de magia presentes en otras expresiones y que los propios fundamentalistas se han ocupado de criticar de modo acerbo y constante. Se cumple, entonces, lo que Jesús dijo de los hipócritas (etimológicamente: actores) que ven la paja en el ojo del prójimo sin advertir que tienen una viga en el propio (Mt 7.3). En otras palabras: estos neofundamentalistas —para usar la nomenclatura de Ocaña— se han ocupado de criticar las procesiones, las romerías y las invocaciones a la virgen María y a los santos, propios de la religiosidad popular católico-romana, pero ahora ellos practican lo mismo bajo otras invocaciones para obtener la ansiada prosperidad. El autor reflexiona sobre el tema de la "pentecostalización" de las iglesias evangélicas y, aunque no define lo que significa ese fenómeno, hace bien en dejarlo planteado como una tarea propia de especialistas que puedan distinguir claramente entre el pentecostalismo histórico o clásico y esta "neopentecostalización" a la cual pareciera han ingresado muchas iglesias que distan de tener un origen en el pentecostalismo original.

En algunos tramos de su exposición, Ocaña apela al humor, como cuando señala que algunos de los líderes de esta teología en Estados Unidos han construido verdaderos imperios económicos a partir de seducir a los incautos con su discurso de la prosperidad. De "evangelistas" han mutado en "evange-listos". O cuando señala que los neopentecostales consideran como "ataduras espirituales" escuchar la música del dúo Pimpinela o de Camilo Sesto. No dice nada de Madonna o de Shakira, aunque suponemos que también podrían agregarse a la lista de las músicas "mundanas" a las cuales hay que renunciar.

Debemos apreciar el abordaje multidisciplinario que el autor realiza al fenómeno en estudio. No es sólo un análisis bíblico y teológico sino también psicológico y sociológico, apelando a una diversidad de fuentes de autores respetables en esas disciplinas. Esto es sumamente importante porque, en general, los evangélicos se han caracterizado por analizar el fenómeno religioso sólo desde la óptica bíblico-teológica, sin advertir que también debe ser estudiado desde la psicología, la sociología y la fenomenología de la religión.

En síntesis, *Los banqueros de Dios*, en la segunda edición revisada y ampliada, representa una teología apologética, contextual y valiente. Es, en términos de Paul Tillich, una "teología que responde la situación" no sólo existencial sino también religiosa en que nos encontramos a partir de la instalación de la prosperidad como nuevo eje hermenéutico. Es contextual porque se elabora como respuesta a esa situación concreta y, sobre todo, es valiente debido a que el autor ha superado cualquier tipo de temor para deconstruir el andamiaje conceptual de este falso evangelio cuya popularidad no lo autentica a la luz del testimonio bíblico. Es un "evangelio" que sustituye la gracia de Dios por las obras; es utilitario, consumista e individualista.

Con las más diversas herramientas hermenéuticas procedentes, no sólo de las ciencias teológicas sino también de las sociales, Ocaña Flores ha desenmascarado el falso evangelio de la prosperidad por ser una propuesta que no viene del Dios de la gracia, solidario con los pobres y desclasados, sino una deidad cuyos elegidos son los que apuestan a una lotería celestial para disfrutar en la tierra. Debemos agradecer a este joven teólogo peruano por ofrecernos una obra polémica pero sumamente necesaria en estos tiempos en los que parece que la globalización no sólo es un fenómeno económico y cultural sino también religioso.

ALBERTO F. ROLDÁN
Argentino, doctor en Teología y máster en Ciencias Sociales y Humanidades
Director de Posgrado del Instituto Teológico (FIET)
Director de la revista Teología y Cultura *(www.teologos.com.ar)*
Buenos Aires, enero de 2013

Introducción a la segunda edición

Han pasado poco más de diez años desde la primera edición del presente libro. Muchas cosas han sucedido en el escenario latinoamericano, así como muchas experiencias ministeriales han profundizado mi reflexión acerca de la teología de la prosperidad y el neopentecostalismo (o Nueva Reforma Apostólica, como prefieren llamarse hoy).

Por ejemplo, en estos diez años los propugnadores de dicha teología no sólo no han producido una obra seria sino que han continuado en lo mismo, es decir, se han limitado a seguir divulgando una serie de tratados carentes de sólido fundamento bíblico. Hasta daría la impresión de que la biblia les interesa poco, pues la usan como mejor les conviene. En eso no se distinguen de algunas agrupaciones religiosas, como los testigos de Jehová y sus "textos de prueba"[1]. La hermenéutica bíblica sigue siendo uno de sus mayores déficits.

Como estos nuevos vientos de doctrina se esparcen rápidamente, la teología de la prosperidad también ha llegado a la Iglesia Católica. Y no me refiero a la prosperidad que exhibe aún con no poca

---

1 Por ejemplo: Bruce Wilkinson. *Una vida recompensada por Dios*. Miami: UNILIT, 2002; Ed Silvoso. *Ungido para os Negócios*. São Paulo: Willaim Books, 2003; Dennis Peacocke. *Haciendo negocios a la manera de Dios*. Santa Rosa: Rebuild, 2003; Kenneth Ulmer. *Haz que tu dinero cuente*. Miami: Vida, 2009; y Orison Swett Marden. *El camino de la prosperidad*. Madrid: Editorial Creación, 2010, entre otros.

ostentación dicha iglesia, sino a que dicha teología *en tanto doctrina* ha penetrado a la institución (y no sólo a la rama carismática)[2]. El obispo guatemalteco Víctor Palma, en la XII Asamblea General del Sínodo de los Obispos celebrado en Roma (5–26 de octubre de 2008), no dudó en señalar que la teología de la prosperidad es la evidencia de "la *magicización* del texto bíblico".

Por otro lado, diversas instituciones, concilios, iglesias y denominaciones en América Latina se han pronunciado contra la teología de la prosperidad, el movimiento de guerra espiritual y los nuevos apóstoles (autodenominados "Nueva Reforma Apostólica"). En la experiencia peruana, las denominaciones evangélicas más grandes en número no sólo han tomado distancia, sino que además han producido sólidos documentos teológicos y pastorales para salvaguardar la sana doctrina y la práctica consecuente[3].

En consonancia con lo anterior, y desde otras latitudes, hace poco el Consejo Nacional de Evangélicos en Francia (CNEF) redactó un documento con el propósito de apartar la teología de la prosperidad de las iglesias francesas[4]. Y la prestigiosa Comisión de Teología del grupo de Lausana (entre ellos Chris Wright) sostiene que "las enseñanzas de los que promueven enérgicamente el 'evangelio de la prosperidad' son falsas y distorsionan gravemente la Biblia".[5]

Estas ilustres voces ratifican tan sólo una vez más lo que se ve en el campo de la práctica misionera. Así Peter Cotterell, un

---

2 Manlio Graziano. "L'église Catholique et la Théologie de la Prospérité en Amérique Latine". En *Outre Terre*, n.° 18, 2007/1, pp. 55–85.

3 Algunos de estos documentos se encuentran en *Textos para la Acción*, n.° 15, año 9, Lima, 2001, pp. 125ss.

4 Ninro Ruiz Peña. "Evangélicos franceses acuerdan alejarse de la teología de la prosperidad". Disponible en *http://www.noticiacristiana.com/educacion/teologia/2012/07/evangelicos-franceses-acuerdan-alejarse-de-la-teologia-de-la-prosperidad.html* (Jueves 5 de Julio de 2012). También en Francia la prestigiosa revista misiológica *Perspectives Missionnaires*, n.° 53, 2007/1, dedicó ese número a la economía y la fe, en el cual se analiza la teología de la prosperidad.

5 "Grupo Lausana apela contra el mensaje a la prosperidad". Disponible en *http://www.noticiacristiana.com/educacion/teologia/2009/12/grupo-lausana-apela-contra-el-mensaje-a-la-prosperidad.html* y en el documento *El Movimiento de Lausana, El compromiso de Cape Town*, se lee: "La predicación y la enseñanza generalizada del evangelio de la prosperidad en todo el mundo plantea problemas significativos".

exmisionero en Etiopía que conoce de cerca cómo opera la teología de la prosperidad en ese país, sostiene que ésta tiene una deficiente hermenéutica bíblica[6]. En realidad, el problema con dicha teología es más profundo aún. Como dice Mc Connell, el "evento central del cristianismo no es la prosperidad sino la cruz y la resurrección de Jesús"[7]. Otros, como Jérôme Anciberro, prefieren observar que dicha teología no es sino una verdadera idolatría del dinero, además de ser hedonista y profundamente antropocéntrica[8]. Y en opinión de Valdir Steuernagel, la teología de la prosperidad alimenta ideológicamente la estructura social injusta[9].

En estos últimos diez años el Señor me ha permitido no sólo conocer de cerca diversas iglesias del continente, sino también dialogar con pastores, participar en talleres y congresos, entrevistar a teólogos reconocidos de América Latina, así como pronunciar conferencias en diversos países sobre el tema de este libro. Todas estas experiencias valiosas me permiten decir con certeza que el contenido de la primera edición de *Los banqueros de Dios* sigue totalmente en pie.

Por eso es que para esta segunda edición me he limitado a lo siguiente: actualizar la bibliografía, corregir las erratas, que al parecer son inevitables, recortar algunas citas y párrafos, así como incluir dos nuevos ensayos y un apéndice. Debo decir que inevitablemente tuve que prescindir de "La iglesia de los empresarios", que apareció en la primera edición, por razón que abordaba un libro de fines de los noventa. Esta nueva edición, pues, profundiza lo que se planteó en la primera edición y actualiza la temática del libro con un ensayo sobre

6 Peter Cotterell. *Prosperity Gospel*. Leicester: RTSF, 1993.

7 D. Mc Connell. *A Different Gospel*. Peabody: Hendricksen Pub., 1990, p. 180. En ese mismo sentido, Andrew Heard sostiene que la teología de la prosperidad tiene un mensaje muy peligroso al partir de un concepto equivocado de Jesucristo. *Cf.* "A different Jesus". En *The Briefing*, n.° 338, Irlanda, 2006, pp. 10–13 (número dedicado a la teología de la prosperidad).

8 Jérôme Anciberro. *In discussione la teologia della prosperità*. Disponible en: *www.temoignagechretien.fr*.

9 Valdir Steuernagel. "To seek to transform unjust structures of society". En A. Walls & C. Ross (editores). *Mission in the 21st Century. Exploring the five marks of Global Mission*. New York: Orbis Books, 2008, p. 75.

los nuevos apóstoles ("Nueva Reforma Apostólica, nueva teología política").

Aquí es útil recordar que diversos estudios críticos sobre la teología de la prosperidad y la Nueva Reforma Apostólica han aparecido en los últimos años. A la conocida obra de Leonildo Silveira Campos, *Teatro, templo y mercado. Comunicación y marketing de los nuevos pentecostales en América Latina* (Quito: Abya Yala, 2000), hay que añadirle el trabajo de Paulo Barrera, *Tradiçao, Transmissao e Emoçao Religiosa. Sociologia do Protestantismo Contemporáneo na América Latina* (São Paulo: Olho d'Agua, 2001).

Por su parte, Guillermo Green en Costa Rica publicó *¡Alerta Roja!* (Guadalupe, Costa Rica: CLIR, 2009) donde aborda con agudeza bíblica y corazón pastoral los temas que también nos preocupan a nosotros. Más recientemente han aparecido los libros de David Jones y Russell Woodbridge *¿Salud, riquezas y felicidad?* (Grand Rapids, MI: Portavoz, 2012) y Katherine Attanasi y Amos Yong (editores). *Pentecostalism and Prosperity* (New York: Palgrave Macmillan, 2012). Este último libro explora las implicaciones socioeconómicas de la teología de la prosperidad en la vida de pentecostales. Finalmente, está el trabajo de Osías Segura: *Riquezas, templos, apóstoles y súper apóstoles* (Barcelona: CLIE, 2012), que se suma a la monografía de Yattenciy Bonilla y Freddy Guerrero. *Nuevas formas de poder. Movimientos apostólicos y mesiánicos "evangélicos"* (Quito: CLAI – FLET – FLEREC, 2005).

Por otro lado, quiero señalar que tanto la teología de la prosperidad como el nuevo movimiento apostólico (o "Nueva Reforma Apostólica") nos siguen desafiando a los cristianos evangélicos, por lo que se hace necesario reflexionar en las tareas que aún tenemos y que apenas señalo a modo de orientación o provocación (en el mejor sentido de la palabra).

Tareas pendientes:

Para las iglesias y denominaciones:

Aunque felicitamos a las denominaciones que han tomado una postura clara frente a la teología de la prosperidad y los nuevos apóstoles, no es suficiente. Es necesario hacer un trabajo fuerte de discipulado a nivel de iglesias locales y continuar con el adoctrinamiento bíblico. No hay que olvidar que esos vientos de doctrina aprovechan cualquier fisura para causar destrozos.

Para los seminarios teológicos:

Así como en los cursos de "teología contemporánea" se estudian las teologías y teólogos que "han hecho daño" a la iglesia, ya es hora de incluir en esa materia la teología de la prosperidad y otras corrientes de pensamiento afines. ¿Hasta cuándo se las va ignorar dejando, en consecuencia, sin una opinión fundada en la Biblia a los que se preparan para el ministerio?

Para los teólogos:

Creo que es tiempo de dar mayor atención en nuestras investigaciones y publicaciones a la teología de la prosperidad y a la Nueva Reforma Apostólica. Estos movimientos han aparecido con la pretensión de perpetuarse y dominar todo el escenario religioso (y político, creo yo) en América Latina. Los nuevos fundamentalismos religiosos reclaman nuestra atención. No es que éste sea el único tema a investigar. Se trata de no pasar por alto lo que está afectando a la iglesia del Señor.

Mi agradecimiento al Dios de la vida por las fuerzas que recibí para terminar esta edición actualizada en medio de las diversas responsabilidades ministeriales. Una vez más agradezco a Ediciones Puma, en la persona de Víctor Arroyo, por la confianza para publicar esta segunda edición. Agradezco a mi familia, a cada uno de ellos por el enorme apoyo que me han dado, y particularmente a mi amada esposa, Mercedes, quien no sólo es mi compañera de vida sino de ministerio. Su aliento, apoyo y cariño es algo que va más allá de todo reconocimiento. A ella le dedico este libro.

Moquegua, Perú, setiembre del 2013.

Introducción a la primera edición

El presente escrito tiene el único propósito de ofrecer una visión de la llamada teología de la prosperidad. Es mi opinión que esta nueva corriente teológica es la expresión "doctrinal" —aunque es mucho más que eso— de una nueva religión (el neopentecostalismo) cuyos orígenes tienen algo que ver con el pentecostalismo clásico, así como con el protestantismo, y que tiene vínculos muy estrechos con las nuevas filosofías propias de la presente época de incertidumbres, vacíos y fragmentaciones —la posmodernidad— y con la globalización del mercado. Aunque básicamente el libro está enfocado en la teología de la prosperidad en el Perú, creemos que puede servir para entender ese nuevo discurso que está presente en toda América Latina, pues tienen los mismos orígenes y las mismas características.

Actualmente la teología de la prosperidad tiene un rol protagónico en el campo religioso latinoamericano, tanto así que las consecuencias ya podemos verlas con nuestros propios ojos. Este libro intenta describirlo y evaluarlo a partir de algunas experiencias concretas y de la abundante producción bibliográfica. Sobre un tema tan complejo, lo único que tenemos que decir es que pretendemos dar un pequeño aporte, nada más. Asimismo, nos han motivado a escribir este trabajo preocupaciones de índole pastoral. Creo que mucha de la predicación que ha invadido a las iglesias evangélicas y los medios de comunicación, tiene un contenido realmente cuestionable a partir de la revelación bíblica. Aun así, espero que este libro sea tomado como un humilde aporte en el amplio diálogo hermenéutico para la articulación de una teología bíblica, no de la prosperidad, sino del bienestar humano en las actuales condiciones y proyecciones de América Latina.

Este libro ha sido escrito pensando fundamentalmente en los pastores y líderes de las diferentes iglesias evangélicas, que no son necesariamente eruditos en temas teológicos o religiosos, pero que tienen la enorme tarea y responsabilidad de enseñar a la iglesia *todo el consejo de Dios* (Hch 20.27). Por otro lado, debo advertir al lector que este libro no tiene todas las respuestas a todas las inquietudes o preguntas que se tengan sobre el tema. Como no existe un manual de teología de la prosperidad —en el que se expongan sistemáticamente sus doctrinas sobre Dios, la iglesia, el hombre, la fe, la conversión, etcétera— dejo que el lector haga deducciones directamente de las referencias bibliográficas. Lo invito, pues, a una tarea hermenéutica como parte de su interés por comprender la teología de la prosperidad. Pido disculpas de antemano a los lectores porque encontrarán abundantes citas, algunas bastante amplias. Si las he incorporado al texto es por la sencilla razón de que deseo que tengan fuentes de primera mano a su alcance y juzguen por sí mismos.

Además, quiero aclarar que he escrito este libro condicionado por mis experiencias y circunstancias. He sido pastor en varias iglesias y también docente teológico en diversas instituciones tanto en Lima como en el interior del Perú. Soy evangélico y latinoamericano, y mis preocupaciones se relacionan con estas referencias. No puedo escribir, por tanto, de otra manera. Este trabajo, como cualquier otro, es perfectible. Si hay cosas que he olvidado, complételo. Si hay cosas en que estoy equivocado, entonces corríjalo. Realmente espero que este libro motive a otros hermanos y hermanas en la fe a investigar más profundamente las nuevas doctrinas neopentecostales como parte de su preocupación pastoral, y que luego compartan con el pueblo de Dios el fruto de su trabajo. Necesitamos urgentemente la Palabra de Dios, que es viva y eficaz para toda persona, en medio de tanto griterío que pervierte la fe y la praxis cristiana. Tengo la convicción de que la teología de la prosperidad no ahogará "la Palabra del Señor que permanece para siempre" (1P 1.25).

Doy gracias a Dios por haberme regalado el tiempo y las fuerzas necesarias para culminar este escrito, pero también agradezco a muchas personas e instituciones que han hecho posible que este libro vea la luz: aquellos que me ayudaron recopilando materiales, haciendo entrevistas, proveyendo información de primera mano, incluso dándome la oportunidad de compartir mis investigaciones. Entre éstos se encuentran los núcleos de Costa Rica y del Perú de la Fraternidad Teológica Latinoamericana, la Universidad Bíblica Latinoamericana (tanto en su sede central de Costa Rica como en su Recinto en la ciudad de Lima), el Instituto Bíblico de Lima, el Seminario Evangélico Bautista del Sur del Perú (en Moquegua y Tacna), el Concilio Nacional Evangélico del Perú, el Centro Evangélico de Misiología Andino-Amazónica (CEMAA) y su Facultad Evangélica Orlando E. Costas, el periódico *La Verdad*, y la revista *Signos de Vida* (Quito), entre otros.

En particular quiero agradecer a seis personas: al Dr. Heinrich Schäfer, asesor de tesis, quien leyó parte del texto y me dio diversas sugerencias de carácter metodológico; a Roger Araujo, pastor presbiteriano, y Tito Pérez, periodista, quienes siempre me animaron a publicar mis escritos; a mis hermanas Elhui y Teddy por todo el apoyo que me dieron para elaborar este trabajo; y sobre todo a Meche, mi amada esposa, quien literalmente tuvo que soportar muchas ausencias mías. No exagero, ni una tilde, si digo que con ella compartí este trabajo antes de publicarlo y que le debo muchas observaciones e ideas. Aun así, todos los posibles aciertos y desaciertos son de única responsabilidad mía.

Capítulo 1

Acercamientos a la teología de la prosperidad

Sabemos que no existe en ninguna parte de América Latina una reflexión teológica que se autodesigne "evangelio de la prosperidad" o "teología de la prosperidad". Igualmente, sus expositores tampoco se identifican en esos términos. Lo que sí se puede constatar es que son los críticos quienes les han dado esos calificativos. *En definitiva se trata de un apodo, nada más, pero que no ha sido todavía lo suficientemente explicado, y tal vez tampoco sea necesario hacerlo.* Nos parece, sin embargo, que mientras "evangelio" se refiere a un discurso *poco articulado* teológicamente, digamos un anuncio o predicación; "teología" designa un pensamiento oral o escrito mucho *más elaborado teóricamente*. Nuestra percepción, además, es que los apologetas de dicha reflexión teológica se sentirían más a gusto con el término "evangelio" que con "teología", pues mientras el primero tiene la connotación de una "buena noticia" el segundo posee una connotación más "racionalista" o "modernista" que ellos rechazan.

Este capítulo, además, tiene su origen en la *existencia* del discurso teológico de la prosperidad económica en las nuevas agrupaciones religiosas y en las más variadas iglesias protestantes, así como en la *casi ausencia* de una sistematización y evaluación de ella en la reflexión teológica en América Latina, hasta donde tenemos conocimiento. Nos proponemos ofrecer algunas aproximaciones a la comprensión de la teología de la prosperidad. Como el lector comprobará, hemos planteado el tema mediante seis preguntas. Son preguntas que me han hecho los líderes de las iglesias, y que ahora se las devuelvo un poco más elaboradas con la esperanza de seguir profundizando el diálogo. Ciertamente, no he tomado en cuenta algunas propuestas que no son sino disparates mal intencionados (como aquella explicación de que la teología de la prosperidad es la verdadera teología de la liberación o su verdadera concreción en el actual contexto)[1].

¿Una auténtica teología bíblica?

Se presupone que toda articulación teológica debe tener un mínimo de fundamento bíblico, tanto del Antiguo como del Nuevo Testamento. La tentación de todas las teologías es la de presentarse como "verdaderamente" bíblica y "profundamente" contextual. Ninguna teología, es obvio, va a presentarse como opuesta al espíritu de la Biblia y ajena a la realidad que pretende llegar. Fidelidad a la Palabra de Dios y a las necesidades del contexto en que surge la reflexión es el anhelo de la teología. Pero fidelidad a la Palabra de Dios no significa citarla mecánicamente (como en algunos grupos religiosos llamados "sectas"), sino considerar la Biblia en sus respectivos contextos. Eso implica un serio *trabajo hermenéutico*, respetando las reglas de interpretación (exégesis). Por otro lado, se espera que la reflexión teológica surja y responda a las necesidades sentidas, las luchas cotidianas y las esperanzas de la comunidad de fe, para que no parezca ajena, extraña o impuesta. Una teología bíblica, por lo anteriormente dicho, es una construcción humana seria, responsable, y que presupone —como mínimo— el *manejo de diversas herramientas* que hagan de su discurso, y de la práctica que lo acompaña, una articulación coherente, fiel a "todo el consejo de Dios".

En la tradición teológica en la cual la mayoría de los evangélicos hemos conocido al Señor, es decir, el conservadurismo teológico, hasta donde recuerdo nunca se pasó por alto el tema de la bendición material que viene de Dios. Se predicaba que la práctica del diezmo y la fidelidad a Dios traían consigo las bendiciones, siguiendo el

1 *Cf. Noticias Aliadas*, vol. 37, n.° 31, 28 de agosto del 2000.

texto bíblico de Malaquías 3, entre otros. Bendiciones entendidas en sentido integral: bienes materiales para cubrir las necesidades diversas (salud, trabajo, otros), y bienes espirituales (dones, mayor fe, otros) para trabajar en la misión encomendada por el Señor. Este tipo de predicación iba acompañada de la exigencia de ser "buenos ciudadanos", respetuosos de la ley y del Gobierno. Además, el creyente evangélico debía ser trabajador, honrado, justo y no despilfarrador. Evidentemente este discurso, y la práctica exigida, eran herederos de las afinidades casi "naturales" entre protestantismo y liberalismo de fines del siglo XIX e inicios del XX. En un periódico protestante de Lima, de 1918, se leía lo siguiente:

> — ¿El señor es Protestante?
>
> — Sí, y tengo a honra serlo.
>
> — Pero ¿no son los protestantes unos sectarios fanáticos, una gente de la clase más pobre e ignorante? Así pensamos nosotros los librepensadores.
>
> — ¡Sí, sí, y nuestra Santa madre Iglesia Católica los tiene declarados a ustedes herejes y condenados al fuego del infierno!
>
> — Pues, señores, yo soy protestante y les diré por qué. Los protestantes basan su religión en la Biblia, ley de Dios, la cual han traducido en quinientas lenguas, y se esfuerzan por hacerla llegar a las manos de toda criatura de Dios. *De ahí vino la emancipación de la inteligencia y el alma, la libertad de los esclavos, y la salvación de las naciones de la tiranía del Papa y de los reyes. A los protestantes se les debe hoy la libertad religiosa y la forma republicana de gobierno.* Más de 16 mil hombres han salido de Inglaterra, Estados Unidos y Alemania y se hallan desparramados entre las naciones para enseñar al pueblo la ley de Dios.
>
> Los protestantes han hecho general y sólida la instrucción por tanto tiempo encerrada en los muros de los conventos. *Ha aumentado millares de veces las riquezas materiales del mundo, llenándolo de una prosperidad y felicidad jamás soñadas. Tienen en sus manos la balanza del destino de las naciones.* Los primeros estadistas, los primeros sabios, los primeros predicadores del mundo se encuentran hoy en medio de ellos.

> La civilización moderna se debe a ellos, que son el baluarte y centro de donde brotan regueros de luz alrededor del mundo. *¿Qué nación romanista puede compararse con las naciones protestantes en cultura intelectual, moral y física?* Éstas se encuentran a la vanguardia de todo cuanto es bueno y útil en todos los ramos de la actividad humana[2].

Este artículo de por sí es muy elocuente. Pone de manifiesto los diversos conflictos entre protestantismo y catolicismo, pero además evidencia la herencia ideológica del Destino Manifiesto norteamericano, así como ese discurso protestante vinculado a la modernidad económica y política que trae como consecuencia inevitable la prosperidad material. Es en este protestantismo en el cual crecieron algunas generaciones de evangélicos que tanto aportaron a la causa del Señor. El evangelista argentino Luis Palau, más cercano a nosotros cronológicamente, enseña lo siguiente:

> De acuerdo con las Escrituras, Dios está más dispuesto a dar que lo que nosotros estamos dispuestos a recibir. Dios tiene preparada prosperidad, éxito y bendición para los creyentes. Pero se debe poner la confianza en Dios, en su palabra y en sus promesas. Dios es su Padre y le ama. El ama su espíritu, alma y cuerpo, y ama también a su familia. Dios *quiere y puede* bendecirle, a todo nivel y en todos los aspectos de su vida. Estudie cuidadosamente las instrucciones divinas para salir del fracaso, de la depresión, de la pobreza y para triunfar en la vida. ¡Gloria a Dios por ser padre de misericordia! "Dios es amor"[3].

Dejando de lado el probable dualismo antropológico de Palau, debemos decir que traduce bien el viejo discurso protestante leído líneas arriba. Detrás de *El Heraldo* y de Palau, está implícita la idea de que los cristianos evangélicos estamos llamados a evidenciar éxito y prosperidad. Se entiende, incluso, que es algo normal o "natural"

---

2 "¡Esos protestantes!". *El Heraldo,* Periódico religioso mensual, Vol. III, n.° 33, Lima, noviembre de 1918. El énfasis es mío.

3 "Bendición y prosperidad". *Continente Nuevo*, n.° 17, 1988, pp. 4–8.

la prosperidad en los evangélicos. Lo que queremos decir es que el discurso evangélico desde que llegó a estas tierras nunca tuvo reparos o temor de relacionarse con temas económicos, y no sólo se detuvo en temas como "la mayordomía cristiana", sino que llegó a proponer que los cristianos debían vivir en prosperidad material. Esta prosperidad o éxito para los cristianos exigía guardar primeramente cierta ética que Max Weber llamaba "protestante": trabajo, consumo frugal, ahorro e inversión. Al final el fruto sería la ganancia económica.

Personalmente he conocido muchos casos de hermanos que, después de su conversión al Señor, dejaron diversos vicios (licor, juegos de azar, entre otros) y dedicaron esos gastos perdidos a la educación de los hijos y los negocios familiares. Evidentemente la prosperidad no se dejó esperar. Tal vez sólo algunos se hicieron ricos, pero la gran mayoría mejoraron su situación sustancialmente. La prosperidad, como vemos, exigía el trabajo esforzado. "Esfuérzate y sé valiente que el Señor te ayudará", predicaban los pastores de diversas denominaciones (bautistas, metodistas, presbiterianos, pentecostales, entre otras), y realmente el Señor ayudaba a sus esforzados siervos.

Sin embargo, en las últimas dos décadas han comenzado a proliferar diversos discursos de prosperidad material (entiéndase riquezas abundantes) en toda América Latina. Se predica abiertamente en las iglesias y por los medios de comunicación que los cristianos están obligados a ser ricos, y si no lo son es porque viven en pecado o les falta fe en las leyes de prosperidad que se encuentran en la Biblia. Este nuevo mensaje es conocido como la teología de la prosperidad. Como era de esperar, algunos teólogos y pastores rápidamente han identificado esta nueva corriente con la vieja ética protestante, sin notar las enormes diferencias tanto en los niveles de contenido como del contexto social en que se presenta.

Hay quienes creen que esta teología estaría en continuidad con la vieja ideología liberal que legitimó el capitalismo, y que hoy es *reinterpretada* como *ideología del ascenso social*, lo que explica la creencia de que Dios bendice a los ricos y que motiva a un tipo de vida extremadamente individualista, propia de la mentalidad del mercado, en la que se da gran importancia a los resultados y al dinero. Por ello, no sorprende que algunos reconozcan este discurso como válido y acorde con cierta tradición protestante. Esto explica la teoría según la cual "la Biblia enseña la prosperidad de los hijos de Dios", o que "la teología de la prosperidad se encuentra en la Biblia"; y que por tanto nosotros deberíamos prestarle mayor atención.

Esta interpretación, que se encuentra en algunos círculos académicos, cree que la teología de la prosperidad es, en el fondo, un sincero llamado de atención a la teología evangelical actual que descuidó —supuestamente— el tema de la prosperidad material. La tarea, señalan, sería evitar los excesos a los que nos está llevando esta teología: el afán de lucro, la pérdida de sensibilidad por los necesitados, el espíritu sacrificado en el cumplimiento de la misión, etcétera[4]. Algunos creen, incluso, que los libros de Proverbios y Deuteronomio servirían para fundamentar una "auténtica teología bíblica de la prosperidad".

¿Un nuevo fundamentalismo?

Como es de común conocimiento, el fundamentalismo teológico remite a una cosmovisión y un cuerpo doctrinal surgidos a inicios del siglo XX en los Estados Unidos con el propósito de combatir el "modernismo" (teología liberal) que en el aspecto teológico negaba el milagro y cuestionaba la autoridad de la Biblia (infalibilidad e inerrancia)[5]. Este tipo de fundamentalismo fue la piedra angular de la teología de algunos misioneros que llegaron a América Latina. Muy pronto, en el contexto de la "guerra fría", se volvió en algunos casos ideológica y políticamente ultraderechista, justificando teológicamente incluso dictaduras sangrientas en esta parte del continente, y bendiciendo experimentos económicos venidos del Norte.

La pelea en Estados Unidos entre "fundamentalistas" y "liberales" muy pronto se sintió en América Latina, y así nos trajeron un problema que no había por qué tenerlo en medio nuestro. A los

---

4 Gene Getz. *La verdadera prosperidad*. Miami: Vida, 1994.

5 Para una visión del tema, ver John Stott. *La verdad de los evangélicos*. San José: INDEF-Visión Mundial, 2000, pp. 15–20.

hermanos que reclamaban justicia social, rápidamente se los acusó de ser partidarios del Evangelio Social (una teología estadounidense de inicios del siglo pasado), de la teología de la liberación e, incluso, de ser comunistas. La sombra del senador McCarthy llegó a nuestras tierras. Estas actitudes trajeron consecuencias nefastas para la iglesia del Señor. No sería exagerado decir que muchas de las divisiones en las iglesias se deben a la responsabilidad de algunos misioneros y, también, de algunos dirigentes nacionales ávidos de poder y adictos al financiamiento foráneo[6].

Este fundamentalismo teológico-político, a decir de algunos, no habría desaparecido con el derribo del Muro de Berlín (1989), sino que se habría transmutado en una nueva ideología religiosa, siempre dualista y "evasiva" de la responsabilidad social. Este nuevo fundamentalismo, además de anticomunista, asume el discurso del mercado libre justificándolo teológicamente. Se trataría de un "fundamentalismo económico" que trae la buena noticia de salvación a los pobres del mundo en nombre del mercado neoliberal. Dicen algunos autores que este neofundamentalismo respondería a las diversas necesidades surgidas en las crisis de inicio de milenio.

¿Cuál es esta ideología religioso-económica o neofundamentalismo? La teología de la prosperidad. Ésta sería un producto de la poderosa e influyente clase media norteamericana y que se expande por todo lugar habitado. Esta teología que exacerba el éxito, el bienestar material y el consumo tiene mucho atractivo en los sectores pobres de América Latina que buscan de manera fácil y rápida ascender económicamente. Este neofundamentalismo sigue proclamando los milagros: todos pueden alcanzar riqueza material si cumplen las leyes de prosperidad que están en la Biblia, Palabra de Dios que nunca falla (¿acaso una neoinerrancia?).

Una explicación como ésta interpreta la teología de la prosperidad como un esfuerzo teológico (ideológico) en *concordancia con* los diversos proyectos políticos y económicos vigentes. Se trataría de *una nueva teología orientada* desde los centros de poder actual,

---

6 Juan Kessler. *Historia de la evangelización en el Perú*. 3ra ed. Lima: Ediciones Puma, 2010.

apologista de la prosperidad estadounidense como canon para medir si una sociedad es cristiana o no, y *que conspira* contra los intereses de los pueblos latinoamericanos al parecer destinados a la miseria. Esta teología sería, pues, parte de la globalización actual, y tendría la intención de concretizarse como la única expresión teológica "cristiana" válida y acorde con el proyecto globalizador en el presente milenio.

El fundamentalismo antiguo nunca tuvo reparos en identificarse con posiciones políticas y económicas. El neofundamentalismo tampoco. Es más, como se sienten protagonistas y ganadores en el supuesto "fin de la historia", sale a relucir la soberbia espiritual. Proclaman un Dios que más parece un empresario de Mc Donald's o de la Toyota. Esto los obliga, en consecuencia, a proclamar un cristianismo lúdico y hedonista, pero también una teología que garantiza la prosperidad material. En el fundamentalismo antiguo, para estar bien con Dios y alcanzar la salvación había que pagar un precio: renegar de la razón. En el neofundamentalismo, para lograr la riqueza (¿anticipo de la salvación plena?) también hay que pagar un precio: aceptar las leyes de la prosperidad. Las coincidencias del neofundamentalismo con el libre mercado son muy evidentes. El laureado novelista peruano —y fallido político— Mario Vargas Llosa dice:

> Creo que hoy día, por primera vez, los países pueden elegir ser libres o esclavos, y pueden elegir también ser prósperos o ser pobres. [...] Que hoy día, gracias a la internacionalización de la vida, a la internacionalización de los mercados, de las empresas, de las ideas, de las técnicas, todos los países, aun los más pequeños, aun aquellos que viven en geografías endemoniadas, que carecen totalmente de recursos, que son pequeños o atestados, *pueden alcanzar la prosperidad si lo desean y si están dispuestos, por supuesto, a actuar en consecuencia, es decir, a pagar el precio que ello tiene*[7].

La teología de la prosperidad tiene el mismo discurso, pero teologizado. Todos los creyentes —de todo lugar, grandes o pequeños, de

7 "Mi deuda con Karl Popper". En P. Schwartz (editor). *Encuentro con Karl Popper*. Madrid: Alianza Editorial, 1993, pp. 227–228. Las cursivas son mías.

cualquier denominación— pueden alcanzar la riqueza si es que están dispuestos a pagar el precio. En el fondo se trata del mismo fundamentalismo económico. La prosperidad está al alcance de todos, pero sólo lo alcanzan aquellos que lo desean y arriesgan, sometidos —por supuesto— a las leyes del mercado. ¡Ése es el precio!

¿Una religiosidad popular evangélica?

No existía en el protestantismo peor palabra para describir su experiencia de fe que "religiosidad". Ni siquiera aceptaba que se dijera que la fe evangélica es una "religión". "Nosotros predicamos a Cristo, no una religión", decían algunos pastores, mientras que los fieles cantaban: "Ninguna religión podrá cambiar tu ser [...]". Religión y religiosidad se convirtieron en palabras vedadas; ambas se oponían a Cristo y a la Biblia. Religión y religiosidad estaban destinadas a describir esa fe caduca, antimoderna, oscurantista, que trajeron los españoles: el catolicismo romano. En nombre de la religión y la religiosidad (católica), en el Perú y América Latina se saquearon las riquezas, se extirparon las idolatrías y se persiguieron a las primeras generaciones de evangélicos. Esa historia aún sigue pesando, por más increíble que parezca, en algunos sectores protestantes[8].

En la tradición protestante —concretamente en el evangelicalismo— hubo pocos intentos por conceptualizar, digamos científicamente desde las ciencias sociales, lo que significaba religión y religiosidad. Al parecer ya se sabía de antemano lo que significaban. Bastaba mirar, en el caso peruano, el culto multitudinario al Señor de los Milagros o la veneración a Sarita Colonia para objetivar la idea preconcebida. Todo lo que tenía que ver con *lo mágico, lo milagroso y el comercio de por medio* era explicado en términos de religiosidad popular. Y lo "popular", incluso, fue tomado en su sentido más peyorativo: poco ilustrado, ignorante de la Escritura. Visto así, la religiosidad popular es la fe de los ignorantes que no saben nada de

8 El tema de la religiosidad lo he estudiado en "Religiosidad popular: un estudio exploratorio en la reflexión de la Fraternidad Teológica Latinoamericana". En *Integralidad* n.º 7, año 2 (Revista digital del CEMAA), Lima, 2010.

la Biblia y que siguen diversas supersticiones heredadas del universo familiar y cultural. En esta perspectiva, *religiosidad popular y magia vienen a ser casi lo mismo*. Este concepto, lamentablemente, sigue vigente en muchas iglesias evangélicas.

La religiosidad popular, conceptualizada de esa manera, no es de mucha ayuda cuando queremos interpretar las nuevas manifestaciones religiosas y teológicas que hay en América Latina. Más de una vez he escuchado decir a algún predicador que la teología de la prosperidad evidencia una *religiosidad popular evangélica* (para diferenciarla de la católica). ¿Leímos bien? Sí. Con ese término, usado despectivamente, el predicador supuestamente descalificó dicha corriente teológica de moda. En mi criterio dijo poco, y sólo ayudó a confundir conceptualmente más las cosas. Lo que quiso decir es que la teología de la prosperidad no tiene raíces bíblicas y que tiene una *lógica mágica* para obtener sanidad y prosperidad. Esa teología, en consecuencia, estaría lejana de un protestantismo ilustrado, más o menos racional (no racionalista).

El hecho concreto es que cuando escuchamos la teología de la prosperidad en versión de la *confesión positiva*, realmente parece un discurso mágico. Hay muchos predicadores que enseñan que "podemos tener lo que confesamos", pues "la palabra tiene poder creador". Todo problema, y su superación, radica en saber desarrollar el poder de la mente y de la palabra"[9]. En el Perú, como en toda América Latina, se predica que debemos confesar grandes casas con piscina, autos de lujo, joyas, vestidos caros, riquezas materiales, trabajos lucrativos, para que Dios —usando nuestra fe y nuestra palabra creadora— nos otorgue tales favores. Es bastante claro que este tipo de confesión positiva (o *confesión creativa*, para algunos) rompe con el protestantismo y el pentecostalismo clásico en lo que a alcanzar bendiciones se refiere. Su dependencia de las técnicas de poder mental y del poder de la palabra, de los estadounidenses William Kenyon, Norman Vincent Peale y Napoleón Hill, no se ajusta al imperativo protestante del trabajo como medio de realización humana.

---

9 Oneide Bobsin. "Tendencias religiosas y transversalidad". En R. Zwetsch (editor), *Desafíos a la fe en tiempos de globalización*, Quito: CLAI, 2000, pp. 36–37.

No podemos negar que la confesión positiva tiene un rostro mágico. Por lo menos lo aparenta. Dicen que todo se puede lograr *en esta vida,* incluyendo los más mínimos caprichos y anhelos. Justamente porque abusan del "poder creador de la palabra" los críticos de la teología de la prosperidad la han identificado con una nueva "religiosidad popular", en versión evangélica esta vez, pues se encuentra al interior de los templos y en los medios de comunicación evangélicos. Paul Freston cree que esa "religiosidad" tiene la lógica o el principio de inversión, al más puro estilo mercantilista: dar a Dios para que Él devuelva con lucro. La transacción comercial, lucrativa, estaría —según este respetable analista— en el centro de dicha religiosidad[10]. Aun así, según otros autores, la teología de la prosperidad sería rescatable, pues tendría a lo mucho algunos excesos que se podrían corregir con un poco de enseñanza de doctrina bíblica en la iglesia. La doctrina (racional) pondría, de esta manera, freno a la religiosidad mágica.

Una sola anotación más. No podemos negar que algo está pasando en las comunidades de raíces evangélicas. ¿Cómo es posible que haya arraigado tan rápida y fuertemente la confesión positiva en algunos sectores, incluso entre pastores con sólida formación en ciencias sociales y en teología? Creo que la respuesta hay que buscarla no en la carencia de doctrina bíblica al interior de las iglesias, sino en los profundos cambios culturales en los que religión y magia parece que empiezan a tener significado en todo ámbito, incluyendo la política

10 "Breve história do pentecostalismo brasilero". En A. Antoniazzi (editor), *Nem anjos nem demônios.* Río de Janeiro: Vozes-CERIS, 1996, p. 147. En lo particular, sigo la definición de Jorge Ramírez, quien dice: "Para nosotros religiosidad es un concepto por el que se permite operacionalizar el concepto religión que es general y abstracto. Religiosidad significa el modo y el grado con que la religión incide en el creyente o grupo de creyentes. Es medible a partir de sus indicadores subjetivos (en la conciencia del creyente) e indicadores objetivos (en la práctica religiosa). Comporta un aspecto cuantitativo, la intensidad con que la religión interviene en los creyentes, y otro cualitativo, el tipo de religiosidad de que se trate (a partir de las tipologizaciones que sobre una base u otra se pueden establecer). Pueden definirse, por ejemplo, categorías a partir del contenido religioso (religiosidad mítica, cristiana, espiritista, etc.) o según los sectores poblacionales que abarque (populares, élites, una determinada clase social, grupo étnico, etc.)". *Cf.* "La religiosidad popular en América Latina. Definición y características". En *Formas religiosas populares en América Latina.* La Habana: Editora Política, 1994, p. 102.

y la economía. Tiene razón Fernando Fuenzalida cuando afirma que "tanto la magia, la religión y el pensamiento positivo y científico no son tres etapas de una historia evolutiva, sino tres perspectivas paradigmáticas de la aproximación a nuestra realidad. Estas perspectivas se dan de manera simultánea en la mente, en todas las épocas"[11].

¿Teología pentecostal?

No exageraría si dijéramos que se podría llenar una biblioteca con libros cuyo único tema de estudio fuera el pentecostalismo. En los últimos años se han publicado en diversos idiomas una gran cantidad de estudios sobre los orígenes, doctrinas distintivas, organización, liderazgo, divisiones, mutaciones teológicas, etcétera, del pentecostalismo. Claro está que *no existe un solo pentecostalismo*; ha habido diversas experiencias. El Espíritu Santo, no me cabe la menor duda, ha estado actuando poderosamente a lo largo de la historia del siglo xx y lo seguirá haciendo en el presente siglo xxi. La experiencia de la Calle Azusa, de inicios del siglo xx, se repitió en toda América Latina junto con los éxtasis y lenguas extrañas. El Espíritu Santo levantó siervos y siervas en todo el continente, trayendo una renovación espiritual nunca antes vista.

Las comunidades pentecostales sociológicamente nacieron en las zonas marginales, entre los pobres de la sociedad. Eran profundamente escatológicas y pneumáticas y, en consecuencia, evangelísticas. Sus señales distintivas eran el bautismo del Espíritu Santo y los diversos carismas. Ahora bien, tenemos que reconocer que de por sí es difícil hacer una caracterización teológica del pentecostalismo latinoamericano. Sin embargo, se puede afirmar rotundamente que el centro, la base, el fundamento, de la teología pentecostal era la Biblia, la Palabra de Dios. La experiencia siempre se subordinaba a la autoridad de la Escritura. En eso eran, si quieren algunos, "protestantes" o "modernos"[12].

---

11 "¿Agonía o resurrección de las religiones?". En *Caminos*, n.° 56, 1997, pp. 31–32.

12 José Míguez Bonino. *Rostros del protestantismo latinoamericano*. Buenos Aires: Nueva Creación, 1995, pp. 57–79.

Entrando a nuestro tema, algunos autores sostienen hoy que la teología de la prosperidad y las diversas prácticas de la guerra espiritual son parte de la diversidad denominacional, así como de la heterogeneidad teológica que caracteriza al protestantismo latinoamericano. El hecho de que estas nuevas teologías hayan invadido el campo religioso latinoamericano, evidenciaría que las denominaciones tradicionales, históricas, se están "pentecostalizando" y que, por tanto, deberían aceptarse sin mayores problemas. Dicho de otra manera, se trataría de una inofensiva y tal vez necesaria pentecostalización del protestantismo latinoamericano. En esta misma perspectiva, es posible que algunas de estas *iglesias pentecostalizadas* hayan entendido mal las cosas en su práctica eclesio-cultual y en sus formulaciones teológicas. Como se trata solamente de un mal entendido, sería cuestión de que alguien lo suficientemente claro en la materia les explicara en qué consiste realmente el pentecostalismo para acabar con los problemas que ya se evidencian.

Está claro que una explicación tan simple como ésta de la teología de la prosperidad quiere evitarse todo tipo de problemas. Confunde, o desconoce tal vez, las enormes diferencias entre ese pentecostalismo antiguo o clásico con ese nuevo pentecostalismo, mágico, producido en suelo gringo y apologista del *american way of life*. En lo particular, me parece loable anhelar que las iglesias evangélicas tradicionales se pentecostalicen, pero habría que puntualizar primero qué se está queriendo decir con "pentecostalizar". Ciertamente no se puede aceptar, de ninguna manera, la hipótesis de que la presencia de *shows* de auditorio en las iglesias, sumado a la confesión positiva y los ministerios de liberación de demonios, sean manifestaciones de la "pentecostalización" anhelada. Eso es confundir las cosas y abaratar el acontecimiento de Pentecostés, en la que confluyeron la manifestación del poder de Dios, la predicación de la Palabra, la conversión y la solidaridad con los pobres y las mujeres.

Otra postura que intenta vincular la teología de la prosperidad con el pentecostalismo es aquella que encuentra que dicha teología es, ante todo, una *reelaboración teológica*, como parte, a su vez, de una estrategia pastoral encaminada a la clase media-alta. Esto evidenciaría, dicen algunos, por qué sus énfasis teológicos están orientados al poder, las riquezas y las bendiciones económicas. En esta perspectiva, el neopentecostalismo intentaría "civilizar" al pentecostalismo clásico, de las clases pobres, para hacerlo "aceptable" a hombres de negocios, militares, grandes empresarios, etcétera[13]. En esta hipótesis, pues, los dirigentes y pastores pentecostales estarían ya cansados de convivir y pastorear a gente pobre, y tendrían la visión y misión de ganar ahora a la gente culta y de amplios recursos económicos. Obviamente, para llegar a los estratos medio-altos no podrían hacerlo con su tradicional teología y formas de culto. Para llegar a estos estratos privilegiados, habría que comportarse como ellos, vestirse como ellos y hablar el lenguaje de ellos. Se trataría, efectivamente, de una estrategia pastoral y de una teología acorde con el nivel socioeconómico de sus destinatarios. Sería, pues, el mismo pentecostalismo clásico, sólo que más "civilizado" esta vez, y más en concordancia con los nuevos tiempos de promesa de abundancia material.

En mi opinión, esta perspectiva tiene muchas limitaciones pues olvida cuáles son los orígenes de la teología de la prosperidad, así como a ese enorme neopentecostalismo de carácter popular, masivo, que no sólo está en las urbes sino en el campo. A estas alturas ya no se puede sostener que el neopentecostalismo y los discursos de prosperidad son monopolio de los sectores medio-altos. Bastaría darse una vuelta por las zonas marginales de las capitales latinoamericanas para corroborar la presencia masiva de las agrupaciones en mención, llámense Comunidad Cristiana del Espíritu Santo, Iglesia Universal del Reino de Dios, Iglesia Pentecostal Dios es Amor, u otros. Los pobres también, no lo olvidemos, ansían legítimamente la prosperidad material.

¿Una teología para tiempos posmodernos?

Dicen los científicos sociales que ya no vivimos en una época de cambios sino en un *cambio de época*. Y tienen toda la razón. En los últimos 25 años se han acelerado tanto las cosas (en la economía, los

---

13 Carlos Duarte. *Las mil y una caras de la religión*. Quito: CLAI, 1995, p. 164.

procesos culturales, las religiones, la forma de pensar, la conducta social, etcétera) que el mundo actual literalmente parece otro. Dicen los entendidos que no se trata solamente de una crisis al interior del sistema capitalista, sino de *la crisis de la racionalidad en Occidente.* En las universidades se asume como nuevo dogma político la "caída de los paradigmas", muchas veces sin discutirlas, y en los pocos movimientos populares libertarios se habla de la pérdida de las utopías de igualdad social. Se dice, además, que la modernidad acabó no solamente en Europa sino en todo el mundo, y que hemos entrado en una época posterior a la moderna: la posmodernidad.

El mundo en que nos ha tocado vivir sin duda se caracteriza, entre otras cosas, por la exacerbación de los niveles emotivos y sentimentales del ser humano en detrimento de lo racional. Esto explica, en parte, por qué las personas de esta nueva época son profundamente pragmáticas. Siempre están en busca de experiencias que los hagan sentir bien o feliz. No por pura casualidad están de moda las palabras *pragmático, holístico* y *lúdico*, así como la idolatría del mercado y sus supuestas bondades para todos los seres humanos. En esta época actual, en consecuencia, sobreabundan las ofertas de prosperidad que pueden venir de la sociedad de consumo, de la Nueva Era, del neopentecostalismo, o de la mezcla de los tres. Un buen ejemplo lo encontramos en una revista publicada en Lima:

> La prosperidad no depende, necesariamente, de los demás, ni de la situación de tu país, sino de tu *actitud mental* hacia la vida. Muchos son los que caen en el error de tener a la prosperidad como una meta, cuando en realidad es un camino, que lo construimos día a día con nuestra forma de enfocar nuestras experiencias. Prosperar es abrirnos al bienestar en lo personal, en lo económico, en la salud, en las relaciones armoniosas, familiares y laborales. Consiste en abrir nuestra mente a *pensamientos positivos* que motiven acciones coherentes, desarrollando *fe en uno mismo y en la vida.* Este comportamiento que puede parecer cursi es, sin embargo, el único que lleva al éxito.
>
> ¿Cómo lograrlo? La respuesta es simple: tu *actitud positiva atrae como imán aquello en lo que crees.*

— Al levantarte practica la GRATITUD. Agradece a Dios por lo que posees: salud, familia, trabajo, etc.
— Regálate unos minutos para relajarte e *imaginarte próspero, y disfruta de estos beneficios como si ya fuesen tuyos. (La imaginación creativa programa nuestra vida, hacia el éxito).*
— *Repite diariamente: "Soy próspero en todos los aspectos de mi vida".*

Tú posees una fuerza mental que opera en ti para el éxito o el fracaso, según tú lo elijas. Algunas personas podrían argumentar: "sólo se trata de una imaginación". Te recuerdo que el poder creativo proviene de Dios y es una cualidad que le heredamos por estar hechos a su imagen y semejanza[14].

Poder mental, poder de la palabra, abandono de la razón, éxito, confesión positiva, búsqueda de placer, "Dios". Parece que la posmodernidad es un gran sincretismo (en el sentido más peyorativo) que responde a intereses estrictamente utilitarios, más específicamente económicos. En el ejemplo, el poder para hacer riquezas se encuentra realmente *dentro* del hombre —o mujer— y no tiene nada que ver con las estructuras sociales y políticas, la crisis económica o la deuda externa. No existe mejor ejemplo para describir la nueva época y la búsqueda de prosperidad. Es de este tipo de experiencia o anhelo del cual se derivan varias propuestas de teología de la prosperidad, que yo he resumido en tres.

Existe una aproximación a la teología de la prosperidad según la cual ésta no tendría un cuerpo doctrinal estructurado, sino que sería, ante todo, *una actitud* (de lucro y consumo) *y no una conceptualización articulada.* Esta característica, propia de un contexto de incipiente posmodernidad, sería una reacción teológica ante los grandes discursos o relatos que supuestamente hicieron daño a la iglesia, y estaría generada por el actual proceso de globalización de la cultura y de la economía de libre mercado. Esta aproximación tiene el mérito de vincular el quehacer teológico con el contexto en que dialoga o intenta responder a sus inquietudes y problemas.

---

14 María Rivarola. "La prosperidad en el año 2000". En *Mi casa*, n.° 105, año IX, Lima, febrero del 2000, p. 13. Las cursivas son mías.

Es cierto que la teología de la prosperidad, por donde se la mire, refleja las propuestas de la economía de libre mercado, y procura justificar bíblicamente el consumo caro y el goce terrenal de la vida. Goce curiosamente circunscrito a lo material. Pero creo que habríamos de tener cuidado cuando a la teología de la prosperidad se la vincula rápidamente a la posmodernidad. No me convence del todo la hipótesis de que no es una conceptualización articulada. Esto sería subestimar a los neopentecostales. La teología de la prosperidad, en tanto teología fundamentalista, articula respuestas para todo. Responde preguntas, incluso, que nadie le ha hecho todavía, porque se trata en el fondo de una cosmovisión. Un grave déficit de esta perspectiva es que no encuentra relación alguna entre la teología de la prosperidad y la teología de la guerra espiritual, mucho menos con el neopentecostalismo.

Existe también otra interpretación de la teología de la prosperidad que tiene algún tipo de continuidad con la anterior. La llamaremos interpretación *pragmática*; es decir, si la gente se siente bien con el discurso de prosperidad y sanidad, y la ayuda a enfrentar los problemas cotidianos, o incluso "mejorar" su nivel de vida, entonces está bien. Esta interpretación reconoce que dicha teología es "simple" y carente de algún método teológico riguroso, según los criterios de la teología "ilustrada", pero si sirve para elevar la autoestima de la gente y dar algún tipo de esperanza —cualquiera fuese—, entonces está bien. Por lo mismo, habría que reconocer el *papel instrumental* de la teología de la prosperidad para la sobrevivencia de los pobres que participan en las agrupaciones neopentecostales o fuera de ellas. Esta aproximación es propia de la mentalidad utilitaria, pragmática. Yo mismo he discutido alguna vez con líderes que defienden tal postura. Me han dicho: "Nosotros les *ofrecemos* prosperidad y sanidad, ustedes ¿qué les ofrecen?".

Se trata evidentemente de una oferta atractiva en el complejo y competitivo campo religioso, oferta difícil de superar. Pero si observamos bien, se trata de una oferta que se aprovecha de la necesidad ajena, que toca las necesidades más sentidas y profundas de la vida humana. Mientras el protestantismo, "tradicional" digamos, ofrece Palabra de Dios y posibilidad de que Dios obre grandemente en sus vidas, el neopentecostalismo ofrece riquezas y sanidad a la vuelta de la esquina. Utilitarismo, conveniencia, negocio, pragmatismo. Eso es el discurso de la teología de la prosperidad, lo cual explica por qué en las agrupaciones neopentecostales su membresía nunca es fija, sino siempre rotativa o flotante, ya que siempre andan buscando alguna oferta mejor en alguna agrupación nueva o en algún predicador que abuse de lo mágico.

Otra explicación nos dice que la aparición de la teología de la prosperidad y el movimiento neopentecostal hay que entenderlo al interior de la *crisis de racionalidad* de la "sociedad occidental". Esta explicación afirma que la cultura fomentada por la lógica del mercado y de *la posmodernidad* exacerba los niveles subjetivos y emocionales de la experiencia humana, por lo que constituye una excelente tierra fértil para que se desarrollen los diversos grupos entusiásticos, ya sean neopentecostales o el movimiento de la Nueva Era en tanto religiones de evasión social. Algunos también ven en la teología de la prosperidad una *reelaboración filosófica* con fuertes tendencias terapéuticas a partir de sus *raíces gnósticas*. Esto le habría permitido construir redes con el esoterismo y hasta con el kardecismo. No asombra, por lo mismo, sus semejanzas con la Nueva Era, de la cual también tendría diversas influencias. El sociólogo Óscar Amat y León sostiene que la espiritualidad oriental y la Nueva Era inundan el sediento mundo occidental con su discurso de renovación con base en la experiencia religiosa y el desarrollo del potencial mágico-divino que hay en nosotros mismos.

Refiriéndose a la relación entre la teología de la prosperidad y la Nueva Era, Amat y León, observa que:

> Este tipo de literatura relacionada con el "pensamiento positivo", y, por lo mismo, con autores no-cristianos como Og Mandino, Napoleon Hill o Dale Carnegie, llegó a tener su paralelo evangélico en los años 80 en autores carismáticos como Paul Yonggi Cho, Kenneth Copeland o Kenneth Hagin, quienes popularizaron al interior del mundo evangélico la teología de la "confesión positiva" que nos recuerda la necesidad de siempre hablar cosas positivas y no negativas, puesto que nuestra palabra es creadora y puede atraernos

> maldiciones o bendiciones, según sea que "confesemos" o digamos las cosas sobre las realidades que nos acontecen[15].

Una explicación como esta última, realmente no dejaría ningún tipo de duda sobre la vinculación de la Nueva Era con la teología de la prosperidad.

¿Lucro y sobrevivencia personal?

Para nadie es un secreto que las condiciones materiales de la gran mayoría de las personas de América Latina es de una terrible escasez. El producto bruto interno y el índice de desarrollo humano señalan con frialdad y crudeza por dónde van nuestros países. Cuando los datos estadísticos se traducen en experiencias humanas cotidianas, entonces vemos el dolor, el clamor por la justicia, el hambre y la violencia. A esta realidad, obviamente, no escapa ninguna de las agrupaciones religiosas. En este panorama eclesial y social sombrío es que ha crecido con fuerza y cierto éxito la teología de la prosperidad. Para que este discurso tenga credibilidad, alguien tiene que evidenciar la prosperidad o la riqueza obtenida como producto de haber practicado las leyes de la prosperidad. ¿Quién es este alguien? Usualmente el pastor y, a veces, el liderazgo local. ¿Cómo consigue el pastor diversos bienes materiales? En algunas agrupaciones lucrando con la fe y esquilmando a los fieles. Sobre este punto concreto, literalmente se podrían escribir libros enteros narrando experiencias de cómo diversos pastores se hicieron de muchas posesiones.

Tal vez algún lector piense que estamos exagerando o contando una anécdota aislada. No, no es así. En un alto porcentaje de las agrupaciones neopentecostales es común que los pastores exijan más de la décima parte de sus ingresos económicos a los fieles, *además* de diversas ofrendas y donaciones "para el ministerio". He corroborado que muchos de los pastores exigen que las donaciones no se hagan a nombre de la agrupación o iglesia, sino a nombre de ellos (de los

15 "Las siete leyes espirituales del éxito". *La Verdad*, n.° 023, Lima, 1998.

pastores). Este afán de lucro no conoce límites en muchos casos. Así, se exige que los fieles donen terrenos, casas, joyas, artefactos, automóviles, otros, siempre a nombre del "ungido". El lector podría comprobar lo que decimos haciendo un mínimo de trabajo de campo, leyendo la prensa evangélica seria que siempre da cuenta de estos casos y, a veces incluso, la prensa secular.

Un caso que ocurrió en Lima sirve para ejemplificar lo que hemos dicho. Un pastor "ungido" pidió a los fieles que el próximo domingo trajeran sus mejores vestidos y joyas, porque "algo tremendo iba a hacer el Señor". Los miembros, en su gran mayoría, le hicieron caso y así trajeron aretes, pulseras, relojes, prendedores, etcétera, todos ellos muy costosos. El pastor, paso seguido, les dijo que sería oportuno "probar al Señor", para "alcanzar una gran bendición". La prueba consistía, era obvio, en entregar todo lo valioso al pastor, quien iba a orar para que el Señor les prosperara, devolviéndoles el valor por cien veces al cabo de siete días. Era de esperar que los fieles entregasen sus posesiones, pues el "ungido" tenía el poder del Espíritu Santo y la revelación de prosperidad. Ya se imaginarán lo que pasó: el pastor desapareció con las joyas y los vestidos caros, y los fieles nunca vieron prosperidad. Esta historia es muy similar a las otras que he escuchado o que he leído en diversas revistas o periódicos del continente.

Esta forma de hacerse de dinero fácil y rápido no es algo que se da sólo en América Latina. En Estados Unidos se conocen casos realmente alarmantes con los "maestros de la fe", muchos de los cuales, haciendo colectas con el cuento de la prosperidad, han construido verdaderos imperios: red de hoteles de lujo, cadenas de televisión, etcétera. Por eso, muchos encuentran que esta teología es sólo un discurso que sirve a algunos "evange-listos" para engañar a los ingenuos o los nuevos en la fe. Y por ello, en parte, algunos investigadores sociorreligiosos dicen que las agrupaciones neopentecostales son verdaderas *empresas de prosperidad*, en las cuales no siempre ganan los fieles pero sí siempre sus pastores.

La teología de la prosperidad, entonces, sería un disfraz teológico, "piadoso" digamos, que utilizan algunos líderes neopentecostales para hacerse de propiedades y ocultar las diversas inmoralidades en la que se han visto involucrados públicamente, desde Jimmy Swaggart,

Jim Bakker, Oral Roberts y Kenneth Hagin en Estados Unidos, hasta Héctor Giménez en Argentina. De esta manera, esta teología sería expresión de un cinismo religioso de aquellos que se encuentran atrincherados en instituciones religiosas con el propósito específico de hacer negocio, dinero. Ahora, no siempre los pastores "ungidos" de la prosperidad son tan directos al pedir dinero para ellos. A veces son más sutiles. En la Iglesia Pentecostal Dios es Amor (Lima), cuyo fundador es el misionero David Miranda, del Brasil, se escucha la siguiente predicación:

> Hoy usted está sembrando lo que después va a cosechar y no pasará siete días para la respuesta del Señor. Dios, creador del cielo y de la tierra, confirma esta revelación de prosperidad; haz que el hermano conozca sólo prosperidad; llega a tu casa hermano, marca tu calendario; primero de setiembre empieza tu prosperidad. [...]. Escuchen, hermanos. Dios quiere ahora bendecir aquí a trece personas. Miren lo que Dios nos está revelando: el deseo de usted, de su familia, de tener felicidad, tener lo mejor, no puede ser realidad porque lo que usted gana no alcanza. Si quiere comprar una mejor ropa para su esposo y a sus hijos; y el Señor me dice que hoy ÉL multiplica su dinero. Son trece personas a las que Dios está pidiendo el sacrificio para vencer esa maldición, y el Señor me dice que estas trece personas tienen veinte soles para usar para Dios. Si crees que Dios te va a dar tan sólo un juego de ropas te equivocas. Dios te va a dar mucho más... Aquí está el primero... Aquí hay otra persona... Esta plata no es para mí, es para la obra de Dios[16].

Por otro lado, es necesario señalar una actitud parecida a la de aquellos que lucran con la fe. Si bien hay pastores que abiertamente hacen dinero con el discurso de prosperidad, también están los que, siendo de otras tiendas teológicas, "se han subido al coche de los ganadores" y tratan de ganar algo, aunque sea las migajas. Estos saben bien que el discurso de la prosperidad trae reportes económicos o por lo menos permite sobrevivir. Son aquellos que por alguna razón perdieron su

---

16 "La lucha por adeptos religiosos en el Perú". *El Sol*, Lima, 5 de setiembre de 1999.

base eclesial —a decir verdad algunos nunca la tuvieron— y ahora quieren estar con las mayorías. Si éstas dicen guerra espiritual y prosperidad, allí están al frente para representarlas.

Cuando les he preguntado a qué se deben esos cambios tan drásticos, la respuesta sin vacilar ha sido la misma: "Tenemos derecho a madurar", o "He madurado en la fe". Más que madurar, me parece que han sabido acomodarse a los nuevos tiempos. Son de aquellos que siempre tienen la razón. Ayer tuvieron toda la razón y hoy también. Mañana, cuando estén con otra camiseta, también les asistirá la razón. Siempre estarán "madurando". Algunos parecen no darse cuenta de que se comportan como mercenarios de la teología de moda. Esas actitudes son las que hacen daño a cualquier propuesta teológica, incluyendo a la de la prosperidad. Muchos hermanos al ver a pastores y líderes que alguna vez fueron de condición social modesta, y hoy tienen bienes en abundancia, rechazan el discurso teológico que predican. Y hay mucha razón en esa crítica.

Capítulo 2

La teología de la prosperidad en el Perú

Todos percibimos los diversos *cambios culturales* que se vienen suscitando en todo el mundo y particularmente en América Latina. Estos cambios se evidencian también en el *campo religioso*. Así, un optimista informe de agrupaciones neopentecostales dice que el movimiento pentecostal y neopentecostal ha crecido en todo el mundo de 73 millones en 1970 a 352 millones en 1989[1]. Estas transformaciones religiosas pueden ser graduales o veloces, pero siempre están en función de numerosos factores internos o externos. En América Latina estos factores podrían identificarse con el actual proceso de globalización y desarrollo de los medios de comunicación, con factores de carácter económico y demográfico, de orden político como la nueva fase de transición democrática, y con diversos procesos internos de la Iglesia Católica Romana.

En el caso peruano concretamente, estas transformaciones se remontan al contacto cultural entre españoles e incas, que inició un proceso en parte *aditivo*, en parte *sustitutivo* y en parte de *síntesis* entre las creencias, los ritos, las formas de organización y las normas éticas de los dos sistemas religiosos que se pusieron en contacto. Últimamente, además, en el Perú comprobamos este carácter complejo y cambiante de la realidad sociorreligiosa, y que pone de manifiesto un verdadero

1 *Alcance 2000*. Boletín Misionero, n.° 3, 1989, agosto, San José de Costa Rica.

boom de lo sagrado. Efectivamente, proliferan por doquier nuevas expresiones religiosas de los más variados ropajes culturales, entre los que se encuentran las agrupaciones neopentecostales. Por lo mismo, es correcto observar que en nuestro país se abre un abanico de opciones religiosas para todos los gustos[2]. Conviene añadir, además, que estas transformaciones ocurren tanto en las periferias urbanas depauperadas como en los espacios rurales marginales. Es, pues, en este amplio contexto en que se desarrolla la teología de la prosperidad.

Nuevas prácticas religiosas y discursos teológicos

Iniciamos este apartado con una advertencia de Cipriano de Cartago (200–258 d. C.) a la iglesia de su tiempo y del nuestro. Se trata de una advertencia a *probar los espíritus* (1Jn 4.1), a tener discernimiento espiritual.

> De pronto se levantó entre nosotros una cierta mujer, quien en un estado de éxtasis se anunció a sí misma como profetiza, y actuó como si estuviese llena con el Espíritu Santo. Y estaba tan movida por el ímpetu del demonio principal, que durante mucho tiempo llenó de ansiedad y engañó a la hermandad, llevando a cabo ciertas cosas maravillosas y portentosas, y prometió que ella haría que la tierra se sacudiese. No era tanto que el poder del demonio fuese tan grande como para que él pudiese lograr sacudir la tierra o perturbar los elementos, pero sí que a veces un espíritu impío, presintiendo o percibiendo que habrá un terremoto, pretende que él hará lo que ve que va a suceder. Mediante estas mentiras y fanfarronerías había sometido tanto las mentes de los individuos, que ellos le obedecieron y siguieron adondequiera que él les mandaba y conducía. Él también podía hacer que la mujer caminara en el invierno agudo con los pies desnudos sobre la nieve congelada, y no sentir molestias o daño de

2 Cristian Parker. *Otra lógica en América Latina. Religión popular y modernización capitalista*. Santiago: FCE, 1993, p. 272.

> ningún grado por ello. Es más, ella diría que estaba apurándose a ir a Judea y a Jerusalén, fingiendo como que había venido de allí. Aquí también engañó a uno de los presbíteros, un campesino, y a otro, un diácono, de manera que ellos tuvieron relaciones sexuales con esa misma mujer, lo que poco después fue detectado[3].

Nuevas prácticas religiosas

Que existen nuevas prácticas religiosas al interior de las diversas iglesias históricas, pentecostales y otras, no cabe duda alguna. Teólogos, científicos sociales, diversos estudiosos y los fieles de las iglesias dan testimonio de ello. Así, una agrupación neopentecostal en Lima, en su folleto propagandístico argumenta con textos bíblicos el porqué de algunas cosas *que verá y oirá el visitante en el culto.* Entre esas cosas, están los cánticos y palmas, el levantar las manos, la profecía, las lenguas extrañas e interpretación, los cánticos en lenguas, las caídas, la oración de sanidad y los variados instrumentos musicales[4]. Un pastor paraguayo, Emilio Abreu, cuenta cómo durante dos años caminó y pisoteó un mapa de su país *confesando* que su este ya le pertenecía a Cristo. Ese pisotear y confesar significaba, dice el pastor, "que la estamos poseyendo"[5].

Si estas prácticas están en continuidad o discontinuidad con la heterogeneidad *evangelical* en América Latina, es un asunto por discutir, pero su existencia no se halla puesta en tela de juicio. John White dice:

> ¿Qué significa todo esto? ¿De qué se tratan estos informes sobre reacciones emocionales intensas y conductas inusuales, que se observan hoy alrededor del mundo, entre cristianos de diferentes convicciones teológicas? Coinciden testimonios de intenso llanto o

3 Carta 74,10 citado por Pablo Deiros. *La acción del Espíritu Santo en la historia.* Miami: Caribe, 1998, pp. 177–178.

4 Folleto Bienvenidos a la Iglesia Bíblica Emmanuel (Lima). Se acompañan los siguientes textos bíblicos: Ef 5.18–20; Sal 47.1; Sal 134.2; 1Co 14.1, 3; 1Co 14.27–28; 1Co 14.14–15; Dn 10.8; Mr 16.17–18; Stg 5.14–15; Sal 150.2–5.

5 "Pastor Emilio Abreu". *La Luz,* n.° 38, año 5, Lima, 1997, p. 5.

> risa, temblores, terror intenso, visiones, caídas (o lo que a veces se describe como "caer muertos por el Espíritu"), sentirse "embriagado por el Espíritu" y *otras experiencias de avivamiento*[6].

Sobre el mismo hecho, el historiador Carmelo Álvarez observa que:

> Ha surgido una corriente nueva de asociaciones de sanidad divina y una especie de "supermercados religiosos", muy diversos, confusos y dispersos. [...]. La sanidad divina, el exorcismo, y la "prosperidad" son los elementos centrales. Se trata de manifestaciones masivas con líderes carismáticos llenos de energía. [...]. A nivel doctrinal, la Biblia es como un amuleto, de donde se entresacan frases que se repiten para aplicarlas en casos de exorcismos o sanidad divina. Muy rara vez es materia de estudio, pues el acto central es la curación divina[7].

A lo anterior se añade la observación que en los cultos "renovados" de los neopentecostales es común ver cómo se revientan globos, se escuchan risas "santas" y se contemplan vómitos también "santos". No es raro tampoco ver imitaciones de gritos de animales, pisotear "alacranes", hacer marchas de banderas, etcétera. Todo esto como parte del "avivamiento" que exige la práctica de la guerra espiritual. Respecto a la procedencia de estas nuevas prácticas religiosas, la gran mayoría tiene su origen en los Estados Unidos. Por lo anteriormente observado, es correcto decir que existen en América Latina comprobadas *transformaciones religiosas,* las que actualmente son objeto de diversos estudios.

Nuevos discursos teológicos

Las nuevas prácticas religiosas son sustentadas por nuevos discursos o argumentos teológicos. Por regla general, éstos parecen simples o carentes de profundidad, pero tienen el mérito —el único tal vez—

---

6 John White. *Cuando el Espíritu Santo llega con poder.* Lima: Ediciones Puma, 1995, pp. 17–18.

7 "Panorama histórico de los pentecostalismos latinoamericanos y caribeños". En Benjamín Gutiérrez (editor). *La fuerza del Espíritu.* Guatemala: CELEP-AIPRAL, 1995, p. 49.

de llegar a las diversas preocupaciones de los fieles de las iglesias, quienes rápidamente han asumido ese nuevo lenguaje teológico. Como dice Myke Wakely:

> Se está creando una amplia gama de terminología en torno al concepto de la "oración de guerra". Esto incluye "derribar fortalezas", "atar al hombre fuerte", tener un "encuentro" con el diablo, "expulsar a quien domina la ciudad", "tener dominio (o autoridad) sobre una región en el nombre de Jesús", "atacar las puertas del infierno", etc.[8].

A esto se puede añadir el mapear, ungir ciudades, restaurar las alabanzas, *confesar sanidad y prosperidad, ley de siembra y cosecha, el pacto de bendición y prosperidad,* etcétera. El conocido misiólogo Samuel Escobar, al analizar los nuevos ritos y sus expresiones teológicas en el Perú, reconoce que

> … el discurso que se escucha en la predicación no es ni el de la narrativa al estilo pentecostal ni el de la articulación teológica dogmática al estilo evangélico. Se trata más bien de un discurso que exalta la funcionalidad de la fe, que combina la exhortación ética en el nivel de la vida individual con la seguridad de que la conducta propuesta trae prosperidad y permite funcionar mejor en la sociedad actual[9].

Resulta interesante observar que los dos énfasis teológicos principales del neopentecostalismo (la guerra espiritual y la teología de la prosperidad) no fueron temas de exposición ni de discusión en un evento evangélico de carácter continental como lo fue CLADE III (1992)[10]. Recién en el CLADE IV (2000) el tema de la guerra espiritual,

---

8 "Una mirada crítica a la guerra espiritual en la evangelización". *Apuntes Pastorales*, n.° 1, Vol. XIII, 1995, pp. 24–25 y 42–46.

9 "Nuevos ritos y expresiones carismáticas en las iglesias evangélicas". Texto de la Conferencia en la Facultad de Ciencias Sociales de la Universidad Mayor de San Marcos. Lima, 1996, pp. 6–7.

10 La excepción fue la ponencia de Ricardo Gondim, "El evangelio de poder (Ponencia 2)", quien tocó el tema muy resumidamente bajo el subpunto "El movimiento de la prosperidad" (ver CLADE III, Tercer Congreso Latinoamericano de Evangelización, Buenos Aires: FTL, 1993, pp. 177–178).

ya predominante en toda América Latina, fue abordado en un panel por el experto en Antiguo Testamento Esteban Voth. Esto evidenciaría, todavía, una falta de atención a los temas que son nucleares en las diversas iglesias en proceso de transformación religiosa y teológica en América Latina, y que de alguna manera definen la forma de hacer misión.

Uso del término "neopentecostalismo"

Los científicos sociales y los teólogos no se han puesto de acuerdo todavía en cuál es el término más apropiado para referirse a las nuevas agrupaciones religiosas de carácter carismático pero que tienen algún tipo de afinidad con las iglesias evangélicas. En este espacio no profundizaremos acerca de nuestra opción por el término *neopentecostalismo.* Nuestro propósito es más modesto; sólo queremos justificar y orientar brevemente que existen otros términos para referirse al movimiento u *organización* que estudiamos, pues la gran variedad de términos existentes lo único que evidencian es la complejidad del problema. Sin embargo, cabe señalar que la discusión va más allá de una cuestión lingüística, pues lleva consigo connotaciones teológicas.

El sociólogo Hilario Wynarczyk resume los diversos términos para referirse al neopentecostalismo, en tanto *movimiento eclesial* como *organización establecida.* Dice que en los Estados Unidos el término "neopentecostal" se refiere a los "carismáticos" (evangélicos), mientras que en Brasil los sociólogos de la religión prefieren llamarlos "pentecostales autónomos de cura divina"[11]. El historiador Pablo Deiros, por su parte, los ubica como parte del "pentecostalismo popular"[12]. Para la socióloga Cecilia Mariz, el término "pentecostalismo autónomo" fue introducido por Bittencourt Filho; el de "agencia o empresa de cura divina" por Antonio Mendonça y Duglas Teixeira, y el de "neopentecostales" por Pedro Oro, o "iglesias

11 "El 'avivamiento' espiritual en la Argentina en perspectiva sociológica". *Boletín Teológico*, n.° 68, 1997, pp. 7–16.

12 "El 'avivamiento' espiritual en Argentina en perspectiva histórica", en: *Boletín Teológico*, N° 68, 1997, pp. 19–39.

electrónicas brasileras", tal vez refiriéndose a Hugo Assmann[13]. Jean-Pierre Bastian los llama "pentecostales"[14], mientras que José Míguez Bonino prefiere denominarlos "nuevas corrientes pentecostales" para diferenciarlos del pentecostalismo clásico[15]. Queda claro que cada investigador tiene razones válidas para justificar su opción.

En nuestro caso preferimos utilizar *neopentecostalismo* fundamentalmente por razones teológicas, pues, aunque tiene diversos énfasis en común con el pentecostalismo clásico[16] —las manifestaciones carismáticas y el bautismo del Espíritu Santo por ejemplo—, toma una distancia tan profunda que difícilmente se la podría ubicar en continuidad con ella. Esta distancia tiene mucho que ver con lo que José Míguez Bonino llama el "consumo de bienes religiosos", la aceptación de una nueva cosmovisión, así como de un rechazo de la Biblia como fuente de autoridad[17]. Se trata por eso de un "neo" "pentecostalismo" (o *isopentecostalismo,* como algunos prefieren). Se parece pero no es lo mismo, es algo completamente distinto.

Puesto que es fundamentalmente un movimiento, a veces estará dentro de una denominación histórica, digamos, o dentro de una iglesia pentecostal clásica. La mayoría de las veces, sin embargo, opta por dividir una iglesia para así llegar a formar una nueva organización, institucionalizándose y creando diversos ministerios. Lo anterior ha motivado la siguiente pregunta: ¿los neopentecostales son realmente comunidades eclesiales o más bien "empresas"? Refiriéndose a la experiencia de Brasil, Yara Nogueira hace la siguiente pregunta y comentario:

> ¿Serían realmente pentecostales todas estas nuevas denominaciones? ¿Pueden ser designadas "iglesias"? [...] "iglesia" implica, por lo menos, una comunidad local, regional o nacional, con un mínimo

13 "Perspectivas sociológicas sobre o pentecostalismo e o neopentecostalismo". *Revista de Cultura Teológica*, n.° 13, 1995, pp. 37–52.

14 *La mutación religiosa de América Latina*. México: FCE, 1997.

15 *Rostros del protestantismo latinoamericano.* Buenos Aires: Nueva Creación, 1995, p. 58.

16 Yara Nogueira. "Pentecostalismo no Brasil: os desafios da pesquisa". *Revista de Cultura Teológica*, n.° 13, 1995, pp. 7–20.

17 *Op. cit.*, pp. 58–59, 76, 115.

> de estabilidad, con un cuerpo de fieles fijos, con cierto liderazgo burocrático y con un cuerpo de doctrinas delineado[18].

Antonio Mendonça, después de analizar las discontinuidades que tienen los neopentecostales tanto del protestantismo histórico como del pentecostalismo clásico, concluye que no son "iglesias"[19]. Según el sociólogo de la religión Pablo Barrera, esas discontinuidades se deberían a que las agrupaciones neopentecostales son religiones sin tradición, sin memoria[20]. Otro crítico, Tácito Leite, dice que:

> Existen diferencias entre comunidad y empresa. La comunidad es organizada cuando hay los mismos ideales en los fieles y solidaridad, lo que genera una continuidad temporal. Mientras una empresa existe y se organiza en función de la producción de bienes, la clientela busca la empresa para satisfacer sus necesidades, mediante el pago del precio estipulado. *Presentando la apariencia de ser religiosa, la empresa de cura divina utiliza palabras y prácticas específicas de la religión:* demonios, bendición, pecado, fe, milagros, salvación, perdición, oración, exorcismo, lectura bíblica[21].

Para estos autores citados, los neopentecostales, pues, no constituyen iglesias sino agencias o empresas con funciones religiosas.

Aproximaciones socioteológicas al neopentecostalismo

En el capítulo 1 vimos brevemente seis distintas maneras de explicar la teología de la prosperidad. Ahora avanzamos un poco más. Los neopentecostales argumentan que hay *tres grandes olas del Espíritu Santo en este siglo*[22]. La primera se relaciona con el surgimiento del Pentecostalismo Clásico a inicios del siglo pasado; la segunda con el Movimiento Carismático Católico en los sesenta, y la tercera con

---

18 *Op. cit.*, p. 8.

19 "O neopentecostalismo". *Estudos de Religiao*, n.° 9, año IX, 1994, p. 159.

20 "Pentecostalismo: una religiao sem memória?". En A. Mendonça y otros. *Sociología da Religiao No Brasil.* Sao Paulo: PUC, 1998, pp. 101–110.

21 *Seitas Neopentecostales*, volumen 3, Rio de Janeiro: JUERP, 1994, pp. 91–92.

22 Pedro Wagner. *Avance del pentecostalismo en Latinoamérica.* Miami: Vida, 1987, p. 107.

esta transformación en los ochenta al interior, primero, de las iglesias pentecostales, luego, al expandirse, en todas las iglesias, y finalmente en las diversas agrupaciones independientes que surgieron.

¿Por qué los neopentecostales utilizan la palabra "ola" para referirse a esa forma de actuar del Espíritu? Paul Freston cree que es utilizada porque el concepto de ondas u olas enfatiza la *versatilidad* del pentecostalismo en su teología, liturgia y ética[23]. Sin embargo, esta "tercera ola" necesita mayor explicación. La frase fue acuñada por Peter Wagner, para quien tendría algún enlace con las dos anteriores, pero distinguiéndola de ellas en que no promueve solamente el "bautismo en el Espíritu" y no da especial estatus al don de lenguas. Por esta razón, *el grupo de la tercera ola no se describe a sí mismo como "carismático" o "pentecostal"*[24].

Para Wagner, a partir de 1970 vemos el mayor movimiento de oración que se recuerda en la historia. En 1980 empezó *una renovación del ministerio profético contemporáneo*, y en 1990 se adelanta al proscenio la guerra espiritual[25]. Siguiendo esa línea, el "profeta" costarricense Rony Chaves interpreta y profetiza lo siguiente:

> Como en los tiempos antiguos, el Espíritu del Señor estará levantando congregaciones apostólicas, en su visión, carácter y movimientos. *Son las "iglesias-ciudad" de la era postrera.* Estas iglesias se levantarán vigorosas numéricamente, pero sobre todo, espiritualmente. Ellas traerán una influencia divina sobre sus propias naciones e impactarán a muchos ministerios de su tierra, permitiendo que venga sobre ellos la vida del Espíritu Santo[26].

Es interesante observar que la ola del Espíritu Santo, según este conocido expositor, se encuentra en la ciudad, y esto es así porque

---

23 "Entre el pentecostalismo y la decadencia del denominacionalismo: el futuro de las iglesias históricas en Brasil". En B. Gutiérrez, *op. cit.*, p. 297.

24 Thomas McAlpine. *Facing the Powers. What are the Options?* Monrovia: MARC, 1991, p. 5.

25 "La guerra espiritual". En Peter Wagner (editor). *Espíritus Territoriales*. Miami: Carisma, 1995, pp. 21–22.

26 "El nuevo mover del Espíritu Santo para las naciones de América". En *La guerra espiritual en el crecimiento y desarrollo de la iglesia*. Puerto Rico: Avance Misionero Mundial, 1993, p. 53. Las cursivas son mías.

se relaciona directamente con el desarrollo del neopentecostalismo, el cual es un fenómeno fundamentalmente, aunque no exclusivamente, urbano. También es importante subrayar que donde se ha experimentado la "ola", muchos la han interpretado como un "avivamiento evangélico". Que esta "tercera ola" es un avivamiento como nunca antes visto, y que supera la experiencia del Espíritu que tuvieron los primeros cristianos, es algo de común acuerdo entre los autores neopentecostales. Veamos:

> El movimiento carismático es un avivamiento espiritual de características pentecostales, que por su extensión y magnitud, quizás supere a cualquier otro movimiento de esta naturaleza en la historia de la iglesia cristiana, desde el primer siglo de nuestra era hasta esta fecha. [...]. Para quienes forman parte de este movimiento, se trata de un retorno al cristianismo primitivo; de un despertar del pueblo de creyentes, por medio del cual Dios está preparando a Su Iglesia para la segunda venida de Cristo[27].

> Hoy el Señor está dando a la iglesia, en muchas partes del continente latinoamericano, un crecimiento como ésta no conoció desde el día de Pentecostés. Es más, conforme a la promesa bíblica, es de esperar que el crecimiento de la iglesia de Cristo hoy sea proporcionalmente muy superior al experimentado por la apostólica[28].

Pablo Deiros, refiriéndose a la experiencia argentina, pero que se podría ampliar a lo que sucede en toda América Latina, dice:

> (1) que estamos atravesando en todo el mundo cristiano un profundo periodo de transición; (2) que esta transición es de carácter paradigmático, es decir, tiene que ver con un cambio radical en nuestra escala de valores y comprensión del mundo y la realidad; (3) que el paradigma de la cristiandad dominante por casi diecisiete siglos está en plena crisis de disolución y decadencia; (4) que está

27 Alfonso Rodríguez. *Teología del movimiento carismático contemporáneo*. Miami: Caribe, 1988, p. 13.

28 Pablo Deiros y Carlos Mraida. *Latinoamérica en llamas*. Miami: Caribe, 1994, pp. 154–155.

> surgiendo un nuevo paradigma que, por sus características esenciales merece el nombre de nuevo paradigma apostólico; (5) que lo más característico de este nuevo paradigma es el cambio de una actitud de mantenimiento institucional a una de misión encarnacional y de servicio en el poder del Espíritu Santo (lo cual representa un perfil apostólico); y (6) que es mi convicción personal que este paradigma será el último en desarrollarse antes del glorioso retorno de Cristo[29].

Sin embargo, las voces críticas desde el sector *evangelical* también se dejan escuchar. Mervin Breneman, después de revisar exhaustivamente qué dice la Biblia acerca de los avivamientos, concluye que el neopentecostalismo debido a sus pocas raíces bíblicas no puede ser considerado un avivamiento del Espíritu y que, además, no se puede esperar un avivamiento verdadero ni duradero "sin un fuerte énfasis en la Palabra de Dios. Y esto conlleva un fuerte énfasis en la ética y la santificación de la vida de todos los creyentes"[30].

Más radical en su crítica, pero no por eso menos cierta, es la del teólogo Wolfgang Bühne, quien afirma tajantemente: "Aquel que [...] considere la 'tercera ola' como el mayor avivamiento de la historia de la iglesia y hable de 'la mayor y la más impresionante cosecha de almas de toda la historia', ni ha estudiado detenidamente la Biblia, ni la historia de los avivamientos"[31]. Interesa mostrar ahora que, desde una perspectiva también crítica, diversos científicos sociales creen que el neopentecostalismo es fundamentalmente una expresión religiosa que articula un pensamiento y práctica que se adapta a las demandas de la sociedad posmoderna. ¿Qué es esta sociedad posmoderna?[32] ¿Qué la caracteriza? José Mardones hace una apretada síntesis:

- Pérdida de fuerza de los grandes relatos e ideologías, es decir, de la gran utopía de la modernidad —el progreso— y su cohorte de coutopías, con la consiguiente sensación de hallarnos sin

29 *Op. cit.* El 'avivamiento'..., pp. 36–37.

30 "El 'avivamiento' espiritual en Argentina en perspectiva bíblica". *Boletín Teológico*, n.° 68, 1997, pp. 65–82.

31 *Explosión carismática*. Barcelona: CLIE, 1994, pp. 81–82.

32 José Mardones. *¿A dónde va la religión?* Santander: Sal Terrae, 1996.

horizonte, sin una prospectiva utópica, de desfallecimiento utópico e ideológico y de falta de proyecto o programa. Desmodernización y deshistorización que nos sitúan en la poshistoria.

- Pérdida de la perspectiva única, que, bajo el influjo de los *mass-media* y las tecnologías infotelemáticas, nos hace contemporáneos de todo el mundo, uniformados funcionalmente, pero con una aproximación virtual a la realidad (J. Baudrillard). Vivimos en el mundo de la imagen, del simulacro, de la desrealización y deslocalización de la realidad.
- La especialización del conocimiento y su sectorialidad creciente nos conducen a una sofisticación del saber que, en el límite, termina sabiéndolo todo de un aspecto minúsculo de la realidad y resultando irrelevante. La fortaleza de la especialización y la metodología, del saber limitado, se da la mano con la debilidad del pensamiento. Estamos ante un esteticismo académico y ante una auténtica desracionalización del saber.
- La polaridad política e ideológica del mundo ha sido sustituida por una inestabilidad generalizada (A. Minc) y una necesidad de identidad que favorece los movimientos nacionalistas y la proliferación de "centros". Nuevos países y nuevas mezclas étnico-religiosas propician una desoccidentalización que puede degenerar en confrontaciones religioso-culturales a nivel mundial (S.P. Huntington).
- La política (democrática), cada vez más deseada y justificada, se vuelve impotente para resolver problemas como el desempleo, la dualización de las sociedades, la creciente diferencia Norte/Sur, etc.; impotente, en suma, para habérselas con los grandes mecanismos anónimos —sistemas— de nuestra sociedad moderna. Paradójicamente, cunde el malestar democrático y una sensación de impotencia de la política frente al sistema tecnoburocrático y productivo. Asistimos a una despolitización y desburocratización de las masas que se torna necesidad de "proxemia" (Maffesoli), de cercanía, de agregación en la despersonalización del grupo, de la tribu urbana, de los "ultra", de los "tifosi"...
- El arte parece agotado por la comercialización y en pleno estado melancólico. Visto desde sus exposiciones en este fin de milenio,

> se advierten las tensiones del paso a una fase estética, en la que predomina una visión catastrófica (J. Beuys), quejumbrosa, doliente y resignada (Calvo Serraller)[33].

Se trata, pues, de *un nuevo espíritu y una nueva práctica social,* propios de esta época de transición y que en las urbes de América Latina los vivimos además como *una exacerbación de los niveles emotivos y sentimentales del ser humano en detrimento de lo racional.* Lo anterior explica por qué el hombre posmoderno es profundamente pragmático, siempre en busca de experiencias que lo hagan sentir bien o feliz, y con poco interés por los grandes relatos, que en el caso de los creyentes se traduce en el desinterés por la doctrina *articulada teológicamente.* Como dice Antonio Cruz, "el posmoderno ha descubierto que la intransigencia doctrinal no sirve para proporcionarle *felicidad* sino, más bien, desdicha, odio y división. *Las discrepancias doctrinales de poco calado separan a los hombres, dividen comunidades y producen amargura*"[34].

Ahora, es cierto que el ser humano no es exclusivamente racional; ésta es sólo una dimensión. También tiene corazón; es sensible. El ser humano no es exclusivamente *ethos,* es decir, forma de actuar, modo de vivir, sino también *pathos,* forma de sentir. Y la manera como sentimos es también el modo como vivimos, como percibimos el mundo. Esto, que puede ser un aporte, también puede ser una debilidad, pues la reivindicación del corazón es la fuerza y la debilidad posmodernas. Nuestra preocupación radica en que en la posmodernidad no se reconoce la complementariedad entre *ethos* y *pathos,* sino que éste subordina a aquél.

De esta manera, nada ni nadie se ve libre del impacto de ese nuevo espíritu de la época, aun la teología y la religión. Como dice Amando Robles, la religión, en la medida en que se ha erigido como un discurso único, absoluto y universal, no puede verse libre del impacto crítico de la posmodernidad. Las religiones mismas, sobre todo sus fieles, con sus cambios de sensibilidad, de actitud y comportamiento, lo están manifestando. Por ejemplo, "en la selección personal y subjetiva

---

33 *Op. cit.*, pp. 184–185.

34 *Postmodernidad.* Barcelona: CLIE, 1996, p. 212. Las cursivas son mías.

que se hace de elementos religiosos de diferente procedencia para hacer *una síntesis personal, o la utilización creciente de lo religioso a efectos terapéuticos y de bienestar psíquico y personal en general*"[35]. Así, fruto de esa utilización de que nos habla Robles, encontramos que el neopentecostal es, en palabras de Óscar Amat y León:

> ... altamente espiritual [...]. No tiene ningún temor a los medios de comunicación, a los cuales usa con alta eficacia. Asimismo, se precia [de] que el disfrute de las cosas buenas de este mundo, que no sean consideradas pecaminosas (buena comida, buena ropa, viajes y comodidades) son un signo de la bendición de Dios, y casi un derecho que asiste a aquellos que tienen a Dios por Padre[36].

Presencia y desarrollo del neopentecostalismo

Jean-Pierre Bastian sostiene que América Latina actualmente atraviesa una situación generalizada de desrregulación religiosa. Lo explica de esta manera:

> Desde hace unos 40 años, el mapa religioso de América Latina se está transformando muy rápidamente. Decenas de nuevos movimientos religiosos han surgido en todos los países de la región. Estos movimientos han conquistado, poco a poco y de manera creciente, un espacio hasta entonces monopolio absoluto de la Iglesia católica romana. [...] El campo religioso se está fragmentando en decenas de sociedades religiosas rivales, combatiéndose las unas a las otras. [...] En cierto sentido, se puede afirmar que la Iglesia católica ya no logra regular ni controlar la dinámica religiosa creativa de las poblaciones latinoamericanas[37].

---

35 "Religión y posmodernidad". En A. Jiménez (editor). *Del búho a los gorriones. Ensayos sobre la postmodernidad*. San José: Guayacán, 1993, pp. 42–43. Las cursivas son mías.

36 *Los desafíos misioneros del movimiento carismático a la iglesia evangélica en el Perú*. Lima: CEMAA-Facultad Evangélica Orlando E. Costas (Tesis de maestría en misiología) 1996.

37 *La mutación religiosa en América Latina*. México: Fondo de Cultura Económica, 1997, pp. 9–10.

Esa desrregulación religiosa se manifiesta hoy, evidentemente, en la pluralidad religiosa, que ya no se puede circunscribir solamente a los diversos "rostros protestantes", sino a las diversas expresiones que incluyen a los grupos orientalistas. Parte de esta desrregulación son las diversas iglesias pentecostales clásicas que llegaron al Perú hace aproximadamente ocho décadas, así como las diversas agrupaciones neopentecostales que comenzaron a llegar —y surgir también— en los últimos veinte años. En este apartado nos limitaremos a explicar el neopentecostalismo peruano, fundamentalmente sus articulaciones teológicas.

Una breve historia del neopentecostalismo en el Perú

Se puede hablar de tres etapas bien marcadas del neopentecostalismo peruano: el protoneopentecostalismo, el establecimiento neopentecostal en el protestantismo peruano, y la institucionalización y hegemonía del movimiento neopentecostal[38].

1. El protoneopentecostalismo tendría que ver con la presencia de ciertos sectores del pentecostalismo clásico que impulsaron una nueva forma de ser pentecostal (más "carismático") y que tuvo enorme influencia en los círculos evangélicos latinoamericanos, incluyendo el Perú. Entre estos sectores tenemos a las campañas de sanidad de William Branham y Oral Roberts, la Fraternidad Internacional de Hombres de Negocios del Evangelio Completo, la obra del líder pentecostal sudafricano David du Plessis, y los libros de David Wilkerson y John Sherrill.
2. En el establecimiento del neopentecostalismo en el Perú hay una notable influencia de predicadores pentecostales "renovados" como Jimmy Swaggart, Pat Robertson (ambos vinculados a los sectores más duros de la política republicana estadounidense) y Paul Yonggi Cho. Además, la presencia de ministerios como Club PTL, Club 700 y de los Hombres de

---

38 Para este punto nos basamos en Óscar Amat y León. "Iglesia y carismatismo". *Caminos*, n.° 56, Lima, 1997; y *Los desafíos misioneros del movimiento carismático a la iglesia evangélica en el Perú*. Lima: Gonzales Impresores, 2001.

Negocios del Evangelio Completo. Siguiendo la teoría de que el actual movimiento neopentecostal es expresión de la tercera ola del Espíritu Santo, ésta se ha expresado en la influencia del neopentecostalismo en las diversas denominaciones evangélicas (pentecostales y no pentecostales); la formación de "iglesias independientes" marcadamente neopentecostales, fruto de cismas denominacionales o trabajo de misiones; y finalmente, la aparición de organizaciones (fraternidades de pastores, fraternidades de esposas de pastores, entre otras) y de ministerios paraeclesiásticos, ambos de carácter interdenominacional —y hasta ecuménico— por supuesto.

3. La institucionalización y eventual hegemonía del movimiento neopentecostal, por medio de la Fraternidad Interdenominacional de Pastores Cristianos (FIPAC) y otros ministerios, nos indica el papel de vanguardia en lo que respecta a convocar al liderazgo de las diversas denominaciones y proponerles una agenda misiológica desde una perspectiva de la guerra espiritual y de la teología de la prosperidad. ¿Qué es concretamente la FIPAC? En 1996 uno de sus portavoces, el pastor (hoy "apóstol") Samuel Arboleda, lo explicaba en los siguientes términos:

> FIPAC es un movimiento conformado por las nuevas iglesias evangélicas creadas en los últimos diez años en el Perú. La finalidad que persigue es fundamentalmente revitalizar el ministerio de los pastores y la visión misionera para la iglesia hacia el siglo XXI. La meta central que persigue es obtener un avivamiento espiritual de las iglesias para lograr un vigoroso crecimiento del pueblo cristiano evangélico como aporte a la reconstrucción del país desde los valores del Evangelio y bajo el Señorío de Jesucristo[39].

Por cierto que esa visión casi romántica de la FIPAC contrasta con lo que han hecho en los últimos años: persecuciones a líderes y pastores que se oponían a la enseñanza de la guerra espiritual y la teología de la prosperidad, divisiones de iglesias, graves escándalos

39 "Pastores buscan excelencia y unidad". *Buenas Nuevas*, n.° 4, año 1, Lima, 1996, p. 2.

morales y financieros; todo ello ciertamente lejos del sueño de traer avivamiento al Perú y de aportar a la reconstrucción del país.

El neopentecostalismo: ¿ecumenismo del Espíritu?

Ya en el año 1975 el teólogo metodista Mortimer Arias se había percatado de dos formas de ecumenismo en América Latina: el del movimiento neopentecostal y el del movimiento de liberación social. Para Arias, el primero es más individual y emocional, mientras que el segundo es más social, activista y comprometido[40]. El neopentecostalismo como una nueva forma de ecumenismo no debe sorprendernos demasiado. Yo mismo he comprobado cómo en algunos seminarios o retiros, los neopentecostales invitan a sacerdotes católicos del ala carismática a que participen como expositores o talleristas. Dicen algunos neopentecostales que se trata de un *ecumenismo del Espíritu.*

Ahora bien, esto es posible porque en la perspectiva neopentecostal, Dios está quebrando hoy todas las barreras denominacionales y confesionales. Eso es parte de la tercera ola del Espíritu Santo. Un "profeta" de los Estados Unidos, Morris Cerullo, al hacer un recuento histórico señala que "las barreras denominacionales fueron derribadas mientras *católicos*, bautistas, episcopales, presbiterianos y personas de todas las denominaciones fueron bautizadas en el Espíritu Santo, con la señal de hablar en lenguas desconocidas"[41].

Si bien los católicos antes de la tercera ola eran considerados enemigos de los evangélicos, después de aquella son vistos como parte de la gran familia del Espíritu. Nosotros concordamos, pues, con José Martínez cuando dice que el neopentecostalismo tiene un espíritu ecuménico muy amplio, tanto así que atraviesan todos los campos confesionales, católicos y ortodoxos incluidos[42]. El

40 "Jesus Christ frees and unite". *One World*, n.º 4, 1975, p. 17. A diferencia de Arias, quien cree que ambos ecumenismos son un don de Dios y que hunden sus raíces en la experiencia cristiana y en la Biblia, yo no estoy de acuerdo con él.

41 *5 crisis mayores y 5 olas mayores del Espíritu Santo que vienen en la década de los ´90.* San Diego: Evangelismo Mundial de Morris Cerullo, 1991, pp. 135-136. Las cursivas son mías.

42 *Introducción a la espiritualidad cristiana.* Barcelona: CLIE, 1997, pp. 411, 430-431.

neopentecostalismo, dicen, representa una nueva época en la historia del cristianismo pues *es un ecumenismo del Espíritu*. Allí entran todas las iglesias y movimientos "bautizados con el Espíritu Santo". El neopentecostalismo, en tanto movimiento eclesial como organización establecida, también representaría una nueva época en lo que respecta a las denominaciones evangélicas. Inauguran un *posdenominacionalismo*. Por lo mismo, no pretenden llamarse "evangélicos", sino que, por el contrario, se esfuerzan en denominarse con cualquier nombre antes que tener algún parentesco con el protestantismo o el pentecostalismo.

Hay que observar, además, que este *nuevo ecumenismo del Espíritu* crece a expensas de lo doctrinal. Ellos creen que la doctrina divide mientras que la *experiencia* los une. Como dice W. Smouter, parece que tienen el lema de "Cuantos más carismas, tantos menos cismas"[43]. Ahora bien, no se trata solamente de experimentar los carismas, sino, sobre todo, de experimentar "lo mágico" dentro y fuera del culto. Además, no hay que pasar por alto que el neopentecostalismo es políticamente derechista[44]. Así que ese es otro punto que los une en su ecumenismo, la *orientación ideológica predominante* hoy en América Latina: el neoliberalismo.

Énfasis teológicos y métodos neopentecostales

Fundamentalmente, son dos los énfasis teológicos del neopentecostalismo: la *guerra espiritual* y la *teología de la prosperidad*. La *confesión positiva* sería un método para conseguir prosperidad o sanidad, mientras que la *restauración de las alabanzas* una forma de expresar ambos énfasis. Ampliemos esto.

La guerra espiritual

En la larga tradición cristiana el *conflicto espiritual* ha estado siempre presente. De allí que no asombre que tanto en la iglesia antigua como

43 "El movimiento carismático: ¿cómo enfrentarlo cristianamente?". *Estandarte de la Verdad*, n.° 13, 1992, p. 13.

44 David Stoll. *¿América Latina se vuelve protestante?* Quito: Abya Yala, 1990, pp. 68-69.

en tiempos contemporáneos se haya reflexionado teológicamente sobre el tema. Veamos dos ejemplos:

> Teme al Señor, dijo, y guarda sus mandamientos. Porque guardando los mandamientos de Dios, serás poderoso en toda acción y tu acción será incomparable; ya que temiendo al Señor, todo lo harás bien. Este, pues, es el temor que te conviene tener para salvarte. En cambio, no temas al diablo; porque temiendo al Señor tendrás dominio sobre el diablo, puesto que en éste no hay poder alguno. Y aquel que no tiene poder, no es objeto de temor; al contrario, aquel que tiene poder glorioso es también causa de temor: porque todo el que tiene poder, es objeto de temor; pero el que no tiene poder es despreciado por todos.
>
> Pastor de Hermas (120–145 d. C.) Precepto 7º: 1–2

> Creemos que estamos empeñados en una constante batalla espiritual contra los principados y potestades del mal, que tratan de destruir a la iglesia y frustrar su tarea de evangelización mundial. Conocemos nuestra necesidad de tomar toda la armadura de Dios y pelear esta batalla con las armas espirituales de la verdad y la oración, ya que percibimos la actividad de nuestro enemigo, no sólo en las falsas ideologías fuera de la iglesia, sino también dentro de ella, en los evangelios falsos que tergiversan las Escrituras y colocan al hombre en el lugar de Dios. Necesitamos vigilancia y discernimiento para salvaguardar el evangelio bíblico.
>
> Pacto de Lausana (1974). Afirmación 12[45]

Ambas citas nos remiten a experiencias conocidas por los cristianos de todas las épocas: la experiencia del enfrentamiento con Satanás. No existe creyente alguno que no haya sido tentado, que no haya luchado y no haya salido victorioso en la lucha con las fuerzas espirituales de maldad. Dicho conflicto espiritual, por si algunos lo han olvidado, no es patrimonio de los pentecostales clásicos o los neopentecostales, sino de todos los cristianos de todas las épocas. Sin embargo, cuando nos referimos a la "guerra espiritual", tal como se la conoce hoy, nos

---

45 Solamente he citado la primera parte de la Afirmación 12 (Conflicto espiritual).

estamos refiriendo a una cosa totalmente distinta a lo que enseña la Biblia y la tradición cristiana.

La guerra espiritual hoy es tanto un movimiento como una articulación teológica bastante compleja, que utiliza —como era de esperar— abundantes textos bíblicos releídos desde la experiencia norteamericana de expansión y dominio de los mercados internacionales. Por ello, no debe sorprender que domine el panorama "evangélico" (neopentecostal) a nivel mundial. ¿Qué es la guerra espiritual?[46]. Aunque reconocemos lo complejo de su formulación, se la puede sistematizar de la siguiente manera:

1. Es una cosmovisión de corte "tradicional". En ella se complementan de modo subordinado la dimensión social/material y la dimensión "espiritual". Es decir, reconoce que más allá de lo que ven nuestros ojos físicos existe una realidad que la subordina. Lo material estaría bajo la potestad de las leyes espirituales que gobiernan el mundo. En este sentido, la guerra espiritual pretende ser *una ruptura* con la cosmovisión "occidental-racionalista", pues ésta habría sido la causa fundamental de que el evangelio no haya progresado lo suficientemente en este mundo. Se trata de una cosmovisión maniquea que reduce todos los problemas a un enfrentamiento entre lo social y lo espiritual, lo racional y lo tradicional.

Está bastante claro que es, en el fondo, una crítica a la sociedad moderna y —a la vez— una opción por una sociedad distinta, nueva, donde lo racional no cuente más. En este sentido, es una cosmovisión posmoderna. Deiros sustenta, de manera optimista, la cosmovisión tradicional en los siguientes términos:

---

46 Nos basamos en Edward Murphy. *Manual de guerra espiritual*. Miami: Caribe-Betania, 1994; Ray Stedman. *Batalha Espiritual*. São Paulo: Abba Press, 1995; Ricardo Gondim. *Os santos em guerra*. São Paulo: Abba Press, 1995; Caio Fábio. *Batalha Espiritual*. Río de Janeiro: VINDE, 1996; David Burt. "El ministerio de liberación". *Andamio*, n.° 1, 1996, pp. 52–63; Bernardo Campos. "La guerra espiritual: un desafío a la misiología". *Signos de Vida*, n.° 13, 1999, pp. 2–5; y Gregory Boyd. *Dios en pie de guerra*. Miami: Vida, 2006. Sería mejor hacer caso de la siguiente opinión: "... el plan de Dios para que luchemos en la guerra espiritual no consiste en reprender a los poderes de las tinieblas, sino en que nos volvamos del pecado a Dios" (John Mac Arthur, Jr. *Cómo enfrentar a Satanás*. Barcelona: CLIE, 1994, p. 63).

> Se está produciendo un cambio profundo en la cosmovisión de los cristianos. Durante siglos hemos sido presas de una aproximación racionalista al evangelio. [...]. En estos años se está produciendo un cambio significativo en la manera en que los cristianos, particularmente en nuestra cultura hispanoamericana, nos aproximamos a la comprensión de la realidad y del evangelio. Estamos siendo menos racionalistas y estamos enfatizando más nuestras emociones y sentimientos[47].

¿Es cierto que los protestantes latinoamericanos estuvimos presos del racionalismo? Creemos que no. En opinión de Samuel Escobar ese tipo de protestantismo "racionalista" o "liberal" nunca arraigó en América Latina; en todo caso llegó sólo a reducidos círculos académicos[48]. Esta afirmación implica que las iglesias evangélicas nunca fueron cautivas del racionalismo, de donde se concluye que la lectura de Deiros es forzada o equivocada. Este autor inventa un protestantismo que no existió para luego justificar su lectura. Más bien nos parece mucho más objetiva y honesta la explicación de Pedro Wagner (por lo menos en este punto): "Los latinoamericanos no están tan secularizados como la mayoría de los norteamericanos y europeos. Su visión del mundo incluye la intervención diaria de fuerzas sobrenaturales en las rutinas normales de la vida"[49].

Por lo mismo, estas fuerzas sobrenaturales, que en la teología cristiana se denominan ángeles y demonios, tienen una gran participación y decisión en la vida cotidiana. Sin embargo, estos demonios —en la teología neopentecostal— han desatado toda su furia no sólo en el globo terráqueo, sino sobre todo en las personas, a quienes con frecuencia atan y se posesionan de ellas, lo que exige, en consecuencia, liberación.

2) Es un ministerio de liberación. La guerra espiritual pretende sanar el alma y liberar a la gente de las diversas "ataduras espirituales" y

47 *Protestantismo en América Latina*. Nashville: Caribe, 1997, pp. 97–98.
48 "¿Qué significa ser evangélico hoy?". *Misión*, n.° 1, 1982, pp. 14–18 y 35–39.
49 *Avance del pentecostalismo en América Latina*. Miami: Vida, 1987, p. 24.

"posesiones demoníacas" adquiridas a lo largo de la vida. No existe un solo ser humano, para los neopentecostales, que esté libre de ataduras (cargas emocionales, traumas, vicios, defectos, etcétera), ni siquiera los cristianos[50]. Algunos llegan más lejos, incluso, diciendo que los cristianos pueden ser "demonizados". La conocida "demonóloga" costarricense Rita Cabezas afirma: "Durante los últimos cuatro años, he escuchado a los demonios hablar por boca de más de ciento cincuenta cristianos verdaderos. Cuatro de ellos eran pastores evangélicos de denominaciones no pentecostales, a los que les costó bastante aceptar la idea [de] que tuvieran demonios"[51].

Estos exabruptos teológicos sólo son posibles debido a una mentalidad mágica en las agrupaciones neopentecostales, pero también al afán de culpabilizar a otros —en este caso los demonios— de los pecados y fallas personales. Yo mismo me he encontrado en dificultades pastorales cuando han venido a pedirme consejo hermanos de otras iglesias, porque no entendían a su pastor, quien les investigaba primero su árbol genealógico o les exigía que respondieran a un cuestionario, antes de tratar el problema directamente.

El documento en mención es conocido como el *Cuestionario para aquellos que buscan sinceramente su liberación*[52] y consta de puntos que interrogan al "afectado" acerca de: (1) Experiencias traumáticas; (2) Problemas emocionales (conflictos con otros); (3) Costumbres destructivas; (4) Oposición a la verdad; (5) Pecados del corazón; (6) Pecados del hogar; (7) Pecados de la vida; (8) Pecados en relación con los desvíos morales; (9) Ocultismo; (10) Superstición (creencias equivocadas); (11) Devoción de imagen o santo; (12) Sectas a las que ha pertenecido (directa o indirectamente); (13) Experiencias carismáticas; (14) Problemas psicológicos; (15) Problemas espirituales; (16) Análisis

---

50 De opinión contraria es el psicólogo evangélico Jorge León, quien basado en más de cuarenta años de práctica profesional, dice que todos los casos de "posesiones" que ha visto no son tales, ya que se explican psicológicamente. ("El 'avivamiento' espiritual en la Argentina en perspectiva psicológica". *Boletín Teológico*, n.° 68, 1997, pp. 49–64).

51 *Desenmascarado*. San José: Litografía López Tercero, 1986, p. 142.

52 Hemos utilizado un documento ampliamente difundido. Ver Humberto Lay. "Opresiones malignas: manifestación, diagnóstico y liberación". *Avivamiento*, n.° 17, año 3, La Luz, Lima, s/f, pp. 4–5.

de la persona afectada. Entre las experiencias que provocan "ataduras espirituales" se encuentran las siguientes: celos, dudas, timidez, autoestima, ir al cine, ver televisión, escuchar música de Pimpinella y de Camilo Sesto, coquetería, enamoramiento indebido, frigidez, ironía, leer el horóscopo, tener insomnio, depresiones, leer libros de sectas, haberse vinculado al catolicismo romano, al movimiento ecuménico, a la teología de la liberación o al modernismo (liberalismo teológico), y haber participado en las agrupaciones "Dios es Amor", "Comunidad carismática de Lima", "Yo Soy", y "El Shadai".

De esta manera, cada aspecto de la vida queda bajo sospecha de tener ataduras espirituales; por tanto, se justifica una pastoral mágica que encuentra, literalmente, demonios en todo. No extraña esta forma de ver la realidad, porque la guerra espiritual ha demonizado el mundo, ha hecho del mundo y de las personas —sobretodo— el campo de batalla por excelencia entre la luz y las tinieblas. Pero ¿y el abuso de los poderosos sobre los débiles?, ¿y los militares genocidas que andan libremente por las calles?, ¿y las políticas económicas que causan miseria, desesperación, suicidios y otros males familiares y sociales?, ¿y el narcotráfico que ha llegado a altas esferas del poder en algunos países latinoamericanos?, ¿y los miles de presos injustamente encarcelados?, ¿y las dictaduras que se visten de ropaje democrático? ¿O es que acaso las ataduras demoníacas no afectan a los ámbitos sociales, económicos y políticos de la vida de las personas y de los países?

Esta carencia de visión respecto de la totalidad de la vida humana, es lo que ha convertido a la guerra espiritual en una ideología religiosa a veces cómplice del *statu quo;* por tanto, contraria a todo proyecto de cambio social. La guerra espiritual, en tanto ministerio de liberación de las opresiones malignas, tiene diversos métodos para alcanzar la ansiada sanidad del alma y del espíritu, entre ellos los mapeos, la ruptura o quema de objetos que tienen espíritus malignos, el aislamiento físico, imposiciones de manos, ungimiento con aceite, expulsión de espíritus, invocación de ángeles, etcétera[53].

---

53 Bienvenidos al seminario de liberación (documento sin lugar y sin fecha), p. 13.

3) Es una reflexión teológica cuyo núcleo está centrado en el tema del poder o la autoridad. Si de lo que se trata es de vencer a los "principados y potestades", entonces se necesita el poder total de Dios. Poder entendido como la capacidad de invocar a Jesús y de dominar a los espíritus demoníacos, es decir, de manejar el mundo espiritual. En el mundo podrán existir personas con poder económico y político, pero el verdadero poder que es el espiritual, sólo lo tienen los cristianos consagrados a Dios, los santos en pie de guerra, los "guerreros de oración". Estos son los que tienen el "verdadero poder" en el mundo.

El poder está centrado en "la sangre de Jesús" y es fundamental para ganar la guerra espiritual, pues permite dominar a los demonios en las sesiones de liberación. Este poder con frecuencia es usado para quebrar la influencia de las potestades demoníacas y exigirles que revelen cosas desconocidas, para luego usarlas en su contra[54]. Por ejemplo, es importante saber los nombres de los espíritus que se han posesionado de personas, sus estrategias de ataque y lugares geográficos de acción, para luego exigir su salida en "el nombre de Jesús". Se trata, en definitiva, de un poder circunscripto a la expulsión de demonios y al dominio de territorios geográficos en los cuales luego se desarrollarán campañas de evangelización. Es un poder que, aunque pretende venir de Dios, no se inmiscuye en las preocupaciones políticas de la gente (ansias de democracia y justicia social, por ejemplo).

4) Es una lectura teológica de las culturas. A la mayoría las encuentra habitadas por demonios y, por tanto, son objeto de diversas batallas espirituales para conquistar territorios nuevos "para el Señor"[55]. El hecho de que cualquier persona defienda su cultura, inmediatamente será interpretada como un disfraz diabólico. Dice un predicador

54 "Tácticas para expulsar demonios", de Win Worley (Aniquilando las huestes del infierno), citado por Eckhardt, *op. cit.*, pp. 27–28.

55 Cindy Jacobs. *Conquistemos las puertas del enemigo*. Miami: Betania, 1993; y Robert Morey. *Estrategias satánicas*. São Paulo: Abba Press, 1997. Este último autor encuentra cómo Satanás en nombre de "la antropología cultural" y de "la defensa de las culturas autóctonas" impide la evangelización de las "culturas paganas".

neopentecostal que "bajo el disfraz de tradiciones culturales estamos abriendo puertas de maldición a nuestras ciudades y naciones"[56]. Es bastante claro que esta lectura teológica se opone a todo tipo de diálogo interreligioso e intercultural.

Efectivamente, todas las culturas, especialmente las muy antiguas (maya, azteca, inca, por ejemplo), dicen los neopentecostales, han heredado a sus habitantes actuales una serie de maldiciones y espíritus territoriales que detienen la evangelización y que los oprimen. Esta opresión, si bien es ante todo espiritual, se evidenciaría en el nivel de vida y en las formas de organización política. Por ello, no debe sorprender que, en la visión de la guerra espiritual, las naciones más pobres y con menor porcentaje de creyentes evangélicos tengan más espíritus territoriales que expulsar. Las diversas naciones se convierten de esta manera en campos de batalla espiritual, lo que significa concretamente, por ejemplo, el ungimiento con aceite de ciudades, tal como lo hicieron alguna vez con San José, la capital de Costa Rica, y con otras ciudades más del continente.

Esa lectura teológica tan negativa de las culturas, es la que está en el fondo de lo que se conoce como la ventana 10/40. Así, la "lectura espiritual" (cartografía espiritual la llaman) es un paso previo, un primer momento para los agresivos planes evangelísticos. Como dato curioso, pero bastante usual, es que los representantes más connotados de la guerra espiritual, como Cindy Jacobs, han encontrado que sólo habitan demonios en los países comunistas o en aquellos abiertamente adversos a la política estadounidense.

5) Es una motivación, así como una estrategia evangelizadora. Si la vocación del cristiano es comunicar la buena noticia del evangelio, hoy se ha vuelto una exigencia ineludible. Así, casi no existen planes y programas evangelizadores sin acudir a los métodos y estrategias neopentecostales de conquistar las ciudades (mapeos, ungimiento de ciudades, gritos de guerra, despliegue de "armas" estratégicas, etcétera). Hay evangelistas incluso, como Carlos Annacondia, de

---

56 Héctor Torres. *Desenmascaremos las tinieblas de este siglo.* Nashville: Caribe-Betania, 1996, p. 131.

Argentina, que antes de comenzar cualquier campaña desafía a los espíritus demoníacos, luego los ata y finalmente los expulsa al infierno[57].

En otras partes del mundo, la guerra espiritual se hace presente con sus "misioneros del Espíritu", últimamente latinoamericanos, quienes van a conquistar culturas y pueblos lejanos armados solamente con su fe, con la Biblia en la mano, y muchas veces sólo con el boleto de ida. De que existe mística evangelizadora en la guerra espiritual, no se duda. Estos misioneros apuntan a lo que se conoce como la ventana 10/40.

> Si observamos un mapa, la mayor parte de las personas no alcanzadas por el Evangelio, se encuentran dentro de una faja que se extiende desde África Occidental a través de Asia entre los 10 y 40 grados de latitud norte. Esta zona incluye las comunidades musulmanas, hindúes y budista. Si pensamos seriamente proveer a cada pueblo y ciudad la oportunidad de descubrir el amor, la verdad y el poder salvador de Jesús, deberíamos de aquí en adelante, concentrar nuestras oraciones sobre esta región del mundo, la cual se define como LA VENTANA 10/40[58].

A mí no me cabe duda de que los mayores esfuerzos evangelísticos, sobre todo de masas, lo están llevando a cabo los neopentecostales. Y aunque sus métodos sean discutidos, creo que no debemos ser mezquinos, sino reconocer que han sabido motivar a verdaderos ejércitos a que cumplan con su tarea evangelizadora.

6) Es también una clave de lectura de la Biblia. No es que el neopentecostalismo "espiritualiza" toda la Biblia, como hacía el fundamentalismo o el conservadurismo teológico, anteponiendo "lo espiritual" a "lo material", sino que encuentra guerra espiritual en toda la Biblia. En esta visión, desde el Génesis hasta el Apocalipsis el ser humano ha estado en guerra contra los ejércitos demoníacos. Efectivamente, esta clave o hermenéutica relee la historia del

---

57 Felipe Saint. *Guerra contra el infierno*. Miami: Vida, 1988.

58 Mayelo Gensollen. "La ventana 10/40". *Koinonía*, n.° 3, año II, Lima, s/f, pp. 4–6.

pueblo de Israel para concluir que sus luchas más grandes fueron con espíritus demoníacos o ídolos de las naciones vecinas. Según la guerra espiritual, también, la misión de Jesús consistió fundamentalmente en expulsar demonios y sanar enfermos. De allí se deriva que la misión de la iglesia, explicada en el Nuevo Testamento, consistió también en guerrear contra los demonios como parte de las estrategias evangelizadoras. De esto se pueden poner ejemplos innumerables, literalmente cualquier libro que haga apología de la guerra espiritual.

La teología de la prosperidad

A este énfasis teológico también se lo conoce como el "evangelio de la prosperidad". Sucintamente se refiere al hecho de que los cristianos, como "hijos del Rey", tienen derecho a apropiarse —o reclamar— los diversos beneficios de Dios: salvación espiritual, sanidad física y prosperidad material (abundantes riquezas)[59]. Veamos algunos ejemplos:

> Yo recuerdo que en la conferencia del Ps. (Antonio) San Cristóbal me dijo: "*Tú serás millonario porque Dios te ha llamado para una gran obra, que vale miles de miles de dólares [...]. Renueva tu mente. Limpia tu corazón de toda pequeñez, de toda mezquindad, porque Yo Soy un Dios grande y dadivoso. Me gusta dar en abundancia a los que amo [...].* Sentí Su presencia, suave y consoladora que me dijo: "*Lo sé. Lo he recibido con agrado. De ahora en adelante tú comenzarás a recibir. Muchos vendrán para dar para Mi obra en el ministerio que te he encargado, y Tú vas a orar por ellos para que sean bendecidos. [...] Tu esquema mental está condicionado a la pobreza. Los españoles subyugaron y humillaron a tus antepasados. Libérate de la maldición de ellos. Cristo te liberó y te bendijo. Dios no te pondrá por cabeza si tú quieres seguir siendo cola. Dios no hará cosas a través de ti, si tú te satisfaces con pequeñeces. No seas escaso, ¡ensánchate! A la izquierda, a la derecha. Avanza al norte, al sur. Crece. Prospera en el nombre de*

59 Por ser éste el tema del libro, aquí apenas ofrecemos algunos breves apuntes. Más adelante profundizaremos en ella.

Jesús. Expande tu mente. Recibe la visión de Dios para crecer. Abre tu corazón y recibe la unción de Dios. Suéltate de la carne y déjate llevar por Dios, en el Espíritu, a las alturas, a sueños grandes, como Abraham..."[60]

Dios, es un Dios de lujo porque los diamantes, los rubíes, las piedras preciosas fueron creadas por Él. La Biblia dice que donde Dios vive, las calles son de oro y que tiene mansiones donde nos lleva cuando morimos. O sea, que el Señor no vive en arrabales, ni es pobre. [...]. Jesús no era pobre. Él nació en un pesebre porque cuando María estaba encinta llegaron a Belén y José la llevó al mesón, lo que en aquellos tiempos era como un hotel Hollyday Inn, que era el mejor sitio pero estaba lleno, y si tienes una mujer que está a punto de parir tienes que meterla donde sea y por eso la metió en una cueva. [...] A Jesús le seguía la gente rica. En los últimos libros que se han escrito se ha demostrado que Él no era un carpintero sino un ebanista, un hombre muy inteligente, figúrate el hijo de Dios. Cuando murió en la cruz del calvario, la Biblia dice que los soldados echaron a suertes por sus túnicas. Era de una sola costura que en aquel entonces era ropa muy costosa. Jesús tenía muchas mujeres ricas que le servían de sus bienes. Fíjate que una señora derramó un perfume de alabastro puro a los pies de Cristo que hoy tendría un costo de cinco a diez mil dólares. Jesús vino a enseñarles a los pobres a ser ricos. No le dijo quédate pobre, sufre, muere porque eso sería como si Dios quisiera el bien para dos o tres y el mal para los demás, y ningún padre quiere eso para sus hijos[61].

¡La bendición de Abraham es nuestra! No nos la pueden quitar nunca más. Esos desconfiados, incrédulos, matadores del gozo, y vendedores de la duda no serán capaces de quitárnosla. ¡La bendición de Abraham es mía —la bendición de Abraham es nuestra— a través de Cristo Jesús! ¡Aleluya! La bendición de Abraham era una

---

60 David Lozano. *Quiero bendecirte para que seas grande*. Lima: La Luz, 1998, pp. 27–29.

61 Rodolfo Font, citado en Patricia Vargas. "La conciencia de hoy". *El Nuevo Día*. San Juan, Puerto Rico, 28 de febrero de 1998, pp. 102–103.

> bendición triple. Lo primero que Dios le prometió a Abraham fue que Él lo iba a hacer rico. "¿Quieres decir que Dios nos va a hacer a todos ricos?" Sí, eso es lo que quiero decir[62].
>
> Usted da un dólar por amor al evangelio, y ya le pertenecen a usted 100; usted da 10 dólares y a cambio recibe 1000 de regalo; usted da 1000 dólares y a cambio recibe 100 000. Ya sé que usted mismo sabe multiplicar igual que yo, pero es que sólo quiero que lo vea otra vez por escrito. [...] Done usted un avión, y recibirá cien veces más el valor de ese avión. Regale usted un coche, y obtendrá tantos coches que durante toda su vida no necesitará más. Abreviando, ¡Marcos 10.30 es un buen negocio![63].

Las citas por sí mismas son elocuentes. Esta teología pone un *énfasis* desmedido en la prosperidad, entendida esta como riqueza material; y la presenta no sólo como una *perspectiva* desde la cual hay que interpretar toda la Biblia sino que convierte a la prosperidad en un *canon* para medir la fe, la espiritualidad, y la práctica de las leyes de prosperidad (siembra y cosecha, ciento por uno) tanto a nivel personal como grupal. De este modo, si alguien no es rico, sencillamente se debe a que carece de fe o tiene algún pecado. La teología de la prosperidad, nos parece, es un intento de solucionar tanto una necesidad como una aspiración: la seguridad y la abundancia material. Para ello, recurre a la Biblia y ofrece una salida que es tanto un abandono de la vieja ética protestante (trabajo, ahorro e inversión) como una mezcla con diversos rituales mágicos (la ley de siembra y cosecha)[64].

La confesión positiva

Este método neopentecostal tiene sus orígenes directamente en el Movimiento de Fe de los Estados Unidos, y se remonta hasta William

---

62 Kenneth Hagin. *Redimido de la pobreza, enfermedad y muerte espiritual.* Tulsa: Faith Library Publications, 1989, pp. 4–5.

63 Gloria Copeland. *La voluntad de Dios es prosperidad.* Texas: KCP Publicaciones, 1984, p. 46. Para esta cita utilizo la traducción de Bühne *op. cit.*, p. 118.

64 Oneide Bobsin. "Teologia da prosperidade ou estratégia de sobrevivéncia". *Estudos Teológicos*, n.° 1, año 35, 1995, p. 34.

Kenyon[65]. En el Perú se han popularizado las enseñanzas de los "maestros de la fe" Kenneth Hagin, Kenneth y Gloria Copeland en las organizaciones *Comunidad Carismática de Lima, Centro Cristiano Vida, Comunidad Camino de Vida,* y *Fuente de Agua Viva,* entre otras. Además, existe una versión peruana de dicho método bajo el nombre de "confesión creativa" en la *Comunidad Cristiana Agua Viva*. La confesión positiva se puede resumir en la frase "confiésalo y tenlo", lo que supone un poder en la palabra pronunciada o declarada.

Hay quienes sostienen, incluso, como Benny Hinn y Morris Cerullo en los Estados Unidos, que a Dios no hay que pedirle nada sino *exigirle y demandarle* victoria sobre Satanás, sanidad corporal o prosperidad material según sea el caso. En el fondo, se trata de un *método* para lograr los fines deseados. Un ejemplo de ello es el siguiente sermón:

> Diga: Yo quiero prosperar, ¡fuerte!, diga más fuerte: yo quiero prosperar; aún más fuerte, diga: ahora me declaro próspero. Dígalo bien fuerte: Mi país es próspero, las iglesias de mi país, las declaramos prósperas, prósperas para honra y gloria de Dios. ¡Aleluya! ¿Cuántos lo creen, hermanos?, ¿cuántos lo creen, hermanos? Diga: Mi país a pesar de los problemas, es un país próspero, ¡bien fuerte, bien fuerte! [...] Ahora, ¿cuántos quieren la prosperidad? Levanten las manos, porque mañana públicamente vamos a maldecir la pobreza. [...] y voy a declarar prosperidad sobre las iglesias de esta ciudad. [...] Jesús dijo: "Yo he venido para darles buena noticia a los pobres" y la buena noticia para los pobres es prosperidad. ¡Aleluya! Diga: PROSPERIDAD, ¿cuántos creen en este mensaje?, ¡digan: Amén! [...] Declárese bendecido, ¡Aleluya!, déjelo, déjelo allí, déjelo allí. Declárese bendecido; declárese bendecido. Usen buena ropa, compren buenos zapatos, no sea tacaño con Ud. mismo. La Biblia dice que las riquezas del mundo es para los que están delante de Jehová, yo estoy delante de Jehová para que coman hasta saciarse y vistan espléndidamente ¡Gloria al nombre del Señor Jesucristo! ¡Aleluya! [...] Habla en positivo, no hables en negativo. No digas:

---

65 Hank Hanegraaff. *Cristianismo en crisis*. Miami: UNILIT, 1993.

me duele, cuando sientas el dolor, di: soy sano por las llagas de Jesucristo; cuando te veas sin una moneda en el bolsillo, párate en la mañana y di: billetes de 100, vengan del norte y del sur, del este y del oeste, de abajo, de arriba. Si tienes un negocio de fotografía manda un espíritu para que la gente se tome fotos; si tienes un restaurante, suelta un espíritu de hambre en la ciudad, para que tu comida se venda y la gente se coma dos o tres comidas; si tienes un almacén, si tienes una venta de verdura, ordénales que la gente y los negocios vengan hacia ti [...] Tienes que aprender a hablar, el lenguaje de la Biblia es positivo, el lenguaje de la Biblia, el lenguaje del creyente es el lenguaje de Dios. [...] Levante sus manos y diga conmigo: me declaro próspero, me declaro próspero, acepto este mensaje de Papá lo acepto, lo acepto con todas sus connotaciones; dígalo ahora, yo voy a ser un creyente que voy a bendecir económicamente al siervo, al siervo de Dios en el nombre de Jesús. Amén[66].

Como observamos, en la confesión positiva se sobredimensiona y se atribuye un poder creativo a la palabra pronunciada. Así, la palabra confesada puede lograr *todo lo que desea*: sanidad y riquezas. No existen realmente imposibles, sólo imposibilitados que no saben confesar. En el ejemplo citado, confluyen, además, visiones mágicas de la realidad, un mundo sobrenatural, la negación mental y verbal del dolor, poderes mágicos para atraer billetes. Juan Capurro, en el Perú, enseñaba que Dios mismo es el origen de la confesión positiva (o creativa, como él prefiere). Dios creó el mundo con su palabra, con mucha fe. De ahí se deriva que el cristiano también tiene que crear riquezas u otras cosas por medio de su palabra y su fe. La "confesión", para este autor, no tiene el sentido paulino de "reconocimiento" del señorío de Cristo o el sentido juánico de "afirmación" de culpa o pecado. Tiene otro sentido.

¿Qué es la confesión? No es la confesión de pecados. Es afirmar, aseverar o testificar nuestra confianza [en] que la Palabra de Dios se cumplirá. No hay fe sin confesión, así como no hay amor sin palabra

66 Carlos Jiménez. *Hombre próspero*. Separata. Lima: La Luz, 1997.

> o hecho. [...] Ahora podemos comprender mejor el poder de las palabras y como, aun cuando éstas no estén de acuerdo con las de Dios, contienen cierto poder[67].

La palabra confesada, en esta versión, siempre tendrá poder, aún así no concuerde con lo que la Biblia enseña. Si la confesión positiva tenía elementos mágicos, ya sea en las explicaciones de Norman Vincent Peale y de Robert Schuller, en las versiones latinoamericanas realmente no se conocen límites. Sobre el particular conviene recordar lo que sostienen investigadores desde la ciencia de la epigenética:

> Las afirmaciones y los pensamientos positivos no sirven para reprogramar las creencias limitadoras. Los pensamientos positivos están generados por la mente consciente, un pequeño procesador que sólo controla el 5% de las veces [...] El pensamiento positivo no necesariamente mejora las cosas[68].

La restauración de la alabanza

Este ha sido uno de los medios privilegiados por los que el neopentecostalismo, y sus doctrinas de guerra espiritual y prosperidad, han entrado y se han afianzado con mucho éxito en las diversas iglesias evangélicas y otras agrupaciones independientes. Se trata, en este caso, de "perfeccionar" o "renovar" la alabanza y darle el merecido lugar que le corresponde, aun *por encima de la predicación de la Palabra de Dios.* Se trata, en el fondo, de "restaurar" lo "caído", pues Dios mora en medio de las alabanzas de su pueblo, conforme a la enseñanza bíblica. Sin embargo, seríamos ingenuos si dijéramos que la restauración de la alabanza es un fin en sí mismo. No, la alabanza restaurada es considerada como un arma poderosa en la guerra contra el diablo, es decir, está al servicio de la guerra espiritual. Como dice un importante líder del neopentecostalismo y político a la vez:

---

67 Capurro, *op. cit.*, pp. 268, 276.

68 Bruce Lipton. "Descubriendo al mago que se mueve entre bambalinas. La 'nueva biología' y la epigenética". En J. Achterberg y otros (editores). *La espiritualidad a debate. El estudio científico de lo trascendente*. Barcelona: Kairós, 2010, p. 170.

"la alabanza es arma poderosa en la guerra contra las tinieblas".[69] Por ello, no debe asombrar que las alabanzas guerreristas y de prosperidad ocupen casi todo el tiempo del culto hoy. Veamos dos ejemplos:

Tú y yo[70]

Dios está llamando a la guerra,
nos está impulsando hacia afuera,
acudiremos al llamado del Señor,
tomaremos las armas que Él nos preparó.

Tú y yo, somos un pueblo
tú y yo, preparado[s]
para mostrar las grandezas del Señor
para tomar la tierra que Él nos entregó.

Espera

Viviendo en lo que es la orilla
sin tranquilidad
corriendo de un lado a otro
con agilidad
ataduras que llamamos compromisos
¿cuándo podremos descansar?

El dinero es tan importante
no se te vaya a escapar
para poder salir adelante

---

69 Humberto Lay. *Corrientes actuales en el culto*. Materiales de Capacitación de Pastores del Presbiterio, Distrito Centro y Nacional de las Asambleas de Dios del Perú. Lima, 1990, 5 pp. Actualmente Lay es uno de los varios congresistas "evangélicos" peruanos.

70 Ambas canciones son de 1990, y fueron compuestas e interpretadas por Marcos Witt. Ponemos como ejemplo a este cantante por ser el más clásico, digamos. En la actualidad existe tanto en Estados Unidos como en los países latinoamericanos una industria, un negocio muy rentable, en la que cada día aparecen nuevos cantantes, tanto varones como mujeres, y grupos diversos que ofrecen sus temas en variados géneros musicales.

te tienes que afanar
no vaya a ser que venga otro
y se te precipite
¿cuándo podremos descansar?

Estas nuevas alabanzas no sólo se relacionan con contenidos, sino —sobre todo— con formas, con expresiones cultuales. Por ello, es muy común observar en los cultos neopentecostales "trencitos", "bailes del perrito", etcétera; todo esto aparte de las conocidas danzas, marchas de bandera, rondas al estilo judío y "en hebreo" (sic), caídas, rugidos y risas santas. Estas prácticas se han convertido en un verdadero dogma litúrgico. Además, como parte de éste, los neopentecostales han creado nueve niveles de alabanza, copiados del neojudaísmo norteamericano[71]. En una conversación con algunos líderes del neopentecostalismo peruano sostuve que debería haber libertad en las alabanzas y no tanto una imposición cultual. La respuesta que me dieron fue realmente escalofriante: si algunos no alababan al Señor como ellos, posiblemente se debía a que no eran renacidos (convertidos) verdaderamente[72].

Estas nuevas formas de alabanza son las que han convertido al culto neopentecostal en *shows* de auditorio, en espectáculos públicos con contenido religioso y económico a la vez. Es la restauración de la alabanza la que ha hecho, también, que surjan estrellas de "rock santo", estrellas por cierto inalcanzables al promedio de los fieles pobres, y que sólo tienen que contentarse con un póster suyo, ya que no les alcanza el dinero para ir a sus costosos conciertos. Viendo toda esta penosa situación, Marcos Witt hace una evaluación y dice:

> Si regresamos al tema de la adoración, nos damos cuenta [de] que ésta tiene muy poco que ver con la forma externa de expresión, ya

71 "Los nueve niveles de la alabanza". En *La guerra espiritual en el crecimiento y desarrollo de la iglesia*. San Juan. Puerto Rico: Avance Misionero Mundial, 1993, pp. 83–84.

72 De este diálogo hay varios pastores como testigos (Lima, setiembre de 1999). Como todo dogma, el litúrgico también encuentra enemigos y herejes que desprestigiar y perseguir. Así, por ejemplo, un articulista que se atrevió a criticar a Marcos Witt, fue tildado por un lector de "marxista" (*Iglesia y Misión*, n.° 67/68, 1999, "Cartas de lectores").

sea aplaudir, cantar o cualquier otra. El verdadero adorador es aquel que ha entendido que tiene que vivir una vida cien por cien rendida a los pies del Maestro; ese es un verdadero adorador, y por eso es que hay escasez de adoradores y el Padre sigue buscándolos. Creo que en este punto hemos fallado algunas veces los que nos encargamos de guiar al pueblo en alabanza y adoración, ya que hemos hecho demasiado énfasis en las expresiones externas y en las emociones y nos hemos olvidado de lo más importante, que es llevar al pueblo a la misma presencia de Dios. Por ello quiero pedir perdón a todos ustedes en nombre mío y de todos mis compañeros[73].

Neopentecostalismo y fuentes de autoridad

Una pregunta fundamental, y legítima, que se hacen los críticos del neopentecostalismo es hasta qué punto estos énfasis teológicos tienen *fundamento bíblico*. De esta pregunta pueden surgir otras. ¿Hasta qué punto la guerra espiritual y la teología de la prosperidad están en continuidad con las doctrinas protestantes o pentecostales?, ¿o representan, más bien, *una nueva forma de ser cristianos*, una "contextualización" del evangelio para el momento actual latinoamericano?, ¿o tal vez se trata de una nueva religión mágica que no repara en mezclar la fe cristiana con las prácticas populares disidentes de las oficialidades religiosas?

Un intento de respuesta la ofrece José Míguez Bonino, quien cree que el neopentecostalismo asume el imaginario social popular de un mundo regido por espíritus buenos y malos, y propone una forma de "manejar" el mundo de los espíritus, restringido a quienes detentan el poder "mágico"[74]. No se trata, entonces, solamente de un énfasis en la cura divina como en el pentecostalismo clásico. Se trata de otra cosa muy diferente. Norberto Saracco, evaluando al

---

73 "Cristianos de los atrios vs. cristianos del lugar santísimo". En *Revista Impacto*, n.° 1, año IV (sin fecha), pp. 18–20. Sobre el tema, el mismo Witt ha escrito varios libros, entre los que se cuentan: *Adoremos*. Nashville: Caribe-Betania, 1993; y *¿Qué hacemos con estos músicos?* Nashville: Caribe, 1995.

74 *Op. cit.*, p. 156.

neopentecostalismo (o "pentecostalismo contemporáneo", como él lo llama) concluye que éstos representan una "nueva concepción de la fe y su eficacia", pues han abandonado —o dejado en un segundo plano— las raíces fundamentales del pentecostalismo[75]. Otros autores, como Mendonça, incluso encuentran dependencia en el neopentecostalismo respecto del catolicismo popular, así como de los cultos afrobrasileros para el caso de Brasil[76].

Respecto a la *fuente de autoridad,* nos parece que es distinta en el neopentecostalismo que en el protestantismo histórico y el pentecostalismo clásico. Ellos basan sus doctrinas en *fuentes ajenas a la revelación bíblica*; por ello no debe sorprendernos sus conclusiones teológicas. En el neopentecostalismo, una de las principales fuentes de autoridad son las experiencias milagrosas, mágicas. Nunca otro tipo de experiencia. John Wimber, uno de los "padres" del neopentecostalismo estadounidense, sostenía categóricamente que las verdades de la Biblia *sólo pueden ser comprendidas después de tener cierto tipo de experiencias,* específicamente de milagros de sanidad:

> Algunas verdades de la Biblia sólo las podemos comprender después de haber hecho ciertas experiencias. He comprobado que esto también es verdad en lo que se refiere a las "sanidades". Cuando yo todavía no había vivido cómo las personas eran sanadas, no podía comprender muchos pasajes de la Biblia sobre la sanidad. [...]. De esta manera Dios usa nuestras experiencias para darnos una mejor comprensión de lo que enseña la Escritura. Y en muchas ocasiones, a través de las experiencias, nos hace desechar o cambiar elementos de nuestra teología y visión del mundo[77].

De por sí, es complicado e incorrecto aceptar *theo-logías* fundadas en experiencias. Es curioso observar, sin embargo, que ni siquiera los más ilustrados pentecostales clásicos aceptan esa postura. En un

---

75 "Prólogo a la edición castellana". En Donald Dayton. *Raíces teológicas del pentecostalismo*. Buenos Aires: Nueva Creación, 1991, p. xi.

76 *Op. cit.*, p. 159.

77 En Die Dritte Welle. *Hochheim: Projektion J*, 1988, p. 93, citado por Bühne, *op. cit.*, p. 27. Irónicamente Wimber murió de cáncer.

excelente libro que discute el tema del poder, llegan a la siguiente conclusión: "No aceptamos nunca una doctrina basada en experiencias sin fundamento bíblico. Hacerlo es entrar en arena teológica movediza"[78]. Respecto a este tema, Randall Wittig tiene palabras que las hago mías:

> Dar importancia a la experiencia en sí no es incorrecto, y no necesariamente significa ignorar a la Palabra manifiesta en las Escrituras y en Cristo mismo. Negar la experiencia puede desembocar en un misticismo sin sentido. Sin embargo, un problema serio resulta cuando se olvida que las experiencias pueden ser producto del Espíritu Santo, el Diablo, la psique, el ambiente, las emociones y, aun, lo que uno ha comido. Palabra y Espíritu tienen que estar unidos para tener una teología evangélica adecuada y auténtica. El énfasis en la experiencia del Espíritu tiene que ser juzgado por su fidelidad a la Palabra. Y aun en eso, hay peligro si lo enfatizado es lo que la Palabra "me dice a mí", y no lo que dice en sus propios términos. El Espíritu Santo nunca va a contradecir la Palabra, ni la Palabra va a contradecir al Espíritu Santo. Si hay una contradicción en la experiencia o doctrina debe ser vista como subcristiana y ser examinada. La Palabra no puede tomar el lugar del Espíritu, ni el Espíritu tomar el lugar de la Palabra. A su vez, por su subjetividad, las experiencias nunca deben ser la base del desarrollo doctrinal. Las dos orientaciones "usan la Palabra", la pregunta es si la usan mal. Cómo interpretamos la Biblia es fundamental para discernir la obra del Espíritu, como también para hacer sana doctrina[79].

Por la razón anterior unos estudiosos del neopentecostalismo estadounidense dicen, cuando se refieren a ellos, que "estamos ante otra cosa". Si en las teologías evangélicas generalmente se reconocía como fuente de autoridad a las Sagradas Escrituras, en el neopentecostalismo ya no es así. Tradicionalmente, los evangélicos han sacado su información del mundo espiritual sólo de la Biblia, pues se creía

---

78 Opal Reddin (editor). *Enfrentamiento de poderes*. Florida: Vida, 1994, p. 229.

79 "Carismanía y dogmanía. Sus virtudes y defectos". En *Pisadas Firmes*. San José: DCI-Portavoz, 1998, pp. 115–118.

que otras fuentes —como las religiones no cristianas, el racionalismo humano, el ocultismo y cualquier otro contacto con demonios— no proporcionaban datos confiables. ¿Cuáles son esas otras fuentes de autoridad en el neopentecostalismo? Robert Priest, Thomas Campbell y Bradford Mullen dicen que son: (1) Información recibida de los demonios; (2) información dada por los practicantes de otras religiones; (3) el uso de relatos (o experiencias); (4) la evidencia de los resultados; (5) un "contador geiger" interno; y (6) revelaciones que vienen de Dios[80].

Por lo mismo que tienen otras fuentes de autoridad y revelación, es que saben, por ejemplo, los nombres exactos de los "espíritus territoriales" (es decir, demonios que controlan zonas geográficas y se oponen a la evangelización). ¿Quién les revela esos nombres si no están en la Biblia? Si creemos a los mismos neopentecostales, entonces tenemos que decir que sus fuentes de información, revelación y autoridad final son en gran medida los demonios y no Dios. Es decir, han suplantado la Palabra de Dios por las palabras de Satanás y sus emisarios[81]. Sin duda, esto es totalmente inaudito en la historia de la teología cristiana.

Aquí conviene señalar las *diferencias simbólicas* entre el pentecostalismo clásico y el neopentecostalismo *en lo que respecta a la Biblia*. Nos consta que parte de la simbología pentecostal radica en el uso de la Biblia, por ejemplo, como medio o instrumento de sanidad física. Así, no es raro ver a los pentecostales poner la Biblia en zonas del cuerpo que tienen dolencias, buscando la sanidad de Dios. O abrir la Biblia en los sembríos para buscar la bendición de Dios en las cosechas. *En el neopentecostalismo ya no es más la Biblia.* Incluso han perdido este "bien simbólico" (la Biblia) en sus liturgias y su vida cotidiana al buscar la sanidad o prosperidad material. Hoy la Biblia ha sido suplantada por aguas milagrosas de la prosperidad,

80 "El sincretismo misionológico: el nuevo paradigma animista". En R. Priest (editor). *Poder y misión*. San José: IINDEF, 1997, pp. 25–32.

81 Basta revisar los diversos testimonios en Murphy, *op. cit.* Para saber los nombres exactos de los principados, gobernadores y fuerzas de iniquidad que actúan en el mundo, ver Rita Cabezas, "La organización de Satanás", citada en Douglas Smith. *Bendecidos para bendecir*. El Paso: Mundo Hispano, 1992, p. 260.

aceites sanadores, flores benditas, pañuelos intercesores, etcétera. Y cuando utilizan la Biblia lo hacen pero con un sentido mágico. La palabra racional no tiene ya más lugar. Tiene razón Walter Chantry cuando sostiene que el movimiento neopentecostal no sigue la línea de la Reforma, sino que más bien asesta un golpe nocivo a sus mismas raíces. Ellos mismos destruyen el fundamento protestante de la confianza en la Sola Escritura[82].

Acentos de la teología de la prosperidad

Como hemos dicho anteriormente, uno de los énfasis teológicos del neopentecostalismo es la teología de la prosperidad. En el presente apartado nos proponemos presentar la forma cómo se difunde y qué acentos tiene en el Perú. Pero lo que sucede aquí es muy parecido a lo que sucede en otras partes del continente, así que el lector encontrará de alguna manera una visión general de lo que es la teología de la prosperidad en América Latina.

La perspectiva neopentecostal

En el Perú actualmente existen diversos ministerios, además de la FIPAC, por los que la teología de la prosperidad llega a toda la comunidad evangélica. El neopentecostalismo peruano se muestra bien organizado: utiliza canales de televisión, dos radios e innumerables programas en diversas radioemisoras[83], varios periódicos, institutos bíblicos y diversos ministerios. Por supuesto, también ha calado en algunas organizaciones independientes. El periodista Tito Pérez, de la Iglesia Evangélica del Nazareno, hace un resumen en los siguientes términos:

> En el Perú las iglesias que promueven esta teología (de la prosperidad) y que anhelan expandirla a la comunidad evangélica en general son, entre otras, la iglesia Agua Viva de Juan Capurro, el Centro

82 *Señales de los apóstoles*. Edinburgh: El Estandarte de la Verdad, 1990, p. 42.

83 Gina Gogin. *Presencia religiosa en las radios limeñas*. Lima: Universidad de Lima, 1997.

> Cristiano Vida de Manuel Gutiérrez, la Iglesia Camino de Vida de Robert Barriger, y la iglesia Palabra de Fe de Jim Andrews. Además, otras congregaciones más pequeñas nucleadas en la Fraternidad Internacional de Pastores Cristianos (FIPAC). [...] En cuanto a medios escritos, aprovechan las páginas del periódico *La Luz*. Esta teología también ha calado en algunas congregaciones nativas, como la iglesia El Shaddai del pastor, ex-bíblico bautista, Jesús Obregón[84].

Años atrás funcionaba el canal 42 conectado a un satélite que permitía sintonizar diversos programas de distintos países. Así era posible ver a John Osteen, Benny Hinn, Morris Cerullo, Rony Chaves y otros predicadores neopentecostales más. Por supuesto, los cantantes "renovados" tienen espacios privilegiados, así como los propugnadores de la confesión positiva. El canal Bethel, inaugurado el año 2000, por su parte está ofreciendo programas con predicadores que "ministran" en el Perú. Exactamente no sabemos cuál es el impacto actual de estos medios de comunicación en la comunidad evangélica, pero no nos equivocamos si decimos que tienen mucha sintonía.

Por otro lado, el periódico *La Luz* cumplía antaño una función importante en la divulgación de la teología de la prosperidad y representaba al sector neopentecostal más *popular*. No tenía una propuesta específica de teología de la prosperidad, sino que intentaba representar a todos los neopentecostales peruanos, de tal manera que cabían, por ejemplo, tanto aquellos que propugnan la confesión positiva como aquellos que la rechazan. En todos los números del periódico infaltablemente aparecían testimonios de cómo Dios había prosperado a humildes hermanos de diversas denominaciones, así como artículos divulgadores de la teología de la prosperidad. Lo mismo ocurría con Radio La Luz.

Por ejemplo, el hermano Froilán Mejía, de la Iglesia Catedral de Fe, cuenta que *escuchó la voz de Dios* para que abriese un negocio de camisetas con estampados cristianos. Luego fue prosperando a tal punto que hoy se ha convertido en un pequeño empresario. Dice así:

---

84 "Teología de la prosperidad es hija de la Nueva Era". *La Verdad*, n.° 020, Lima, 1997, p. 6.

> He visto cómo Dios me está levantando de la nada, y creo que puede hacer grandes empresas de la nada. Tenemos un Dios grande que es dueño del oro y la plata y *quiere que sus hijos sean bendecidos y prosperados* pero también quiere que sean fieles y obedientes a su palabra. Para mí *el diezmo es sagrado*, para mi Dios, lo hago y lo doy con gozo, cuando no damos los diezmos y las ofrendas, caemos bajo maldición y nos vienen problemas y pobreza, nos roban, nos estafan, porque también le estamos robando a Dios, pero si somos fieles, "El Señor abrirá las ventanas de los cielos y nos enviará bendición hasta que sobreabunde". Según Malaquías 3.8–10. *Para mí el secreto para prosperar es pagar fielmente los diezmos y las ofrendas*[85].

Otro testimonio es el de Juan Cristóbal, de la Iglesia Evangélica Peruana, quien sostiene refiriéndose a Josué 1.8–9: "Por mi experiencia puedo decir que el secreto para que todo nos vaya bien, es *que vivamos en comunión con Dios, que separemos tiempo para orar, ayunar, y estar a solas con Dios*, que primero sea Dios y segundo los negocios, primero orar y después actuar, meditar en la Palabra de Dios y aferrarse a sus promesas"[86]. Un predicador argentino, el pastor Antonio San Cristóbal, después de citar 1 Crónicas 29.12; 2 Crónicas 32.29; y Proverbios 22.4, afirma que "la palabra de Dios nos dice que sólo podremos recibir lo que creemos, y en su mayoría el pueblo del Señor no ha alcanzado la *libertad financiera* porque no ha *creído* en ella"[87].

Por otro lado, las tres denominaciones evangélicas más importantes del Perú (Asambleas de Dios del Perú, Iglesia Evangélica Peruana y Alianza Cristiana y Misionera) ya han sido influenciadas por las doctrinas neopentecostales. No por pura casualidad han producido documentos teológicos en los que deslindan con la teología de la prosperidad. Nos ha tocado corroborar, por ejemplo, que en estas iglesias existe un discurso más o menos "moderado"

---

85 "Dios puede hacer grandes empresas de la nada". *La Luz*, n.° 27, año 4, s/f, Lima. Las cursivas son mías.

86 "Todo lo que tú emprendas te irá bien". *La Luz*, n.° 27, año 4, s/f, Lima. Las cursivas son mías.

87 *Ibíd*. Las cursivas son mías.

de prosperidad en algunos de sus pastores, al parecer influenciados por la ética protestante, mientras que en muchos de sus miembros existe un discurso al puro estilo de Dios es Amor, de Fuente de Agua Viva o de la Comunidad Carismática de Lima, es decir, por lo general expulsan a los demonios de pobreza y batallan contra el diablo. Esto significa que no hay prácticas religiosas uniformes, sino que al interior de cada congregación coexisten diversos discursos teológicos. Se podrían poner otros ejemplos más. La verdad es que no existe denominación alguna que se haya librado de la influencia neopentecostal y de la teología de la prosperidad.

La perspectiva no neopentecostal

Es importante reconocer que en las iglesias evangélicas en América Latina ha existido, desde sus inicios, un discurso teológico que usaba de alguna manera el lenguaje militar. Así, términos como campañas, cruzadas, conquista, combate, etcétera, acompañaban la misión de la iglesia. Los himnos, incluso, hacían llamados "a combatir" o a "ser soldados de la cruz". Igualmente, también existió un discurso teológico vinculado a la dimensión económica, y esto debido en gran parte a su herencia liberal[88]. Así, el discurso evangélico no tuvo reparos en relacionarse con temas económicos, de tal manera que se interiorizó en las diversas iglesias sin mayores problemas. Lo que sucede ahora es que un sector del liderazgo evangélico peruano se hace problemas con la teología de la prosperidad. Las razones[89] la explican ellos mismos:

> Con respecto a la teología de la prosperidad mi opinión es categórica: no estoy de acuerdo con dicha teología porque no corresponde al contexto de los pueblos de América Latina. Esta teología puede ser desarrollada en el marco de los países desarrollados, y desde ese

88 R. Craig y otros. *Protestantismo y liberalismo en América Latina*. San José: DEI-SBL, 1983.

89 Tomamos como ejemplo a pastores de amplia trayectoria de las principales denominaciones. Los testimonios, exceptuando el último, han sido tomados de "Pastores y líderes de diferentes iglesias cuestionan teología de la prosperidad". *La Verdad*, n.° 012, 1995, Lima.

punto de vista la rechazo. [...] Cómo se puede decir que si un creyente pobre no desarrolla financieramente es porque está en pecado, cómo a un creyente de un país pobre como el nuestro que está en crisis se le va a pedir que prospere cuando las condiciones en que vive no le son favorables como desempleo, subempleo, recesión económica fuerte. (Héctor Flores, expastor de la Iglesia Evangélica Peruana "Templo Maranatha" y exdirector del Instituto Bíblico de Lima)

Para nosotros es una gran preocupación porque esta teología carece de un buen fundamento bíblico. Más bien estamos viendo que es el resultado de la cultura norteamericana, pues sabemos que el ideal del norteamericano común es la buena vida, el deseo de prosperidad. (Wernan Pinedo, pastor de la Alianza Cristiana y Misionera del Rimac, Lima)

Creo que es una forma de ver el concepto del evangelio desde una óptica muy distorsionada. Nosotros bien sabemos que hay referencias muy concretas del Señor Jesucristo en que dijo que no podemos servir a dos señores; no se puede servir a las riquezas, no se puede distraer nuestra atención en las cosas materiales dejando de lado al Señor. (Herbert García, expastor de la Primera Iglesia Bautista de Lima)

Lo que me preocupa es la interpretación alegórica que se hace del texto bíblico para expresar que en la Biblia habría una base para hablar del evangelio de la prosperidad a rajatabla; es decir que podemos tener joyas, las mejores casas o los mejores platos en el restaurante. Creo que es una interpretación forzada, una exageración. (Daniel Córdova, pastor de la Iglesia Evangélica Pentecostal del Perú y exdirectivo del CONEP)

Considero que las llamadas "teologías" del bautismo del gozo o de la risa, la prosperidad, la super fe o el ladrido y el rugido, no son teologías correctas; son herejías. (Víctor Pino, pastor y ex-Superintendente Nacional de las Asambleas de Dios del Perú)

Como vemos, entonces existe un abierto rechazo de la teología de la prosperidad por diversas razones. Es vista como teología foránea y con poco fundamento bíblico, como un radicalismo o distorsión del evangelio y como una herejía que rechazar.

Acentos de la teología de la prosperidad

De que existen diversos acentos de la teología de la prosperidad, no se duda. Estos acentos no tienen que ver con el concepto de prosperidad *sino con cómo se la consigue, es decir con la forma.* Y ciertamente cada agrupación neopentecostal tiene su(s) propio(s) método(s). Aunque en las líneas que siguen se hace referencia a algunas iglesias —no denominaciones—, tenemos que ser honestos en reconocer que no se circunscriben a ella. En la denominación de la que soy pastor, por ejemplo, existen iglesias locales en las que los pastores asumen la teología de la prosperidad, y existen otras donde se la rechaza abiertamente. Este fenómeno es común a casi todas las denominaciones evangélicas en el Perú.

La prosperidad como fruto de la liberación de demonios

Esta expresión parte de la presuposición de que existen diversos espíritus o demonios que controlan el área financiera de las personas, de tal manera que si alguien quiere prosperar, entonces *necesariamente tiene que expulsar a los demonios* de la improsperidad, ruina, pobreza y miseria[90]. Un predicador neopentecostal lo explica así:

> ¿Está enfrentando una crisis económica en su vida? ¿Está Satanás atando sus recursos económicos a tal grado que no tiene dinero para suplir sus necesidades? [...] (Dios) romperá la opresión de Satanás sobre sus recursos económicos y suplirá sobrenaturalmente sus necesidades. [...] Cualquiera que sea la necesidad económica que esté enfrentando ahora mismo en su vida, con fe tome el poder y la autoridad que Cristo le ha dado, *ate a Satanás y a sus principados que están atacando sus recursos económicos y échelos fuera. Tome posesión de las bendiciones divinas de prosperidad.* ¡Ponga su vista en Él y reciba provisión sobrenatural![91]

---

90 Rita Cabezas. *Guía de liberación de influencia satánica*. Miami: UNILIT, 1993, pp. 71–73.
91 Cerullo, *op. cit.*, pp. 86, 217. El énfasis es mío.

De esta manera la guerra espiritual llega al campo de las finanzas en su versión de "liberación" de demonios. El exorcismo, en este caso, ya no sólo incumbe a las personas sino también a la dimensión económica. En esta perspectiva nada escapa a la acción demoníaca: salud, amor, finanzas, etcétera. Tiene razón Leonildo Silveira cuando dice que varios grupos pertenecientes al movimiento neopentecostal han hecho del exorcismo la principal parte de su trabajo religioso. Para ellos, el demonio es el responsable por la quiebra del orden natural de las cosas. Dios ha hecho a los seres humanos para tener salud, buena vida, prosperidad y mucha felicidad. Si no hay nada de eso, es porque el diablo está actuando y, consecuentemente, precisa ser exorcizado[92].

Entre estos grupos se encuentran Dios es Amor (cuyo fundador es el misionero David Miranda) y la Comunidad Cristiana del Espíritu Santo, curiosamente ambos de origen brasilero y que han arraigado mayormente en los sectores más pobres de la ciudad. En estos grupos es notorio el alto porcentaje de poblaciones indígenas que vienen del campo y que participan en sus cultos. Este dato de por sí merecería mayor estudio, pues en ambas agrupaciones la lucha con los espíritus y los exorcismos es algo cotidiano, razón por la que atraería a poblaciones indígenas que todavía no se han despojado de su "mundo sobrenatural". Habría, pues, aparentemente una fusión o coincidencias en ambas cosmovisiones.

La prosperidad como fruto de la confesión positiva

En esta perspectiva, efectivamente, sólo se logra la prosperidad material y la "libertad económica" como consecuencia de desarrollar el poder de la palabra. A mayor poder de la palabra, mayor libertad financiera. Este poder de la palabra adquiere las formas tanto de *un reclamo a Dios* como *un hablar en positivo.* Veamos dos ejemplos:

> Dios quiere que tú tengas libertad económica. Pero, tal como sucede con todos los demás dones especiales de Dios, *la libertad económica*

92 "A propósito de exorcistas e 'amarradores' de demônios". *Contexto Pastoral*, n.° 22, 1994, p. 10.

> *hay que reclamarla por fe.* [...] Haz un compromiso específico de lograr la libertad económica. Luego, reclámala, aférrate a tu compromiso, y lograrás la libertad[93].

> Usted recibe en esta vida lo que usted dice con su boca. Las palabras de su boca es su fe hablando. *Las palabras que usted habla son lo que usted cree.* Sus palabras pueden estar a su favor o en contra suya. Ellas le traerán salud o enfermedad. Sus palabras deciden si es que usted vive en abundancia o en pobreza. Sus palabras le dan a usted la victoria o causan su derrota[94].

> Lo que uno diga le será hecho. No será hecho lo que uno piense, o lo que uno crea, sino lo que diga. Yo puedo creer algo, puedo estar seguro de ello al punto de tener fe, pero si me quedo callado, nada sucederá. [...] ¿Qué habíamos hecho Alicia y yo para ser tratados así? Sólo amar a Dios con todo nuestro corazón y vivir confesando una y otra vez que somos hijos de Dios, ciudadanos del reino de los cielos[95].

Entre las varias agrupaciones que practican la confesión positiva en el Perú se encuentran la Comunidad Carismática de Lima, el Centro Cristiano Vida y la Comunidad Cristiana Agua Viva. Las dos primeras tienen una dependencia directa del Instituto Bíblico Rhema (Tulsa, Oklahoma), dirigido por Kenneth Hagin Jr., mientras que Agua Viva practica una confesión positiva reelaborada.

Llama la atención, por otro lado, que estas tres agrupaciones se encuentren ubicadas en zonas de la clase media-alta, lo que indicaría no sólo su orientación ideológica, sino sobre todo, el sentido de autosuficiencia respecto al poder interno que sienten para, de esa manera, *reclamar a Dios* o manipular el uso de la palabra en favor de la libertad financiera y la prosperidad material. En la misma línea, aunque más elaborado, el Pr. Antonio San Cristóbal —de Argentina pero con gran influencia en pastores peruanos— sostiene que hay cuatro tipos de *poderes* para volverse rico: (1) el poder de la fe;

---

93 Malcolm MacGregor y Stanley Baldwin. *Tú y tu dinero*. Minneapolis: Betania, 1984, p. 34. Las cursivas son mías.

94 Copeland, *op. cit.*, p. 63. Las cursivas son mías.

95 *Ídem*, pp. 272, 296.

(2) *el poder de la declaración de la palabra*; (3) el poder del esfuerzo; y (4) el poder de dar[96]. Ciertamente algunas agrupaciones en el Perú le hacen caso.

La prosperidad como fruto de la victoria en la guerra espiritual y de una "ética protestante"

Según esta perspectiva los cristianos logran prosperidad material siempre y cuando salgan victoriosos en la guerra espiritual, además de guardar cierta ética cristiana (la cual no tiene nada que ver con la "ética protestante" tal como la explicara Max Weber), que no se explica en qué consiste sino que se presupone que todos los miembros de agrupación la conocen. Así, las finanzas están en la dimensión espiritual de la vida, la cual usualmente se encuentra bajo algún tipo de maldición espiritual, heredada generalmente de los padres o abuelos. ¿Cómo se logra la victoria espiritual? Dice Juan Capurro:

> El peso de la maldición nos impide prosperar honradamente y disfrutar de esa prosperidad. Para poder ser prosperado, *el hombre deberá levantar la condena que recae sobre él* [...]. Debemos, pues, *luchar contra las causas espirituales de la pobreza.* [...]. Si uno es cristiano será prosperado rápidamente por Dios, porque para comenzar ya uno no gastará en cosas que antes gastaba tontamente: alcohol, drogas, algunas distracciones, cigarrillos, mujeres y cosas semejantes a estas. Además, *Dios le prosperará sobrenaturalmente si vive la vida cristiana*; si diezma, ofrenda, da a los pobres, etc.[97]

Para vencer en la guerra espiritual, además, es necesario tener un "círculo de protección espiritual". Refiriéndose a los *empresarios*, dice el pastor Javier Loayza:

> ¿Qué entendemos por este círculo de protección? Es el *cerco* o *vallado* espiritual que Dios *establece* a favor de sus hijos y de los bienes que les ha concedido administrar. Es una *protección* espiritual

96 "Cómo desarrollar el poder para hacer las riquezas". Buenos Negocios. Suplemento del periódico *La Luz*, n.° 15, año 3, Lima, 1995, p. 3.

97 Capurro, *op. cit.*, pp. 41, 171. Las cursivas son mías.

> que impide que el Diablo u hombre alguno destruya lo que Dios ha determinado bendecir[98].

La victoria sobre el diablo es fundamental, entonces, para alcanzar prosperidad. La prosperidad, pues, se logra combinando la victoria espiritual con la ética cristiana entendida, tal vez, como el abandono de diversos vicios —que ocasionan gastos necesariamente— y la compasión por los pobres.

La prosperidad como fruto del conocimiento y de la fe en Dios

La forma de conseguir prosperidad, en esta expresión, es *conocer* las promesas de prosperidad y *tener fe* en que Dios actuará conforme a lo prometido. Haciendo esto se conoce a Dios "de manera más profunda", además de que se garantiza la prosperidad. Esto no impide, por otro lado, que el cristiano ore pidiendo riquezas, pues es un hijo del Rey. En palabras de Ted Lindwall:

> Dios puede y quiere prosperar a sus hijos en todo sentido. El es "nuestro Padre que está en los cielos" y *tiene en sus manos todas las riquezas del universo*, en lo espiritual y en lo material. Entonces, ¿por qué viven tantos creyentes en pobreza espiritual y material? La respuesta se reduce a tres razones: (1) por su *ignorancia de las promesas de Dios* para ellos; (2) por su *falta de fe* en esas promesas, si las saben; o (3) por su *falta de cumplimiento a los requisitos divinos* para experimentar plenamente esas promesas[99].

Esta expresión está muy difundida; incluso se encuentra en las diversas iglesias evangélicas.

Resumen

El neopentecostalismo —que comenzó como un movimiento de "renovación"— está arraigado fuertemente en la comunidad evangélica peruana, de tal manera que incluso ha creado una serie de

98 "El círculo de protección espiritual de los empresarios". *La Luz*, n.° 39, año 5, s/f, Lima. Las cursivas son mías.

99 *Tu prosperidad agrada a Dios*. Nashville: CBP, 1989, p. 5.

organizaciones; es decir, se ha institucionalizado en comunidades y ministerios (televisión, radio, periódico, grupos paraeclesiásticos) desde los que inunda el Perú con la guerra espiritual y la teología de la prosperidad. Este neopentecostalismo ha sido interpretado de por lo menos dos maneras. Ellos mismos se ven como un legítimo avivamiento del Espíritu Santo (la tercera ola), mientras que sus críticos la interpretan como una expresión religiosa propia de la sociedad posmoderna, en la que se exacerban los sentimientos y la emoción en detrimento de la razón.

Finalmente, la teología de la prosperidad es un discurso que acompaña diversas prácticas religiosas que, a nuestro juicio, están en discontinuidad teológica tanto con el protestantismo histórico como con el pentecostalismo clásico, además de que han abandonado la Escritura como fuente de autoridad. Este discurso conoce varios acentos en lo que respecta al *método* para conseguir prosperidad material dependiendo de la agrupación religiosa. Entre estos se encuentran: la liberación de demonios, la confesión positiva, la victoria en la guerra espiritual y la práctica de la ética cristiana, y el conocimiento y la fe en Dios.

Capítulo 3

Las líneas básicas de la teología de la prosperidad

En este capítulo estudiaremos cuestiones fundamentales en la formulación de la teología de la prosperidad. Es por ello que comenzamos con un análisis de la *hermenéutica bíblica*, para luego seguir con los temas del *pacto de Dios* y la *ley de la siembra y la cosecha*, que son importantes en la lógica de la prosperidad. Sin embargo, el neopentecostalismo no deja de sorprendernos, pues tres doctrinas clave en el protestantismo y el pentecostalismo clásico (la escatología, la pneumatología y la cristología) aparecen profundamente transformadas o reinterpretadas de acuerdo con el actual contexto y las necesidades propias. En mi opinión, el neopentecostalismo no necesita la escatología clásica tal como aparece en los viejos manuales de teología sistemática, porque estorba su visión optimista del mundo y del afán por la prosperidad material. En ese sentido se parece al viejo liberalismo teológico. Por otro lado, el neopentecostalismo se ve en la obligación de "ampliar" los contenidos de la pneumatología y la cristología tal como la conocíamos hasta hoy. ¿El resultado? No sólo nuevas doctrinas o teologías, sino una nueva religión acorde con el actual sistema en expansión.

La hermenéutica bíblica neopentecostal

Todas las agrupaciones neopentecostales, medianas o grandes, desarrollan intensos programas de discipulado y formación bíblica.

Algunos, incluso, como la Comunidad Cristiana Agua Viva, la Iglesia Fuente de Agua Viva y la Iglesia Camino de Vida, tienen sus institutos bíblicos en los cuales preparan a sus pastores y ministros. El Seminario Bíblico Camino de Vida (de la Iglesia Camino de Vida), por ejemplo, ofrece el Bachillerato en Ministerio (4 años), y como dice su folleto propagandístico, está acreditado por el Word Bible College de San Diego, California.

¿Cómo se lee la Biblia en estos espacios pretendidamente académicos? La respuesta no es muy sencilla, más aún si constatamos que la hermenéutica neopentecostal es algo tan difuso, pues existen tantas hermenéuticas como cantidad de líderes neopentecostales haya con sus particulares énfasis. Como dice French Arrington, refiriéndose a la experiencia estadounidense, los neopentecostales tienen problemas en ofrecer un tratado comprensivo de sus presuposiciones hermenéuticas y teológicas[1]. Lo mismo se podría decir del neopentecostalismo peruano. Tal vez el único que ha expuesto su hermenéutica argumentativamente es Juan Capurro, razón por la que privilegiaremos a este autor en nuestro análisis, aunque no nos limitaremos a él solamente.

Prosperidad y hermenéutica bíblica

La teología de la prosperidad, como toda *theo-logía*, es ante todo un *discurso, racional* digamos, que intenta ser argumentativo. *Para ello, utiliza la Biblia,* lo que necesariamente implica: (a) una serie de presupuestos (la precomprensión) que siempre limitan o condicionan la lectura del texto sagrado; (b) una o varias teorías hermenéuticas que indican cómo se debe interpretar el texto bíblico, y (c) una o varias conclusiones teológicas o doctrinales[2].

Para ser creída y asumida por los fieles neopentecostales, la propuesta de la teología de la prosperidad debe ser "bíblica", es

---

1 "Hermeneutics, historical perspectives on the Pentecostal and Charismatic". En S. Burgess y G. Mc Gee (editores). *Dictionary of Pentecostal and Charismatic Movements.* Grand Rapids: Regency Reference Library, 1990, p. 377.

2 Gordon Fee. "History as context for interpretation". En E. Dick (editor). *The Act of Bible Reading.* Downers Grove: Inter Varsity Press, 1996, pp. 10–32.

decir, contar con el respaldo de versículos bíblicos que garanticen la promesa de Dios de hacer ricos a todos sus hijos. Para ello, el teólogo de la prosperidad recurre a la Biblia, en la cual *encuentra leyes de la prosperidad* (la ley de siembra y cosecha, la ley de los diezmos y ofrendas, y la ley del ciento por uno). Estas son leyes que dicen garantizar la prosperidad deseada. El creyente tendrá que tener fe en esas "leyes espirituales" que Dios mismo ha puesto. La práctica de las leyes de la prosperidad hará que el creyente se vuelva rico, sostienen.

El uso de la Biblia en la teología de la prosperidad

Cuando hablamos de la teología de la prosperidad no nos estamos refiriendo a una propuesta teológica basada en un serio análisis bíblico *sobre el tema de la prosperidad*, sino a un discurso social y económico que pretende estar fundamentado en la Biblia. Dejemos hablar a algunos de sus expositores, todos leídos o escuchados en Lima:

> El primer hombre que Dios hizo: Adán, lo hizo rico, lo hizo próspero, lo hizo en medio de la abundancia, y —óigame esto— antes de hacer al hombre, Dios hizo la prosperidad y colocó al hombre en medio de la prosperidad [...] como dije anteriormente Dios está haciendo unas calles llenas de oro, su fundamento es de piedras preciosas y las puertas de la ciudad son perlas y el Cristo del Apocalipsis, tan próspero que cuando se presenta a Juan se presenta con una cadena de oro que le ceñía todo el pecho y del tamaño del ancho de un cinturón de un campeón de lucha libre. ¡¿Qué les parece a ustedes eso, hermanos?! Si usar oro es pecado, Cristo está en pecado, porque el Apocalipsis lo presenta con una cadena de oro[3].

> ... la Biblia dice, la Palabra del Señor dice que él (Jesús) tenía una casa en Capernaum de la cual salía y entraba; ahora para que uds. se den cuenta [de] que Cristo no era tan pobre [...] les voy a hacer una pregunta, ¿cuántos son pobres aquí? Levanten las manos, bajen las manos, ¿cuántos de uds. tienen un tesorero?, ¿algunos de ustedes tiene un tesorero?, pues ¡Jesús tenía uno! y ¿qué pobre tiene un

3 Carlos Jiménez. *Hombre próspero*. Separata. Lima: La Luz, 1997.

> tesorero? y el tesorero era un ladrón ¡y todavía sobraba! ¡Aleluya! ¡Qué pobre mantiene 12 familias! Pues Jesús los mantenía, se dieron cuenta [de] que no era tan pobre y cuando no había dinero sabía dónde estaba, en la boca de un pez.... Y dice la Biblia que mujeres nobles les sostenían con sus bienes, además de eso cuando vinieron a visitarlo al pesebre dice que "Reyes de Oriente le trajeron mirra, incienso y oro". La mirra y el incienso eran especies aromáticas con las cuales se ahorraba y se invertía dinero para no perderlo. No le trajeron un poquito, el oro no era poquita cosa. Los que le trajeron le trajeron bastante, yo siempre digo que le trajeron suficiente oro; que Jesús hizo un viaje al exterior, se fue a Egipto y vivió algunos años y después regresó a su tierra[4].

> Jesús no era pobre. Él nació en un pesebre porque cuando María estaba encinta llegaron a Belén y José la llevó al mesón, lo que en aquellos tiempos era como un hotel Hollyday Inn, que era el mejor sitio pero estaba lleno, y si tienes una mujer que está a punto de parir tienes que meterla donde sea y por eso la metió en una cueva[5].

En estos ejemplos encontramos enseñanzas realmente asombrosas: Adán era próspero, rico, y la riqueza sigue a los creyentes hasta el cielo, pues allí todo es de oro. El Cristo del Apocalipsis además es rico porque usa oro como parte de su indumentaria. Este Cristo desde que nació era rico, y por poco nace en un hotel cinco estrellas, ¡lástima que no hubo lugar pues todas las habitaciones estaban ocupadas! Pero igualmente tuvo oro desde que nació, tanto que le sirvió para financiar un viaje a Egipto con toda su familia. De grande Jesús anunció a los pobres la buena nueva, el evangelio de la prosperidad, pues su voluntad era —y es todavía— que todos los pobres sean ricos, como Él que está sentado a la diestra del Padre en el cielo.

Una pregunta que surge inmediatamente es: ¿dónde quedaron los principios elementales de interpretación bíblica? Desde hace mucho se sostenía que el púlpito latinoamericano estaba en crisis, pero esto

---

4 *Ibíd.*

5 Rodolfo Font, citado en Patricia Vargas "La conciencia de hoy". *El Nuevo Día*. San Juan de Puerto Rico, 28 de febrero de 1998.

ya es el colmo. Una explicación podría ser que dichos expositores tienen una "hermenéutica ingenua"[6], pero la verdad es que no caben ni siquiera bajo lo que René Padilla llamó el "acercamiento intuitivo" al texto bíblico, pues pareciera que no tienen ni el más mínimo interés en leer lo que está escrito en la Biblia.

Otra explicación podría ser que dichos expositores no tienen formación bíblica, estudios de exégesis e idiomas, etcétera, pero aún así le hacen decir cosas a la Biblia que antes nunca nadie dijo. Finalmente, alguien podría argumentar que se trata, sin duda, de un neopentecostalismo "popular", de los sectores bajos, sin educación superior, de los "radicales" de la teología de la prosperidad. Pero no, esos mismos "radicalismos" lo sostienen los más "ilustrados" expositores neopentecostales, incluyendo a Juan Capurro[7].

Al inicio de su libro, Capurro explica la teoría hermenéutica que utilizará para interpretar la Biblia: "En la exégesis bíblica hemos usado el principio teológico de que la historia del pueblo de Israel es simbólicament*e* la historia de cada cristiano"[8]. El autor no deja claro qué entiende por *principio teológico* ni por *símbolo*, pero aun así cree que lo que hace es *exégesis bíblica*. En una entrevista que me concedió, afirmó que el método gramático-histórico no es suficiente para leer la Biblia[9]. En vista de que carecemos de una explicación más elaborada, sacamos conclusiones a partir de diversos ejemplos que utiliza en su libro.

1. La hermenéutica simbólica es ante todo un tipo de lectura personalista. Así, cada texto "se puede personalizar" de manera literal, aunque en realidad esto no es más que una buena intención, pues todos los textos no pueden aplicarse a la experiencia personal.

---

6 Alvin Góngora. "La teología de la prosperidad". *Boletín Teológico*, n.º 64, 1996, pp. 19–21.

7 Juan Capurro no radica en el Perú desde 1998, pues cayó en desgracia a causa de un pecado sexual y abandonó el país. En términos generales se puede decir que las agrupaciones neopentecostales peruanas asumen la misma lógica, la misma temática, y el mismo discurso que este controvertido expastor.

8 *Las cinco dimensiones de la prosperidad*. Lima: Agua Viva, 1994. Prefacio.

9 La entrevista completa la cito en Martín Ocaña. *Teología de la prosperidad*. Tesis de maestría. San José: Universidad Bíblica Latinoamericana, 1998, p. 149.

> ... acerca de la inspiración de las Escrituras, podemos decir que es el sentimiento y la interpretación de todo cristiano sincero, que toda la Biblia es inspirada por Dios y, por lo tanto, cada pasaje de ella se puede personalizar, con la maravillosa guía del Espíritu Santo[10].

En la perspectiva del autor "cada texto" siempre será un texto bíblico que se refiere a la prosperidad material, obviamente jamás habrá alguno que lo contradiga. De esta manera, este principio no nos parece coherente en el uso que hace el autor de la Biblia, pues en ninguna parte se personaliza o apropia de pasajes bíblicos que hablan de compartir las posesiones con los necesitados o de tener los bienes en común (por ejemplo, Hechos 2 y 4).

*2. **La hermenéutica simbólica*** más parece un tipo de lectura alegórica y que, por tanto, niega la comprensión del texto bíblico a la luz de su situación vital (Sitz im Leben) aunque pretenda hacerlo. En consecuencia, tampoco se puede esperar del autor algún tipo de lectura sociohistórica.

> "Y dio a luz a su hijo primogénito, y lo envolvió en pañales, y lo acostó en un pesebre, porque no había lugar para ellos en el mesón" (Lucas 2.7). Como vemos en este versículo de la Biblia, no había lugar en el mesón. Esto no lo dicen para disimular su pobreza, sino para demostrarnos que no era por no tener dinero, sino que fue la voluntad de Dios que naciera Jesús en ese lugar. No para aparentar una pobreza que no existía, pues si José buscó primero lugar en el mesón era porque podía pagar el hospedaje. De no haber tenido dinero, probablemente hubieran buscado un hogar caritativo que se apiadase de ellos debido al estado de su joven esposa, quien estaba a punto de dar a luz en un día tan frío. Pero no fue así. Jesús fue a la hostería y no encontró lugar y tuvo que contentarse por la emergencia con el establo detrás del mesón. La pregunta es, ¿por qué si Dios es rico y si José no era tan pobre, Jesús nació en un establo en Belén? Esto sucedió así para decirnos en primer lugar, que no importa el estado de nuestro corazón, no importa cuán inmundo se encuentre por el

---

10 Capurro, *op. cit.*, p. 3.

> pecado, cuán bajo hayamos caído, Jesús está dispuesto a entrar en él así como estuvo dispuesto a nacer en un inmundo corral de Belén[11].

De este ejemplo podemos deducir lo siguiente: primero, existe un esfuerzo en el autor por *explicar* qué sucedió en el relato del alumbramiento de María. Segundo, no existe un esfuerzo por *entender* qué sucedió allí realmente; de lo contrario, el autor hubiera podido ilustrarse con los comentarios bíblicos. Por regla general, los comentarios indican que José era pobre y posiblemente tuvo que rogar por un espacio decente para que su mujer diera a luz. Al no hallar una respuesta favorable, tuvo que acomodar a su esposa junto con los animales y acostar a su hijo, luego, en un pesebre. Tercero, el autor niega la historicidad del texto bíblico a partir de su esfuerzo por explicar el texto.

En la perspectiva de Capurro, José tenía dinero suficiente como para acomodar a su esposa en un hotel. Sin embargo, esto sólo se puede sostener a partir de una precomprensión que niega el texto bíblico y que está fundada en una experiencia personal (del que escribe, hombre a quien no le falta el dinero). Esa manera de contar la historia del nacimiento de Jesús tiene una intención clara en el autor: transformar las historias bíblicas en alegorías. Esto tiene dos consecuencias: la anulación de toda lectura sociohistórica de la Biblia, y la formulación de recetas mágicas de prosperidad, pues éstas sólo son posibles con alegorizaciones del texto.

3. La hermenéutica simbólica parece desconocer la utilización de la crítica bíblica en el análisis de los textos. Al sostener la doctrina de la trinidad, por ejemplo, el autor argumenta con un texto que no aparece en los manuscritos más antiguos del Nuevo Testamento en griego.

> Pero los cristianos sí creemos que Dios es uno; pero a la vez reconocemos que estamos ante una tri-unidad, ya que no podemos negar la evidencia de que ese Dios único se manifiesta al hombre con tres personas distintas. [...] “Porque tres son los que dan testimonio

---

11 *Ídem*, pp. 69–70.

> en el cielo: El Padre, el Verbo, y el Espíritu Santo; y estos tres son uno" (1 Juan 5.7)[12].

El autor, en este caso concreto, hasta pasa por alto los comentarios que hacen las Biblias de estudio (por ejemplo, "Dios habla hoy") en los que se indica que 1 Juan 5.7 es un texto tardíamente incorporado al Nuevo Testamento. No existen en el libro, además, ejemplos de que haya realizado algún tipo de exégesis que presuponga el uso de la crítica bíblica. Es posible que no tenga la formación necesaria ni las herramientas pertinentes.

4. La hermenéutica simbólica parte de la presuposición de que Dios es extremadamente "rico". Además, los criterios de riqueza parece que están tomados más del actual modelo económico predominante que de la misma Biblia. El autor interpreta los textos bíblicos que hablan del señorío de Dios sobre la creación como que Él es el dueño del oro y la plata que existen en la tierra. La *propiedad* de la creación (cielos/tierra) es lo que convierte a Dios en "rico".

> "Tuya es, oh Jehová, la magnificencia y el poder, la gloria, la victoria y el honor; porque todas las cosas que están en los cielos y en la tierra son tuyas. Tuyo, oh Jehová, es el reino, y tú eres excelso sobre todos" (1 Crónicas 29.11). Dios es muy rico, pues el oro, la plata, las piedras preciosas y todas las cosas son realmente suyas y si Dios pasara por problemas económicos, le bastaría con vender una sola estrella de los millones de millones que hay en los millones de galaxias que conocemos; y aún le quedarían aproximadamente veintinueve trillones, novecientos noventinueve billones, novecientos noventinueve millones, novecientos noventinueve mil novecientos noventinueve estrellas, y seguro que aún nos quedaríamos cortos en las cifras[13].

Es interesante observar la lógica del autor. No le interesa presentar a Dios como creador o Señor sino como "dueño" o "propietario" de la tierra. En consecuencia, tiene honor y poder que se traducen como "riqueza". Curiosamente este Dios rico se parece mucho a los

---

12 *Ídem*, pp. 21–22.
13 *Ídem*, p. 12.

seres humanos, pues también padece necesidades económicas. Esto puede indicar dos cosas: que Dios se encuentra sometido a las leyes del mercado (que le crea diversas necesidades), y que el mercado está sobre Dios. Esto último explicaría por qué el Dios de Capurro es un vendedor o negociante. Según el mercado todo tiene precio y todo se vende en la tierra. Capurro corrige esa visión reducida del mercado y lo amplía al cielo: se venden hasta las estrellas. ¿A quién?, ¿a qué precio? No importa mucho realmente eso, lo que importa es saber que Dios es un vendedor y se rige por el libre mercado. Este Dios que atraviesa necesidades sin duda atenta, *entre otras cosas*, contra la tradicional doctrina de la soberanía de Dios.

5. ***La hermenéutica simbólica***, aunque a veces pretende conocer el contexto histórico del texto y la totalidad de la revelación bíblica, sin embargo demuestra que es una lectura muy parcial y a favor de los ricos de todos los tiempos.

> "Entonces Jesús dijo a sus discípulos: De cierto os digo, que difícilmente entrará un rico en el reino de los cielos. Otra vez os digo, que es más fácil pasar un camello por el ojo de una aguja, que entrar un rico en el reino de Dios" (Mateo 19.23–24). Es cierto que Jesús dijo estas palabras, pero hay que entender el sentido que tienen y el contexto en que fueron dichas. En primer lugar, este texto pertenece al pasaje bíblico donde Jesús habla con un joven rico cuya riqueza le impide seguirlo; porque evidentemente amaba más a las riquezas que a Dios. [...] la riqueza no es mala en sí misma, sino el amor a la riqueza. [...] Dios sólo puede ocupar el primer lugar en nuestra vida; y para el joven rico, sus riquezas eran más importantes que seguir a Jesús. Hay que tener en cuenta el conjunto de la verdad y no hacer una doctrina de un solo versículo. Lo cierto es que también es muy difícil para un pobre entrar en el reino de Dios. Quizá no tanto como pasar un camello por el ojo de una aguja, pero sí tan difícil como pasar una vaca por un tubo de media pulgada de diámetro. Cuando Jesús hizo esta hipérbole, sus discípulos se asombraron y le pidieron que aclarara lo que decía [...][14].

---

14 *Ídem*, pp. 213–214.

El autor realmente dice algo cierto aunque de manera incompleta: las doctrinas bíblicas no se pueden fundamentar en un solo texto. Pero no basta que las doctrinas tengan "fundamento" en diversos textos bíblicos, sino que éstos tienen primero que ser ubicados en perspectiva teológica e histórica. El autor al parecer pretende conocer el contexto del texto que narra la historia del joven rico. No aclara si se trata del contexto histórico, del contexto literario, de ambos o de otro tipo de contexto. En todo caso presupone que existe una relación entre el sentido del texto y su contexto. Ahora, lo anterior en términos generales es cierto. Pero entonces ¿por qué el autor lee Mateo 19.21–22 a la luz de 1 Timoteo 6.10? ¡Son diferentes autores, textos y contextos! La explicación puede ser que el autor intenta "salvar" un texto duro de Jesús contra los ricos desviándolo a un texto sobre la riqueza. Aún así el texto de 1 Timoteo está citado de forma equivocada, pero eso no importa en la lectura del autor, pues según él ya hizo entrar a los ricos al reino de Dios, y ya fundamentó su explicación o doctrinas con más de un versículo.

Es evidente la mala intención del autor, por tanto, cuando dice que las doctrinas bíblicas deben ser fundamentadas con más de un versículo. Eso lo dice sólo porque se topó con un texto que condena a los ricos como él. De ser coherente con su propuesta de lectura, tendría que aplicar el mismo criterio a todas sus doctrinas neopentecostales (guerra espiritual, confesión positiva, entre otros). También es obvio que su lectura parcial no sólo defiende a los ricos, sino que también condena a los pobres. Estos difícilmente entrarán al reino, según la interpretación del autor, pues eso sería como "pasar una vaca por un tubo de media pulgada".

6. La hermenéutica simbólica pretende conocer los distintos géneros literarios que existen en el texto bíblico, pero generalmente se queda en una lectura literal del texto y con una argumentación poco convincente:

> Mucha gente piensa que el episodio del Edén no ocurrió. Algunos cristianos llegan a pensar que todo el relato de la creación es sólo una parábola. En fin, sea como sea, la verdad es que sí tuvieron que existir nuestros primeros padres; porque de no ser así, si toda la raza

> no viniera de una sola pareja, entonces no habría posibilidad de compatibilidad genética para la reproducción. [...] Así que el relato de Génesis tiene que haber sido algo más que una fábula, en lo que a nuestros primeros padres se refiere, más aún a los acontecimientos que se desarrollaron[15].

Este ejemplo nos permite hacer las siguientes observaciones. El autor toma distancia de las lecturas que señalan al relato del Edén como un mito. No explica en qué consisten éstas, aunque se deduce que de ser así no estaría garantizada la historicidad de los "primeros padres". Su rechazo de la lectura como mito se fundamenta no en el tradicional argumento de que la Biblia es inspirada por Dios, y por tanto lo que dice allí es "histórico" y "literal". Lo fundamenta con una explicación más racional: la compatibilidad genética para la reproducción. La historicidad de la Biblia —y su consecuente interpretación literal— depende de un argumento científico y no de una explicación de lo que es el texto bíblico.

*7. **La hermenéutica simbólica***, finalmente, utiliza la Biblia sólo con el propósito de defender un estilo de vida de abundancia material. Para ello relee ciertos temas desde una perspectiva que difícilmente se pueden sostener con algún método exegético. Así, se convierte al acaudalado viajero (el autor mismo) en un mensajero de Dios que goza de la creación como hijo del Rey, y en quien se manifiesta la gloria de Dios. La "iglesia" del autor se convierte en parte de una empresa transnacional, y a Jesús en un empresario, entre otras novedades teológicas:

> Al cabo de un año, Dios nos había prosperado tanto que pude viajar con mi esposa a Buenos Aires, y estando allí, la gente de Austral nos regaló a ambos los pasajes para poder ir a Bariloche y tuve el gozo de llegar allí con Alicia. Yo sabía que Dios nos había llevado. En esa época todo estaba tan barato en Argentina, que tomamos todas las excursiones y alquilamos un auto. Un día, paseando llegamos a un lago llamado el Lago Escondido y detuvimos allí el auto, bajamos y

15 *Ídem*, pp. 87 y 89.

caminamos por un pequeño muelle. No había nadie, sólo nosotros y Dios. Mirando alrededor veíamos las altas cumbres llenas de pinos y detrás las montañas con nieves perpetuas. Alrededor nuestro, el lago y el bosque. Un versículo venía a nuestra mente. "Porque con alegría saldréis, y con paz seréis vueltos; los montes y los collados levantarán canción delante de vosotros, y todos los árboles del campo darán palmadas de aplauso. En lugar de zarza crecerá ciprés, y en lugar de ortiga crecerá arrayán; y será a Jehová por nombre; por señal eterna que nunca será raída" (Isaías 55.12–13)[16].

Estaba furioso con mi secretaria, con la Embajada de Venezuela en Lima y de pronto recordé que yo venía alabando a Dios en ese vuelo. Así que oré al Señor y le dije: "Oye Señor, ¿cómo permites que me traten así?" Y de pronto recordé las palabras de Jesús a María de Betania cuando iba a resucitar a Lázaro. "Jesús le dijo: ¿no te he dicho que si crees, verás la gloria de Dios?" (Juan 11.40). ¡Tienes razón! Le dije en mi pensamiento. Si yo creo, sé que tú harás un milagro; y yo no soy solamente un ciudadano peruano, al cual le piden visa para entrar a este país, sino que también soy un ciudadano del reino de los cielos. El reino de los cielos es la nación más poderosa del universo, ¿quién se atrevería a pedirnos visa a nosotros? "Así que ya no sois extranjeros ni advenedizos, sino conciudadanos de los santos, y miembros de la familia de Dios" (Efesios 2.19)[17].

Piensa en esto, trabajo en la mejor de las empresas del mundo, en la empresa más grande de todas. Tiene sucursales en todos los países del orbe. ¿Cuál es? La iglesia. El propietario de la empresa es mi jefe y mi amigo, es el más generoso de todos y creo que es el único jefe que ha dado su vida por sus trabajadores, pero ¡Gloria a Dios! Resucitó, su nombre es Jesús de Nazaret[18].

Inmediatamente se nota la ideología de mercado que el autor impone al texto bíblico. La Biblia es leída desde esa perspectiva y las

16 *Ídem*, pp. 241–242.
17 *Ídem*, pp. 250–251.
18 *Ídem*, p. 303.

consecuencias son evidentes. Se transforma al cristiano, a la iglesia, al reino de Dios y hasta a Jesús mismo en agentes del mercado. Como constatamos con estos ejemplos de hermenéutica simbólica, es difícil creer que esas interpretaciones sean fruto de una exégesis bíblica. Incluso, si el autor utilizara el conocido método gramático-histórico tampoco podría llegar a esas conclusiones de la Biblia. Un análisis detenido de los ejemplos de interpretación demuestra que el autor desconoce los diversos métodos exegéticos, y en consecuencia no los puede aplicar al texto bíblico. Sin embargo, con su peculiar forma de hacer "exégesis" él saca conclusiones teológicas y articula la teología de la prosperidad.

Según hemos visto, pues, la hermenéutica simbólica es algo que carece de significado preciso. No se sabe bien en qué consiste. Sin embargo, se deduce que esta hermenéutica tiene muchas limitaciones, ya que funciona según los intereses del autor. Es por eso que a veces lleva a una interpretación alegórica o literalista según convenga. Como fuese el caso, siempre la interpretación está al servicio de una ideología y estilo de vida que defiende el interés de los ricos. Esta hermenéutica sirve también para explicar la vida del cristiano a la luz de las experiencias pasadas del pueblo de Israel y de la iglesia cristiana. Observamos, además, que las experiencias que aparecen en la Biblia son reinterpretadas a partir de otro tipo de experiencias contemporáneas.

Si en el pentecostalismo clásico las experiencias muchas veces tenían más peso que la Biblia, es justo reconocer que esas experiencias se enmarcaban generalmente dentro de los dones del Espíritu. En el neopentecostalismo más bien se relee la Biblia a partir de otro tipo de experiencia: la experiencia de los abundantes beneficios logrados, o por lograr, en una sociedad regida por las leyes del mercado neoliberal. Por eso es que a veces la hermenéutica del autor le ayuda a explicar su propio estilo de vida que él, por supuesto, encuentra coherente con la Biblia. Nuestro criterio es que "hermenéutica simbólica" es un nombre cómodo para explicar cualquier cosa, y para dar cualquier sentido a cualquier texto bíblico, en tanto defienda la perspectiva de la teología de la prosperidad o de la guerra espiritual, según sea el caso. Termino este punto con unas observaciones de Pablo Wikham, que comparto plenamente:

La interpretación de la Palabra de Dios requiere mucha aplicación y diligencia (2 Timoteo 2.15), y hay que emplear ciertas normas sencillas, que en el caso de algunos en los círculos carismáticos (neopentecostales) no se están teniendo en cuenta para nada. Un acercamiento superficial al texto bíblico, interpretándolo según nos parece sin tener en cuenta la intención original del autor y las circunstancias del trasfondo histórico de los lectores, es un grave error, puesto que toda aplicación de ese texto a personas de otras épocas tiene que hacerse con arreglo al significado original. Por supuesto, siendo la Palabra de Dios, encierra un mensaje perenne para cada generación, pero esto no nos exime interpretarlo primordialmente según la intención del autor original. Ignorar esto es "sacar el texto de su contexto y hacer de él un pretexto", lo cual no es honrado. Desgraciadamente, hay mucho de este tipo de interpretación superficial e irresponsable en círculos carismáticos: de emplear pasajes fuera de su contexto tal cual vienen a la mente, de "ver" significados nuevos, escondidos dentro de textos que tienen que ver con otras cosas muy distintas. *Todo esto es debido mayormente a la devaluación tácita de la Biblia [...] por la búsqueda de nuevas revelaciones y por el énfasis desmedido sobre "experiencias"*[19].

El uso de la Biblia en la hermenéutica simbólica

En este punto nuevamente nuestro análisis se remite al libro de Capurro. No se puede negar que utiliza la Biblia profusamente, pero ése no es el problema de fondo, sino cómo pretende explicar la prosperidad. En cada capítulo Capurro justifica con la Biblia (momento segundo) su lógica de prosperidad o precomprensión hermenéutica (momento primero), la que explicamos a continuación.

En el capítulo 1 ("La prosperidad que viene de Dios"), que de alguna manera es introductorio a todo el libro, Capurro parte de la siguiente lógica: Dios-pacto-hombres-prosperidad (riquezas). Para justificar el énfasis en la prosperidad material Capurro indica que *Dios tiene dos*

19 "El movimiento carismático ¿es de Dios? (II)". *Educación Cristiana*, n.° 99, 1982, p. 11.

propósitos: uno "espiritual" y otro "material": llevar las almas al cielo y otorgar riquezas en la tierra. Pero bien, estas riquezas no son para todos, sino para aquellos con quienes Dios ha hecho un pacto y que practican el "principio" o "ley" de siembra y cosecha, lo cual trae como consecuencia la prosperidad. Este principio o ley nunca falla. Las evidencias bíblicas, que "la prosperidad viene de Dios", se muestran en *la vida de los patriarcas*. Esto explica su predilección por Génesis, ya que allí existen abundantes "pruebas" de cómo Dios enriqueció a los fieles patriarcas con muchas posesiones. El uso de textos de Éxodo 24.5–8 y de Deuteronomio 8.18 sirven, en la explicación de Capurro, para enfatizar que el pacto debe ser obedecido por los hombres y que trae como añadidura la bendición de Dios bajo la forma de un "poder" que permite hacer riquezas. Es curioso que use Mateo 6.31–33 para enfatizar que Dios quiere que todo cristiano aprenda "la primera ley de la economía": buscar primero el reino de Dios, pues éste garantiza que todas las cosas serán añadidas. Los patriarcas sabían esa ley de la economía, por eso fueron "bendecidos" grandemente.

Esta experiencia de prosperidad Capurro la extiende a los cristianos hoy, ya que la Escritura "se hace extensiva a todo cristiano", en tanto éstos también son parte del pacto de Dios. Ya en épocas del Nuevo Testamento Juan había experimentado la prosperidad patriarcal, por eso le desea a Gayo que también sea prosperado en todo (3Jn 1–2):

> Aunque en este pasaje se está refiriendo a un personaje en especial (Gayo), por el hecho de estar contenido en la Biblia, y siendo toda ésta inspirada por Dios para su pueblo, se hace extensivo a todo cristiano. [...] queda claro que cada cristiano tiene un pacto con Dios, por medio de Jesucristo; y que una de las señales de todo pacto con Él, es que Él irá prosperando a los que tienen el pacto como una manera de confirmar él mismo[20].

De hecho, nuevamente encontramos lo que anteriormente llamó "personalizar el texto". No tendríamos ningún problema en aceptar

20 Capurro, *op. cit.*, pp. 2 y 10.

la idea de que todo texto se extiende más allá de sus productores, es decir, que tiene uno o varios sentidos para sus lectores futuros; sentido(s) cada vez mayor(es) conforme avanza el tiempo. El problema, creemos, no es que Capurro afirme que el texto se extiende a todos los cristianos, sino que ese texto "extendido" es recortado de su historia, con lo que se anula toda lectura sociohistórica, además de que hace extensivo un sólo tipo de experiencia de los patriarcas: su riqueza material. Así, los cristianos hoy deben saber que la experiencia de riqueza material de los patriarcas se extiende también a ellos. Es esta "verdad" la que deben "personalizarla".

En el capítulo 2 ("Bajo la bendición o la maldición") Capurro se propone argumentar la prosperidad "integral". Para ello, tiene que demostrar que el hombre no es sólo "materia". La constitución de la naturaleza humana se puede conocer si se analiza primero la naturaleza de Dios. Si Dios es trino, es lógico, según Capurro, que el hombre también sea trino. La Biblia, no cabe duda, justificará esa lectura "lógica". Sin embargo, este capítulo sólo al inicio "demuestra" que Dios es uno y trino a la vez (utilizando Dt 6.4 y 1Jn 5.7), pues rápidamente Capurro pasa a afirmar que "si Dios es trino, no es extraño que el hombre también sea trino", utilizando 1 Tesalonisenses 5.23[21]. De ese tipo de lógica se pueden esperar muchos ejemplos más: *si Dios es rico no es extraño que el hombre también esté llamado a ser rico*. Si Dios practicó la confesión creativa, el hombre también. Los ejemplos en esa línea, claro está, pueden multiplicarse. Curiosamente la lógica de Capurro no puede ver a un Dios misericordioso con los pobres, o a Dios como juez justo de los opresores. Es obvio que de ese Dios es imposible toda "lógica".

Finalmente, Capurro pasa al *tema de fondo*: la muerte (maldición) o vida (bendición) están al alcance del hombre trino. El Deuteronomio —en tanto libro del pacto— explica esas "maldiciones" que Dios no quiere para su pueblo.

---

21 *Ídem*, p. 26.

> Pensemos ahora que las sentencias descritas en Deuteronomio 28 no son maldiciones, tal como nosotros la entendemos; sino que son una revelación de las consecuencias que se producirán en el mundo material al ofender nosotros a Dios[22].

Capurro tiene razón en que Deuteronomio 28 no contiene "maldiciones" sino consecuencias negativas en la vida de todos aquellos que quebrantan el pacto. De modo inverso también se encuentran "bendiciones" para los que son fieles a Dios. Su lectura de Deuteronomio es como sigue: si el creyente actual —que también está bajo el pacto— es fiel, entonces encuentra la riqueza, y si no es fiel, le alcanza la pobreza. Este tipo de lectura no es del todo desatinado, pues responde en buen grado a la lógica del redactor deuteronomista. Sin embargo, surgen las siguientes observaciones: Capurro traduce bendición por "riqueza" (económica, claro está) y maldición por "pobreza" (también económica). Esto en sí es una reducción (o deformación) de lo que dice el texto bíblico. El cumplimiento del pacto y la ley, entonces, produce riquezas.

Utilizando la terminología de Capurro se trata de "bendiciones" o "vida". La vida para Capurro se expresa en términos de riqueza material. Para él no existe otra manera de vivir. Por otro lado, en la perspectiva del redactor deuteronomista, se requiere que la gente cumpla con la ley, y *cumplir la ley es hacer justicia*, especialmente al extranjero, al huérfano y a la viuda; es decir, a los pobres. Estas implicaciones ciertamente no las ve Capurro. En el Nuevo Testamento resalta Capurro un texto (Mt 5.17) en el cual se afirma que Jesús no vino para abrogar la ley, sino para cumplirla. Esto indica dos cosas "lógicas". Primero, Jesús cumplió la ley; segundo, la ley sigue vigente para los cristianos. Capurro interpreta que esta ley se refiere a la ley de Dios que garantiza la prosperidad.

En el capítulo 3 ("La pobreza y la maldición espiritual") Capurro argumenta que la prosperidad sólo es posible a partir de una *ruptura con el pecado,* que trajo como consecuencia la maldición espiritual y

---

22 *Ídem*, p. 34.

la pobreza material. Al hombre "natural" (inconverso) le es imposible prosperar por causa del pecado de Adán. De allí que en este capítulo se enfaticen nuevamente los textos del Génesis. Adán al pecar trajo como consecuencia la maldición sobre el trabajo. Sin embargo, ¿cuál era el trabajo de Adán? Dice: "El trabajo de Adán consistía en ser algo así como biólogo y jardinero oficial de Dios. [...] Lo que el hombre perdió, como consecuencia del pecado, fue la bendición de un trabajo grandemente productivo"[23].

Puede ser que Capurro intente ilustrar a sus oyentes con figuras propias de su entorno social y económico ("biólogo" y "jardinero"). Siguiendo su lógica, Adán era un científico, como un experto en jardinería. Sin embargo, existe una desfiguración del Adán bíblico, quien era "labrador" en un "huerto", es decir, un hombre de campo cuya subsistencia giraba en torno a la tierra.

El pecado de Adán, según Capurro, trajo como consecuencia pérdida de productividad, y esto, a su vez, pobreza económica. Llama la atención que Capurro haga una lectura estrictamente económica de "la caída". Su conclusión es que el pecado lleva a la pobreza, la cual es sinónimo de maldición. En esa lógica todo pobre es un maldito y todo rico, en consecuencia, un bendito. Finalmente, Capurro utiliza el Nuevo Testamento para enfatizar que "la paga del pecado es muerte" (Ro 6.23): por tanto, no existe posibilidad de prosperidad para los que viven en pecado, y menos aún existe la posibilidad de tener "vida en abundancia" (Jn 10.10).

En el capítulo 4 ("La prosperidad del espíritu") Capurro argumenta acerca de la prosperidad "espiritual". Si queremos ésta, entonces tenemos que "andar en el Espíritu" (de Dios). Ahora, los que viven conforme a la carne (la naturaleza humana) "son enemigos de Dios; porque ni quieren, ni pueden someterse a su ley [...]"[24]. Para sostener estas enseñanzas Capurro acude a diversos textos de Pablo, y esto porque pretende demostrar que la prosperidad del espíritu es un reflejo de lo que ocurre en los lugares celestiales (Ef 1.3). Si la voluntad

---

23 *Ídem*, p. 42.

24 Capurro, *op. cit.*, p. 52.

de Dios es prosperidad para el cuerpo (salud, riquezas) no es raro entonces que Dios quiera prosperar el espíritu de los cristianos. De esta manera la prosperidad deviene en "integral".

> Todo lo que nos sucede en esta vida tiene su origen y es reflejo de lo que ocurre en esos lugares celestiales; en los cuales de alguna manera vivimos también, aunque no seamos totalmente conscientes de ello al habitar este mundo material en un tabernáculo de carne y hueso, como es nuestro cuerpo[25].

Si en los lugares celestiales está la plenitud de las bendiciones, entonces de algún modo tienen que reflejarse en esta vida terrenal, concretamente en la vida espiritual de los cristianos. Éste es el argumento de fondo de Capurro, aunque no puede evitar un grosero platonismo para explicarlo. En este capítulo el uso de textos del Antiguo Testamento, como Isaías 61.1–3 tiene la intención de mostrar que Jesús vino a destruir las raíces de la muerte espiritual, la pobreza, la enfermedad, la angustia, la depresión, del temor. Jesús, de esta manera, "colabora" con el Espíritu en la prosperidad "espiritual" del cristiano.

En el capítulo 5 ("Dios creó al hombre para vivir eternamente") Capurro tiene un propósito específico: mostrar que Dios da vida eterna al hombre. Por ello, va a enfatizar textos del evangelio de Juan y de Pablo. Capurro parte de la idea de que Dios creó al hombre para que viva eternamente. Así fue desde el principio (Génesis) aunque el hombre procuró su muerte (Adán). Mientras los textos de Juan son utilizados para sostener la vida que da Jesús, los de Pablo se utilizan para explicar la resurrección. El problema de la muerte eterna, y que afecta a todos los hombres, Dios lo solucionó con Cristo, ya que en Él se halla la vida eterna. Para tener la vida eterna, argumenta Capurro, es necesario entrar al cielo, lo que a su vez exige cuerpos glorificados.

> Fácilmente podemos entender que si Dios nos puede dar un cuerpo glorificado como el de Cristo —capaz de transformarse en

25 *Ídem*, p. 49.

> un instante, no sólo para atravesar paredes, sino aun para entrar al cielo, a la presencia misma de Dios así como ha entrado Jesucristo— también entenderemos que la voluntad de Dios es la vida eterna para el hombre[26].

Es interesante notar que el tema de la vida eterna en Capurro, aunque cite alguna vez textos de 1 Corintios 15, evita relacionarlo con la resurrección de los muertos y, en consecuencia, con la escatología. Este último no tiene lugar en su pensamiento.

En el capítulo 6 ("Probados por el fuego") Capurro intenta mostrar que la guerra espiritual es una realidad en la vida de los cristianos, y que se evidencia en los momentos de "prueba". Por eso en este capítulo narra la historia de la enfermedad física de su hija y cómo fue sanada al vencer él y su esposa al diablo en la guerra espiritual. Privilegia, como observamos, textos del Antiguo Testamento sobre los del Nuevo, y los pocos textos bíblicos que utiliza pareciera que no tienen mucha importancia en este capítulo, pues son citados sólo para leer su experiencia. Capurro, sin embargo, es cautivo de una idea muy popular entre los neopentecostales: los pecados se transmiten de padres a hijos.

> Al compartir esta experiencia personal, creemos haber demostrado que el pecado de los padres afecta a los hijos, y que no se trata tan sólo de pecados graves, sino a los que mucho se les da, más se les demandará; porque el diablo se ensaña con aquellos que aman a Dios[27].

En el capítulo 7 ("El mejor programa de salud") Capurro argumenta que la mejor manera de vivir libres de enfermedad (física, se entiende) es cumpliendo la ley. Las citas bíblicas apuntarán siempre en esa dirección.

> No existe mejor programa de salud que el cumplir la ley de Dios; porque como ya hemos visto, los pecados traen maldiciones

26 *Ídem*, p. 86.
27 *Ídem*, p. 117.

> que nos enferman y aun les dan a los espíritus de enfermedad la facultad de que puedan atormentarnos, como en el caso de la mujer encorvada (Lucas 13.11–13). No olvidemos que en el libro del Deuteronomio están reveladas las maldiciones que nos vendrán en el caso de no cumplir con los mandamientos y los decretos de Dios (Deuteronomio 28.15). [...] Así que no hay duda acerca de que lo mejor que podríamos hacer para vivir libres de enfermedad, es vivir de acuerdo a la Palabra de Dios. [...] La Palabra de Dios está llena de promesas como ésa (Deuteronomio 7.15), ofreciéndonos que si cumplimos la ley de Dios, Él nos sanará[28].

Capurro citará varios textos de Deuteronomio más, pero sólo al inicio del capítulo, luego abundará en textos paulinos, aunque siempre *subordinados a las bendiciones de Deuteronomio 28*. Según este último texto Dios desea que su pueblo alcance bendición material, incluyendo salud física. Que la voluntad de Dios sea sanidad física para los seres humanos nadie duda. Pero deducir una "ley de sanidad" de Deuteronomio, y luego argumentar que Cristo nos redimió de la maldición de la ley (Gá 3.13), y por tanto ya no sufriremos enfermedad es insostenible. Como dice Capurro: "Si Él ya pagó el precio, si ya llevó tus enfermedades, no tienes por qué seguir sufriendo tú"[29]. Esta enseñanza nos parece que difícilmente se puede sostener con los textos que cita Capurro[30].

En el capítulo 8 ("Vendar a los quebrantados de corazón") Capurro quiere demostrar que "Dios quiere que los cristianos seamos hombres y mujeres felices"[31]. La felicidad se torna, de esa manera, en algo central en la experiencia cristiana. Dice: "Es natural que pensemos que un Dios que nos ama desee nuestra felicidad; y *es lógico también pensar* que la felicidad sólo se encuentra en forma integral"[32]. La

---

28 *Ídem*, p. 120.

29 *Ídem*, p. 129.

30 El tema de la ley es recurrente en Capurro. Parece que a la ley del Deuteronomio le da un sentido de "ley natural", que implica, a su vez, una "ley de causalidad", lo que trae como consecuencia un determinismo medieval.

31 Capurro, *op. cit.*, p. 141.

32 *Ibíd.* Las cursivas son mías.

integralidad de la que nos habla Capurro necesariamente incorpora el "alma". La felicidad implica estar sano en el alma, y Cristo vino a sanar las heridas del alma. Interpretando Lucas 4.18 dice:

> Vendar a los quebrantados de corazón en realidad se refiere a las heridas del alma. Este ministerio es muy importante en la obra de Jesús, porque el ser humano a causa de su pecado no sólo ha traído maldición a la creación, sino también a su propia vida interior[33].

Luego las cartas paulinas tienen un lugar privilegiado en la argumentación, aunque nuevamente subordinado a otro texto: Tercera de Juan 2, ya que en este último se menciona "la prosperidad del alma". ¿En qué consiste esto? "[...] es pasar de un estado de falta de esperanza, producido por el pecado; a un estado de alegría, gozo, fe, esperanza, producido por la comunión con Dios por medio de Jesucristo"[34]. Como vimos, para Capurro la prosperidad del alma involucra la "sanidad del corazón". Esta enseñanza, que puede ser legítima, sin embargo depende de una definición previa de "alma". Mientras que para Capurro significa una parte componente del ser humano, en la Biblia generalmente significa "vida". Ahora, esto podría pasar como algo totalmente secundario, pero no es así, pues el argumento de prosperidad "integral" necesita previamente la prosperidad del "alma" (como lo fue antes con la prosperidad del "espíritu").

En el capítulo 9 ("Las armas de la luz") Capurro vuelve al tema de la guerra espiritual, pero ahora para argumentar cuáles son las armas con las que se puede vencer al diablo. Para ello, enfatiza en este capítulo a tres autores: Mateo, Juan y Pablo. Los demás textos que aparecen tienen muy poca importancia en el argumento central. Está claro que las "armas de la luz" son las que permitirán la victoria. ¿Cuáles son? La verdad, la fe, la confianza en el amor de Dios y la alabanza. Curiosamente la Palabra de Dios no es un arma en la lucha contra el diablo. Capurro comentando Efesios 6.12–13 dice: "... no olvidemos que estamos en guerra y que, como soldados de Jesucristo,

---

33 *Ídem*, p. 143.
34 *Ídem*, p. 142.

Él nos ha equipado con las mejores armas, las más poderosas, porque son poderosas en Él, y Él es Todopoderoso"[35].

En el capítulo 10 ("Jesús sana nuestras almas") Capurro vuelve al tema de las heridas del alma, pero visto desde diversas experiencias dolorosas en la Biblia y que sólo Jesús puede sanar. En este capítulo adquieren relevancia Génesis y Mateo, que fundamentan —con los ejemplos de José y Jesús— cómo las personas pueden ser heridas (vendidas y traicionadas), y cómo pueden alcanzar bendición. Estas heridas tienen que ser sanadas; de lo contrario pueden traer consecuencias negativas sobre la persona. La experiencia dolorosa del personaje bíblico José —ser vendido por sus hermanos— tiene muchos paralelos con la vida de los cristianos de hoy según Capurro. Al comentar Génesis 37.5–8 dice:

> Así también como José, nosotros tuvimos grandes sueños en nuestra infancia. Queríamos hacer tantas cosas. Todos soñábamos con llegar a ser alguien importante. Los más osados, astronautas, para así visitar otros planetas; los más valientes, héroes, luchando contra el mal o contra monstruos; los más idealistas, héroes de la patria, para que por nuestro valor muchos se salven; en fin, soñamos con ser grandes hombres y mujeres. Escritores, músicos, actores o eminentes científicos coronados al fin con un Oscar, o con el Premio Nobel. Las niñas querían ser estrellas de cine, etéreas bailarinas de ballet, famosísimas cantantes o mujeres cuyas vidas y romances pasasen de alguna manera a la historia. *De una u otra forma, alguna vez, todos usamos la túnica de muchos colores. Pero un día alguien nos la quitó.* Quizás la falta de cariño de nuestros padres, o de nuestros hermanos, o algún fracaso. Así también a José le tocó despertar de sus sueños un día y enfrentar una verdad desgarradora[36].

Al igual que José, Jesús también fue traicionado, no por sus hermanos sino por su "amigo". Comentando Mateo 27.9, afirma Capurro:

---

35 *Ídem*, p. 162.

36 *Ídem*, pp. 187–188. El énfasis es nuestro.

> Jesús jamás debió ser traicionado, pero tenemos que entender que aceptó el ser traicionado propiciatoriamente; es decir, que tuvo que vivir eso para que tú y yo ya no tengamos que vivirlo. Y si de alguna manera siendo cristianos nos tocase vivirlo, entonces no sentiremos el dolor de la traición, y podremos perdonar más fácilmente al recordar lo que Jesús tuvo que sufrir por nosotros[37].

De la traición de Jesús deduce Capurro que los cristianos no tienen por qué ser traicionados hoy. Y si lo vivimos entonces será fácil perdonar. Nuevamente Capurro quita historicidad al relato de la traición de Jesús por Judas, y deduce una implicancia individual o una enseñanza moral, nada más. La enseñanza es: perdonar al que nos hiere. Éste es un paso previo —y profundamente necesario a la vez— a la sanidad del alma.

En el capítulo 11 ("Dios quiere prosperarnos materialmente") Capurro argumenta que la prosperidad que deben evidenciar los cristianos es eminentemente material. Para ello, acude a diversos textos como Mateo, aunque lo *subordine a Deuteronomio*. Se podría decir que este capítulo es uno de los más importantes del libro. Dice: "Realmente Dios desea que todos sus hijos seamos prosperados económicamente. Ya lo hemos dicho, pero tenemos que repetirlo ahora que entramos a tratar la prosperidad desde el punto de vista material[38].

El argumento de Capurro es sencillo: sólo los diezmadores alcanzan *bendición material* (Mal 3.8–10; Dt 14.22–23 y Mt 23.23). Este diezmo tiene que ser entregado a la iglesia local donde "se es alimentado espiritualmente"[39]. ¿Cómo está subordinado el Evangelio de Mateo a Deuteronomio? Capurro cree que la práctica actual del diezmo es una confirmación del pacto que aparece en el libro de Deuteronomio. Además, en este capítulo se insistirá en que el cristiano debe cumplir indefectiblemente con el diezmo. Uno se llega

37 *Ídem*, pp. 190–191.
38 *Ídem*, p. 209.
39 *Ídem*, p. 227.

a preguntar si la práctica del diezmo acaso no se convierte en una nueva ley.

> ... la consecuencia de no diezmar es lo que se traduce en una maldición, de la cual Jesús ya nos redimió. Pero Dios no nos prosperará si no diezmamos, sólo extenderá su misericordia hacia nosotros para perdonarnos. Si deseamos aprender a temer a Dios, vivir en obediencia y que Dios nos prospere, entonces diezmemos[40].

Al parecer Capurro hace del diezmo una nueva ley (como parte de las leyes de prosperidad), por eso él en otros pasajes del libro se presentará como modelo de diezmador y de hombre bendecido por Dios, consecuentemente. De una observación anterior se puede extender la siguiente pregunta: ¿es la teología de la prosperidad *una nueva ley* que pretende garantizar a los cristianos la abundancia material?[41].

En el capítulo 12 ("La siembra y la cosecha") Capurro argumenta que existe una "ley" que garantiza la prosperidad. Quien cumple esta ley siempre cosechará abundancias materiales. Para demostrar su argumento, cuenta varias experiencias suyas, y las pretende justificar con algunos versículos bíblicos. En este capítulo la utilización de la Biblia es bastante moderada, en el sentido de que no se privilegia ningún libro, aunque Efesios se cita una vez más. También observamos que hay un uso mayor del Antiguo Testamento que del Nuevo, aunque la diferencia es mínima.

Por otro lado, del texto de Efesios 2.19, que habla de los cristianos como miembros de la familia de Dios, Capurro lo aprovecha para deducir y sostener su "calidad" de "hijo del Rey", que significa "ser parte de la nación más poderosa del universo: el reino de los cielos"[42] y gozar de enormes privilegios materiales. Además, el objetivo de

---

40 *Ídem*, p. 224.

41 Aunque Capurro cite profusamente a Pablo, es evidente que desconoce lo que enseña sobre la ley y el evangelio. Capurro convierte a Pablo en legalista, en portador de una nueva religión de ley, es decir, exactamente lo contrario de lo que enseñan Gálatas y Romanos.

42 Capurro, *op. cit.*, p. 251.

Capurro es demostrar que el diezmo es parte de la lógica de otra ley de prosperidad: la siembra y la cosecha.

> Así que el cristiano no sólo debe diezmar para ser próspero, sino que además tiene que trabajar y esforzarse en hacer las cosas bien, y tener mucha fe. [...] Así que hemos podido ver que en cada paso de la vida, es Dios el que nos sustenta. Ponemos en Él nuestra confianza, invocamos su nombre, confesamos su Palabra y Él no nos falla. Dios se deleita en intervenir en tu camino, y ser aquel que te proporciona todo lo que necesitas. Hacemos lo que Él dice: diezmamos, ofrendamos, damos limosnas y de esta manera, Dios nos ha enseñado a tener dinero, y no que el dinero nos tenga a nosotros[43].

La ley de la siembra y la cosecha no falla nunca. Hasta Dios está sometido a ella. Se siembra diezmo y se cosecha prosperidad. Se siembra ofrenda y limosna y se cosecha dinero. Prosperidad es dinero, dinero es prosperidad. Esto se consigue practicando la ley (de la prosperidad).

En el capítulo 13 ("El misterio de la fe") Capurro argumenta la "prosperidad creativa". Dice así:

> Esta quinta dimensión donde podemos ser prosperados, la he titulado Prosperidad Creativa, a fin de no confundir al lector con la prosperidad espiritual. Pero lo que en realidad deseo tratar en esta parte del libro, es como apropiarnos de las bendiciones que ya son nuestras en los lugares celestiales, pero que permanecen fuera del alcance de nuestros sentidos. Cómo ir sembrando nuestro futuro con el poder creativo de la Palabra de Dios. Somos imagen y semejanza de un Dios que creó el universo con su Palabra dicha con fe e igualmente transformamos nuestro entorno con ella. Ser prosperados en esta dimensión significa ejercer el dominio o la autoridad que como Hijos de Dios y como su iglesia nos corresponde. El Señor ya nos ha provisto de todo[44].

---

43 *Ídem*, pp. 235 y 254.

44 *Ídem*, p. 259.

Para sostener esta doctrina Capurro acude, entre otros libros, a Hebreos. Mientras los otros textos bíblicos se utilizan para subrayar el poder de la palabra (Gn 1.3 e Is 55.11 por ejemplo), Hebreos es mayormente utilizado para fundamentar la fe *de Dios*, y para luego fundamentar la fe de los hombres. Esta fe, en la perspectiva de Capurro, requiere desarrollar el poder de la Palabra. En su análisis de Hebreos 11.3 concluye que:

> La palabra griega NOIEO, que aparece en el manuscrito original y que es traducida en la versión Reina Valera como "comprendemos", también se traduce "entendemos" y "percibimos"; y nosotros de acuerdo a lo que la Biblia llama fe, sabemos que ésta no está relacionada con entender, comprender, o percibir, sino que por la fe creemos, aun cuando no entendamos. El sujeto de este versículo 3, es Dios. Él fue el que creó el universo y no nosotros. Y si cada uno de los personajes —de Hebreos 11— utilizó su fe para realizar su hazaña, ¿no será acaso que fue Dios quien usó fe para crear el universo? Pues la realidad de esto se hace evidente. Una traducción más clara del versículo 3 sería: *"Nosotros entendemos que Dios creó el universo haciendo uso de su propia fe y de su Palabra."* (Hebreos 11.3) [45].

De esta manera, Capurro no solamente interpreta de manera novedosa Hebreos, sino que también inaugura una nueva traducción bíblica. En todo esto notamos la servidumbre del texto —falseado en este caso— a una doctrina también novedosa: la confesión creativa.

En el capítulo 14 ("Confesando la Palabra de Dios") Capurro aplica la "confesión divina" a la "confesión humana". Si Dios confesó creativamente, es "lógico" que el hombre también haga lo mismo. Para sostener este punto de vista, resalta nuevamente diversos textos paulinos:

> Hemos hablado en el capítulo anterior que debemos confesar la Palabra de Dios. Cuando decimos confesar no nos estamos refiriendo a confesar un secreto o algo así. Nos referimos a citar la

45 *Ídem*, pp. 264–265. La afirmación de Capurro es muy osada. Su traducción de Hebreos 11.3 es una abierta falsificación para sostener un concepto también falso de "fe".

> Escritura con fe. En otras palabras, usamos confesar como sinónimo de decir[46].

Para Capurro, "confesar la Palabra" de Dios significa confesar sanidad, prosperidad, santidad y conversión (por los familiares). Esto es lo que se conoce como "prosperidad total". Y como toda "ley", la confesión creativa tampoco falla.

Como conclusión de este punto, podemos afirmar que Capurro utiliza diversos textos tanto del Antiguo como del Nuevo Testamento para sostener sus doctrinas. Parece que intenta cubrir casi todos los libros bíblicos, tal vez con la esperanza de demostrar que su teología de la prosperidad tiene suficiente fundamento bíblico. Respecto a la utilización de algunos libros bíblicos, llama la atención algunas ausencias muy notorias. Por ejemplo, está ausente el Apocalipsis (¡ni una sola referencia!) para la guerra espiritual, y el libro de Daniel aparece apenas dos veces en el capítulo 6, pero no para sostener la existencia de "espíritus territoriales", sino para poner a Daniel como modelo de oración. Llama también la atención el uso de diversos textos de Pablo, sobre todo Romanos, para defender las doctrinas de la guerra espiritual y la confesión creativa. También es interesante observar que los Proverbios aparecen muy pocas veces, y no para argumentar el trabajo, el esfuerzo y el ahorro, sino para exhortar al temor a Dios.

Finalmente, nos parece que existe un libro muy privilegiado: Deuteronomio, y que sirve para argumentar el tema de las bendiciones de Dios. Además, este libro subordina a otros, como Romanos y Mateo. Curiosa inversión viniendo de alguien que se considera cristiano. Esta observación, sin embargo, nos permite reafirmar que la utilización profusa de Deuteronomio hace que los cristianos hoy cambien la ley mosaica por una nueva ley: la ley de la prosperidad (que incluye las leyes de la siembra y la cosecha, del diezmo y del ciento por uno). Esta última ley, todos deben cumplirla, hasta Dios.

---

46 *Ídem*, p. 279.

Temas presentes en la teología de la prosperidad

Todos los expositores de la teología de la prosperidad, sin excepción, acuden rápidamente a dos temas para sostener sus enseñanzas. El primero, *el pacto de Dios*, como sabemos, atraviesa toda la Biblia, tanto así que existe formulada históricamente una "teología del pacto". El segundo, *la siembra y la cosecha*, remite a una metáfora que en la Biblia aparece varias veces en el Antiguo y el Nuevo Testamento, concretamente en las enseñanzas paulinas. Como el lector comprobará, ambos temas han sido instrumentalizados teológicamente de tal manera que lo menos que provoca es un abierto rechazo.

El pacto de Dios

La teología de la prosperidad dice tener su fundamento en el "pacto" o "alianza" que Dios hizo con algunos hombres de la antigüedad, Abraham, por ejemplo, el cual posteriormente se "perfeccionó" en la obra del Señor Jesucristo y continúa hasta el día de hoy. Este pacto, aunque no es definido en ninguna parte, parece ser una especie de *relación especial* por la cual *Dios se compromete a bendecir a sus hijos en tanto se esfuercen para alcanzar prosperidad.* Dios, de esta manera, alcanza a tener obligaciones para con los suyos. Veamos algunos ejemplos:

> Podemos leer también hermosos testimonios del Antiguo Testamento y ver cómo Dios prosperó a los hombres con los cuales Él hizo alianzas o pactos. Abraham, Isaac y Jacob son claro ejemplo de esto. [...] ¿Qué tenían en común estos hombres? Habían hecho un pacto con Dios. Abraham había hecho un pacto de tener a Jehová como Dios, y el Señor había prometido hacerle padre de una gran nación. (Génesis 22:15–18)[47]

> Dios se ha obligado a Sí mismo a bendecirle como bendijo a Abraham. [...] El pacto de Dios es un pacto de prosperidad. Su pacto causa que la prosperidad sea manifiesta en la tierra. Salmo 35:27

47 Capurro, *op. cit.*, pp. 3–5.

> dice que Dios se alegra en la prosperidad de Sus hombres. Él no puede establecer Su pacto en su vida sin prosperarle. [...] El pacto no puede ser establecido en su vida a menos que *usted* crea la Palabra de Dios respecto a la prosperidad[48].
>
> Dios hizo un pacto con Abraham. Esto significa que Dios voluntariamente puso a disposición de Abraham todo lo que poseía y todo lo que Él sabía. Es por medio de Jesucristo que tú tienes parte en este pacto. Cuando tengas necesidad, cosa que sucede muy a menudo, entonces Él es mayor que tus necesidades, y se ha comprometido a sí mismo a llenar tus necesidades cualesquiera que sean. Dios está comprometido por su palabra. Algunos dicen "pero no podemos obligar a Dios a cumplir su palabra". Sí, es exactamente lo que se puede hacer. Esto sería algo terrible en el caso de que Dios no lo hubiese dicho; pero un pacto es así[49].

En la perspectiva de la teología de la prosperidad, el pacto no tiene exigencias éticas de ningún tipo, salvo que la persona se esfuerce por hacer riquezas. Y si ésta no resultare, el creyente puede forzar a Dios a que cumpla su pacto/promesa de prosperidad. El cristiano además debe saber que Dios siempre le dará algún tipo de poder para hacer riquezas. Juan Capurro comenta lo siguiente:

> "Sino acuérdate de Jehová tu Dios, porque Él te da poder para hacer las riquezas, a fin de confirmar su pacto que juró a tus padres, como en este día". (Deuteronomio 8.18) Según este versículo, es Dios quien nos da la fuerza, la salud, la inteligencia para hacer las riquezas y esto con el fin de confirmar su pacto para con nosotros. ¿Por qué digo nosotros? Porque Dios no ha cambiado y Él sigue prosperando a sus hijos como señal del pacto[50].

Claro está que ese "acordarse de Jehová" tiene implicancias "religiosas". Dicho de otra manera, no existe la posibilidad de hacer riquezas

---

48 Gloria Copeland. *La voluntad de Dios es prosperidad*. Fort Worth: KCP Publicaciones, 1984, pp. 9–10.

49 Ulf Ekman. *Economía liberada*. Barcelona: CLIE, 1993, pp. 19–20.

50 *Op. cit.*, p. 8.

según la voluntad de Dios si, por ejemplo, no se es convertido, se va a la iglesia y se practica las leyes de la prosperidad, por decir lo menos. La prosperidad económica entonces, en la visión de Capurro, está *mediatizada* por una serie de rituales religiosos y una fe (mágica) en que Dios prosperará.

El Dios del pacto, según Capurro, es el que posibilita que el ser humano tenga lo necesario (fuerza, salud, inteligencia) para hacer riqueza. Si el Dios del pacto da poder para hacer riquezas es que, entonces, conoce y maneja los mecanismos que permiten generar riquezas materiales (¿una nueva "mano invisible"?). Ahora, si un creyente no hace riquezas, entonces no "confirma el pacto", y esto ya no sería responsabilidad de Dios pues "Él ya habría cumplido" con su parte. En el Nuevo Testamento encontramos, según Ekman, Copeland y Capurro, que el Nuevo Pacto en Jesucristo, es superior a los anteriores. En la última cena Jesús hizo participar, por medio de su sangre, a los discípulos del "pacto de prosperidad":

> La sanidad fue también incluida en las bendiciones. Y la prosperidad fue incluida en las bendiciones —Abundantes bendiciones financieras. [...] Las bendiciones de Abraham eran poderosas y totalmente inclusivas. [...] Jesús vino por lo que Dios le había prometido a Abraham. [...] El Nuevo Pacto, ratificado en la sangre de Jesús, fue el cumplimiento de la promesa de Dios a Abraham. Es un mejor pacto que aquel que vino a través de Moisés, y descansa sobre una mejor promesa (Hebreos 8.6)[51].

> "Y tomando la copa, y habiendo dado gracias, les dio, diciendo: Bebed de ella todos; porque esto es mi sangre del nuevo pacto, que por muchos es derramada para remisión de los pecados." (Mateo 26.27–28). Con lo que hemos expuesto de la Palabra, queda claro que cada cristiano tiene un pacto con Dios, por medio de Jesucristo; y que una de las señales de todo pacto con Él, es que Él irá prosperando a los que tienen el pacto como una manera de confirmar el mismo. [...] Así que para confirmar la alianza o el pacto

---

51 Copeland, *op. cit.*, pp. 6–7.

> eterno que tenemos con Dios por medio de Jesucristo, el Señor nos prospera. Sería absurdo pensar que esto lo hacía Dios sólo con aquellos bajo el Antiguo Pacto o Testamento, pero que ahora ya no puede hacerlo. El Nuevo Pacto sellado con la sangre de Jesús, está basado en mejores promesas aún[52].

Como vemos, en la teología de la prosperidad el pacto en Jesucristo es mucho mejor que los pactos anteriores, por lo que se espera —en consecuencia— mejores bendiciones materiales para el cristiano hoy. ¿En qué consiste esta superioridad? En que tiene mejores *promesas*. ¿Cuáles son? No se explican en ninguna parte, pero realmente eso poco importa, ya que el cristiano debe saber que "en Cristo" puede hacer más riquezas que los patriarcas. De esta manera, el pacto rige como un principio teológico al que todos deben acogerse. Es una nueva ley.

La ley de la siembra y la cosecha

Los apologetas de la teología de la prosperidad, por regla general, casi nunca definen qué es una ley. Capurro es la excepción. Él la define como "los mandatos de Dios en que hay una orden directa que todos debemos cumplir"[53]. Realmente poco importa si nos satisface esa definición de ley. Sin embargo, de esta definición él deduce que "ley" (de Dios) implica un "mandato" que se debe cumplir. El *cumplimiento de la ley* es lo que permite que funcione como tal. El cristiano, así, no tiene alternativa, pues debe cumplir con la ley de Dios. En este caso, se trata de una ley de prosperidad: la ley de la siembra y la cosecha. Ésta deriva su nombre de un texto paulino: "El que siembra escasamente, escasamente también segará; y el que siembra abundantemente, abundantemente también segará" (2Co 9.6). En la teología de la prosperidad la ley (o "principio" como también se la llama) de la siembra y la cosecha es tanto un *tema explícito* como *la lógica* desde la que se explica la prosperidad:

---

52 Capurro, *op. cit.*, pp. 9–10 y 210.
53 *Ídem*, p. 281.

> Note una vez más que Dios no es una persona complicada. Sus principios son sencillos, fáciles de comprender y de aplicar. La cosecha que levantaremos será proporcional a la cantidad de semilla que hayamos plantado. Si yo siembro dos granos de arroz, estoy seguro de que no voy a necesitar comprar una cosechadora. Si alguien siembra cien hectáreas de arroz sería mejor que no fuera a recoger la cosecha con una bolsita plástica en la mano. Si este principio es verdadero, y yo creo que lo es, hágase una pregunta: Si quiero prosperar financieramente, ¿cuál es el factor que decide hasta donde lo voy a hacer? Quién es el que pone límites a nuestra prosperidad?[54].

> Pablo nos recuerda que existe una ley, la ley de la siembra y la cosecha. Esta ley siempre funciona en proporción directa a lo que tú das; cuanto más des, tanto mayor será la cosecha. Si eres tú el que siembra serás tú el que coseche, y siempre se cosecha más que la cantidad que se ha sembrado[55].

> La prosperidad de un cristiano está basada en el principio de la siembra y la cosecha [...] y esta prosperidad crea verdaderamente riqueza[56].

La lógica económica de la teología de la prosperidad es muy sencilla: cosechamos lo que sembramos. Se trata en el fondo de una especie de automatismo económico basado en "principios divinos", es decir, de causa-efecto. Según los ejemplos citados, el sembrar dinero deviene irremediablemente en riqueza. La "parte humana" (sembrar) viene a ser el complemento de la "parte divina" (el pacto) en la prosperidad. Más adelante Capurro cuenta en su libro una experiencia dolorosa —la enfermedad de su hija—, y lo explica con *la lógica de la siembra y la cosecha*. Dice: "Yo conocía la Escritura y sabía que el pecado de los padres podían pagarlo los hijos"[57]. En otra parte comenta acerca de

54 Yamil Jiménez. *Dios quiere prosperarte*. San José: Varitec, 1997, p. 11.

55 Ekman, *op. cit.*, p. 115.

56 Capurro, *op. cit.*, p. 14.

57 *Ídem*, p. 106.

cómo empezó a practicar el diezmo con su esposa. Ésta es una parte del diálogo entre ambos:

> Me parece que debemos comenzar a hacer todo lo que la Biblia dice. Si ahora mismo no nos alcanza el dinero, ¿qué podemos perder? preguntó sonriéndome. Estoy de acuerdo, le respondía. Además ahora nosotros tenemos un problema, pero *si le entregamos nuestros diezmos al Señor, entonces ahora Él tendrá un problema, porque ha prometido en su Palabra que nada nos faltará.* Oramos y a partir de entonces comenzamos a diezmar en fe, porque el dinero no nos alcanzaba, pero confiábamos que nos alcanzaría sobrenaturalmente después de hacerlo. Y efectivamente aunque no podíamos entender cómo, el dinero nos alcanzó. *Fue algo maravilloso el empezar a experimentar lo sobrenatural también en el aspecto económico*[58].

La cita anterior añade un elemento nuevo: en la lógica de la siembra y la cosecha *es Dios quien tiene un problema* con aquellos que siembran el diezmo, pues ahora tiene que retribuir "conforme a su Palabra". Nuevamente aparece la imagen del Dios sometido. Al inicio de este capítulo aparece como sometido al mercado y ahora a una ley infalible, que supuestamente Dios mismo la dio. Como toda lógica, además, nunca falla y siempre se cumple. Y Dios tiene que cumplir pues él también está sometido a la ley de la siembra y cosecha. Todo lo que haga el cristiano cuenta en dicha lógica. El trabajo, el sudor, el esfuerzo y la fe son parte de "la siembra" que, al final de cuentas, traerá una "cosecha" abundante. El Dios que actúa según la ley de la siembra y la cosecha es muy generoso, según Capurro. Por lo menos lo fue con él. Y esto porque Dios es un Dios de abundancia.

> Para ese entonces, el dueño de la casita donde vivíamos nos la estaba pidiendo pues la necesitaba para ir a vivir allí; así que Alicia y yo nos pusimos a buscar casa. Finalmente, por increíble que parezca, la más barata que encontramos era una muy grande y en un barrio

---

58 *Ídem*, p. 218. Las cursivas son mías.

> residencial. Fue una gran bendición de Dios. [...] después Dios nos llevó a otra casa y finalmente alquilamos el local ubicado en la calle Mariano Odicio, en el distrito de Miraflores, [...]. ¿Qué hicimos para ser bendecidos con estas casas? ¡Sembramos![59].

Que Dios bendice materialmente, en la explicación de la teología de la prosperidad, con casas en zonas destinadas para la clase alta, y con otros lujos más, es algo reiterativo en la ley de la siembra y la cosecha. Finalmente, esta ley nos remite a una figura que implica paciencia. Los frutos a cosechar no se recogen al día siguiente de la siembra. Esto permite explicar por qué no todos en las agrupaciones neopentecostales cosechan de la misma manera, es decir, por qué no todos tienen las mismas riquezas o propiedades (casas lujosas, viajes, dinero, etcétera): *todavía no les ha llegado el momento.* Para cosechar hay que tener una gran dosis de paciencia, *hay que saber esperar el tiempo de Dios.*

Temas de menor importancia en la teología de la prosperidad

En este punto nos referimos a tres doctrinas características del pentecostalismo clásico (escatología, pneumatología y cristología) y que sin embargo tienen muy poca importancia en la articulación de la teología de la prosperidad. Mientras la primera está *ausente*, las dos restantes doctrinas aparecen *reinterpretadas* de tal manera que difícilmente un pentecostal aceptaría por haber diferencias sustanciales. Los estudiosos del pentecostalismo, como Donald Dayton y Douglas Petersen, llegan a la conclusión de que la escatología y la pneumatología tienen una gran importancia entre los pentecostales[60]. Igualmente, el historiador peruano Wilfredo Kapsoli después de hacer un trabajo de campo de dos años en una

59 *Ídem*, pp. 246-247.

60 Donald Dayton. *Raíces teológicas del pentecostalismo*. Buenos Aires: Nueva Creación, 1991, p. 99; y Douglas Petersen. *Not By Might Nor By Power. A Pentecostal Theology Of Social Concern In Latin America*. Oxford: Regnum, 1996, p. 81.

iglesia pentecostal en Lima, concluye que éstos son pneumatológicos y tienen una escatología apocalíptica[61].

La escatología

La escatología es entendida comúnmente en los manuales de teología sistemática como "la doctrina de las últimas cosas" y hace referencia directa a las cosas que sucederán en "los últimos tiempos" en esta historia (la tribulación, el rapto, la parusía), incluso más allá (el juicio, la resurrección, la plenitud del Reino, etcétera). Esta doctrina *entre los pentecostales*, dice Petersen, no justificó una evasión de la realidad o la ausencia de compromiso social, sino que permitió que asumirá la realidad social de otra manera.

Lo anterior no contradice el hecho de que en muchas iglesias pentecostales la comprensión de lo escatológico estuvo relacionada con una catástrofe o "gran tribulación" al final de los tiempos[62]. De hecho, los pentecostales —como gran parte de los evangelicales— eran, o son, premilenialistas. Resulta interesante observar que en los neopentecostales se supera esa visión catastrófica de la historia —el Armagedón— y se sustituye, más bien, por la idea de que Dios promete un "paraíso" en la tierra a aquellos que le son fieles.

La teología de la prosperidad, dice pues, que el paraíso terrenal está destinado para aquellos que guardan el pacto y se rigen por las leyes de prosperidad. Refiriéndose a esa nueva visión de la escatología dice Norberto Saracco que "hoy el argumento pasa por lo que Dios hace aquí y ahora por el ser humano. No se apela al paraíso futuro como alternativa de la realidad adversa, sino a un presente paradisiaco[63]. Leonildo Silveira Campos, refiriéndose al neopentecostalismo brasilero, también tiene una opinión similar:

> El "neopentecostalismo" de los años 80 coloca en primer lugar la salud del cuerpo, la prosperidad y la solución de los problemas

61 La iglesia en la que participó es el Templo de la Iglesia Evangélica Pentecostal del Perú "La Hermosa" en Surquillo, Lima (*Guerreros de la oración. Las nuevas iglesias en el Perú*. Lima: SEPEC, 1994, pp. 13 y 17).

62 Walter Hollenweger. *El pentecostalismo*. Buenos Aires: La Aurora, 1976, pp. 413–424.

63 "Prólogo a la edición castellana". En Dayton, *op. cit.*, p. xii.

psíquicos como las cosas más importantes para ser buscadas en lo sagrado. Quedaron atrás las preocupaciones escatológicas y hasta la propia glosolalia[64].

La escatología, pues, es una doctrina ausente en las agrupaciones neopentecostales. Por eso pocas veces se escucharán sermones "escatológicos" en sus cultos, por más que tengan rótulos en sus edificios con el lema "Cristo viene otra vez". Un caso concreto se puede ver en la Comunidad Cristiana Agua Viva en el Perú. El expastor principal, Juan Capurro, escribió un libro sobre teología de la prosperidad *(Las cinco dimensiones de la prosperidad)* de 304 páginas en la que no existe una sola referencia —ni siquiera indirecta— a algún tema escatológico. Si el libro representa el pensamiento más elaborado de su autor, ¿por qué esa ausencia? La deducción es obvia: la escatología no le interesa para nada, pues no tiene ningún rol importante en su propuesta teológica. Si la escatología hacía de los pentecostales una "comunidad expectante"[65] que anhelaba la salvación plena a partir de la *Parusía*, para los neopentecostales no tiene ningún significado pues enfatizan la "salvación presente" o terrenal, que prescinde de lo escatológico.

La pneumatología

Nadie pondrá en tela de juicio que la pneumatología es la doctrina *más característica* de los pentecostales respecto a otras tradiciones teológicas[66]. La "pneumatología" es entendida como "la doctrina del Espíritu Santo", y entre los pentecostales ha cumplido, entre otras cosas, una función de *empoderamiento* a partir de "la experiencia del bautismo en el Espíritu Santo"[67]. ¿Tiene importancia el bautismo del Espíritu Santo en la práctica cultual de las agrupaciones neo-

64 "Protestantismo histórico y pentecostalismo en Brasil: aproximaciones o conflicto". En B. Gutiérrez (editor). *La fuerza del Espíritu*. Guatemala: CELEP-AIPRAL, 1995, pp. 119–121.

65 Luis Samandú. "El pentecostalismo en Nicaragua y sus raíces teológicas populares". *Pasos*, n.° 17, 1988, p. 4.

66 Hollenweger, *op. cit.*, pp. 311–341.

67 Petersen, *op. cit.*, p. 109.

pentecostales? Aquí nuevamente acudimos a nuestro trabajo de campo en la Comunidad Cristiana Agua Viva en Lima y al análisis de los sermones de Juan Capurro. Si nos basamos en sus cultos[68], tenemos que afirmar que el bautismo del Espíritu Santo es algo que se acepta comúnmente *aunque* tiene un lugar secundario. Capurro al final de *algunos cultos* dedicaba un *tiempo breve* para "bautizar con el Espíritu" a quienes así lo deseaban, y luego exigía a éstos que "hablaran en lenguas" como evidencia de dicho bautismo. Hasta allí parecería ubicarse como un pentecostal clásico, aunque realmente su énfasis es mucho menor.

Sin embargo, un análisis de su libro nos lleva a afirmar que para Capurro, el Espíritu Santo tiene diversas funciones, tales como: guía en la interpretación de las Escrituras (p. 3); *prospera en toda actividad empresarial* (p. 11); es una de las tres personas de la trinidad (p. 22); transforma el espíritu humano en la regeneración (p. 169). Lo novedoso de Capurro respecto al pentecostalismo clásico está en que el Espíritu Santo tiene una función decisiva en la prosperidad económica del creyente. Más adelante pondrá un ejemplo personal de esto:

> Recuerdo que el día que renunció el Gerente Administrativo de la compañía, estaba yo orando al Señor y Él me dijo que subiera y entrara en la oficina que había quedado libre. Así que sin ninguna invitación, *siguiendo sólo las instrucciones del Espíritu Santo,* me acomodé en esa oficina[69].

En *el único ejemplo* que utiliza Capurro en el libro de cómo el Espíritu Santo *le instruyó*, encontramos que lo llevó a ocupar la oficina vacía del gerente de la empresa en que él trabajaba. Por cierto, el testimonio es amplio y la historia finaliza cuando el dueño de la empresa nombra a Capurro como gerente de una nueva sección con un salario mayor. Se puede deducir de este ejemplo que el Espíritu instruye para prosperidad. Finalmente, Capurro cree que el Espíritu Santo es motivador para trabajar con esfuerzo, y que al final tendrá su fruto: "*El Espíritu de Dios no nos dejará estar ociosos, sino que*

---

68 Ocaña. Teología..., *op. cit.* (Apéndice n.º 5).

69 Capurro, *op. cit.*, p. 237.

nos alentará a esforzarnos. Y creo que en esta forma, todo lo que el cristiano se proponga y Dios lo apruebe, podrá lograrlo"[70].

La cristología

En la teología evangélica la cristología nunca se ha entendido como una "logía" más, sino que se ha constituido en el principio hermenéutico de todo el edificio teológico. Por eso la cristología es un asunto fundamental y no "negociable". Como dice Hans Küng, Jesucristo es "lo *permanentemente válido*, lo *obligante de continuo* y lo *en verdad irrenunciable* en el cristianismo"[71]. De allí nuestra observación a los predicadores neopentecostales respecto a su "cristología", ya que cuando presentan a Jesús lo limitan a guerrero espiritual, taumaturgo y hombre próspero, es decir, Jesús al servicio de la teología de la prosperidad. Veamos dos ejemplos:

> No hay un solo enfermo que viniera al Señor Jesús y Él le dijera: *"Quédate así, enfermo, para la gloria de Dios"* o *"Sigue pobre, porque esa es mi voluntad"*. ¡NO! Todo el que vino a Él enfermo y creyó en Su palabra fue sanado, y todo el que vino en necesidad recibió lo que le faltaba. [...] La religión se encargó de "vendernos" Cristos pobres. Hollywood se encargó de presentarnos en las pantallas del cine y la TV, a Cristos pobres, mugrientos con zapatos rotos y ropa vieja. Cristo no andaba con ropa vieja; andaba con una túnica rabínica que costaba mucho dinero[72].

Cristo es el Rey, no hay nadie como Él, es poderoso
Sobre Satanás Él tomó la autoridad, es poderoso
Ante su poder las tinieblas han de caer, es poderoso
Sobre el trono está coronado de majestad
Él nos prometió que pronto regresará[73].

---

70 *Ídem*, p. 292.

71 *El cristianismo: esencia e historia*. Madrid: Trotta, 1997, p. 41.

72 Jesús Lozano. "Dios se glorifica cuando Ud. prospera". *La Luz*, n.º 16, año 3, Lima, 1994, p. 7.

73 Autor e intérprete: Marcos Witt. Se trata de un autor clásico hoy superado por otros más novedosos y más radicales aún.

Estas citas evidencian la *presencia* de una cristología en espacios (el culto) y en *lenguajes* (la alabanza) los cuales no son tan académicos que digamos. Una síntesis de estas dos citas es que en la predicación y la alabanza neopentecostal el Cristo Rey que pronto vendrá es alguien que terrenalmente vivió vestido con ropas costosas, es decir, tuvo dinero. Aun así se trata de un Cristo deshistorizado, que tiene como enemigo (¿único?) a Satanás, a quien vence con su poder. El reino de Dios, como en otros cánticos, es también un reino deshistorizado. No es extraño que a un Cristo Rey deshistorizado le sigan súbditos también deshistorizados que luchan con enemigos deshistorizados.

A este Cristo —que se parece muy poco o casi nada al que nos muestran los evangelios— algunos pastores neopentecostales le han dedicado algunas páginas en sus escritos. El primero es Edward Murphy y su voluminoso *Manual de guerra espiritual*[74]; el segundo es Ulf Ekman y su breve *Economía liberada*[75]; el tercero es Juan Capurro y su difundido *Las cinco dimensiones de la prosperidad*[76]; y el cuarto es David Lozano y su *Quiero bendecirte para que seas grande*[77]. ¿Qué imágenes aparecen de Jesucristo en esos libros? Obviamente, no todos tienen la misma profundidad en argumentos, pero sí muestran diversas coincidencias o afinidades.

El primero, Edward Murphy, después de señalar que la cosmovisión occidental-racionalista tiene limitaciones para descubrir al Cristo de la Biblia, propone lo siguiente:

> Hoy en día Dios parece estar despertando otra vez a su iglesia a la clara realidad de que estamos en guerra. En guerra contra el mal. Y ese mal es personal, no impreciso; sobrenatural, el reino de Satanás. Jesús, el *Cordero (el Salvador manso y sacrificado) y León (el guerrero poderoso),* nos llama a salir de nuestra complacencia para convertirnos en soldados de la cruz. Ceñidos de toda la armadura de Dios

74 Miami: Caribe (Betania), 1994, 688 pp.

75 Barcelona: CLIE, 1993, 125 pp.

76 Lima: Agua Viva, 1994, 305 pp.

77 Lima: La Luz, 1997, 138 pp.

> debemos vencer al maligno, desafiar a los principados y potestades que mantienen cautivos a individuos y naciones con la autoridad que tenemos en Cristo mediante la *declaración* y la *confesión*[78].
>
> El *tema básico* en la guerra espiritual es el de la *autoridad.* Tal vez por esta razón nuestro Señor [Jesucristo] la declaró de manera absoluta en los cielos y en la tierra, así como en su continua presencia con sus discípulos, antes de enviarlos a la evangelización mundial (Mateo 28.18-20). Una paráfrasis de lo dicho por el Señor en Mateo 28.18 podría ser: "Hay poderes, tanto en el cielo como en la tierra, que os opondrán cuando tratéis de llevar adelante mi misión redentora. ¡Tened ánimo! Se me ha dado autoridad absoluta y total sobre los seres cósmicos que están en los cielos, y sus agentes humanos que os resistirán en la tierra. Ninguna autoridad es mayor que la mía: Yo soy el Señor del cielo y de la tierra. Por tanto, podéis ir y ser capaces de hacer discípulos de todos los grupos sociales de entre las naciones de la tierra"[79].

Aunque se puede discutir la lectura que hace Murphy de Apocalipsis y de su paráfrasis de Mateo, llama mucho la atención que *su propuesta cristológica está en función de la misión evangelizadora.* Por supuesto que se trata de misión en clave de guerra espiritual. El Cristo de Murphy es tan sobrenatural que su enemigo (Satanás) también se mueve en el plano sobrenatural (¿metafísico?). El Cristo guerrero llama a su pueblo a guerrear con la autoridad que Él les da. La declaración (¿confesión positiva?) y la intercesión juegan un papel muy importante en la guerra espiritual[80].

El segundo, Ulf Ekman, parece darle poca importancia a Jesucristo en su libro. Éste aparece en dos capítulos breves de un total de doce. El capítulo 6 ("Jesús es nuestro ejemplo y sustituto") lleva al lector a

78 *Op. cit.*, p. vii. Las cursivas son mías.

79 *Ídem*, p. 64. Las cursivas son mías.

80 A lo largo de todo el libro, Murphy presenta a un Jesucristo deshistorizado, tanto que no le encuentra otro enemigo que los demonios. No existe ninguna referencia a los "enemigos terrenales", que realmente los tuvo (fariseos, escribas, herodianos, otros).

involucrarse en la vida de Jesús. Por lo mismo, dice Ekman, el lector debe saber cómo era Jesús:

> Jesús tenía necesidad de descanso, sueño, comida y cosas materiales, para poder realizar su trabajo; estas necesidades las llenaban personas que había a su alrededor. Jesús tenía un tesorero, lo cual significa que tenía dinero.
>
> No es muy útil tener un tesorero si se carece de dinero, tenía tanto que necesitaba a alguien para contar y mantener el orden del dinero. Esta persona no hacía las funciones de tesorero porque Jesús fuese demasiado "santo" como para asociarse con el dinero, sino porque tenía tal cantidad que hacía falta alguien dedicado a esa labor. Esta imagen de Jesús es más real.
>
> Él tenía las ropas que necesitaba para el clima en el cual vivía. Si se mira la túnica, aquella que los soldados echaron a suertes, vemos que era algo muy valioso. La echaron a suertes para no partirla en cuatro trozos pues estaba realizada de una sola pieza, no estaba echa a base de parches, pues era un manto de gran calidad[81].

El argumento de Ekman es de sobra conocido. Ya lo han dicho otros antes que él: Jesús era adinerado; por lo mismo, no debe sorprender que la ropa que usaba fuera de buena calidad; es decir, usaba ropa cara. La imitación a Cristo es obvia: los cristianos también deben tener dinero y vestir ropas de buena calidad. En otro pasaje, Ekman, luego de citar 2 Corintios 8.9, concluye lo siguiente:

> El fue colgado desnudo en la cruz. Él fue totalmente despojado, no le quedaba nada; había dejado todo en todos los sentidos. Lo entregó todo, espíritu, alma y cuerpo —todo. Lo poco que le quedaba de ropa se lo quitaron; fue hecho realmente pobre en todos los sentidos, espiritualmente, en su alma, físicamente, y materialmente. Él se hizo pobre, dice Pablo, para que vosotros por su pobreza fueseis enriquecidos[82].

---

81 *Op. cit.*, p. 75.
82 *Ídem*, p. 76.

Nuevamente, es conocida la forma como Ekman lee la Biblia. Cristo en la cruz se llevó la maldición de la pobreza. Se hizo pobre para que los cristianos seamos ricos. ¿Qué significa "ser rico"? Tener dinero, vestir bien, gozar de la vida. ¡Son los criterios de la cultura dominada por el libre mercado! El Cristo de Ekman, pues, es alguien que vivió en la tierra en abundancia aunque murió en pobreza. Pero murió de esa manera para lograr la riqueza de todos los cristianos. En esta misma línea existen otros expositores en América Latina. En Costa Rica, el empresario y pastor Yamil Jiménez sostiene ideas parecidas:

> Puedes preguntarte si es legítimo utilizar parte de esa riqueza para adquirir cosas caras, ropa de calidad, una excelente casa o un automóvil último modelo. La respuesta es que sí. [...] Vuelve a leer acerca de la túnica de Jesús. No era de calidad corriente. No era cualquier pedazo de trapo. Los soldados romanos no se atrevieron a romperla de tan valiosa que era. Jesús no sólo permitió que lo ungieran con un perfume carísimo (el precio equivalía al salario de un año de trabajo), sino que alabó a la mujer que lo hizo y dijo que su ofrenda debía ser recordada "donde quiera que se predique este Evangelio" (Marcos 14.3-9). [...] De hecho, el primer milagro que hizo el Señor Jesús no fue una sanidad, ni alimentar a algún hambriento, sino que fue un milagro para producir un artículo de lujo: el vino[83].

No existe en Ekman, como tampoco en Jiménez, un esfuerzo por presentar sistemáticamente a Jesucristo, sino sólo se preocupa de poner algunos pocos ejemplos de cómo vivió, qué hizo y cuáles son los beneficios materiales de su obra. Jesucristo vivió, en esta perspectiva, como un rico. Los cristianos, en consecuencia, deben vivir como su maestro: en riqueza material.

El tercero, Juan Capurro, en su libro articula tanto las teorías de la guerra espiritual como de la teología de la prosperidad. Si bien en casi todo el libro aparecen referencias a Jesucristo, en el capítulo 4 ("La prosperidad del espíritu") le dedica mayor atención. Usando

83 *Dios quiere prosperarte*. San José: Varitec, 1997, pp. 91-92.

argumentos muy parecidos, casi copiados literalmente, a los del "maestro de la fe" estadounidense Kenneth Hagin, sostiene lo siguiente acerca de Jesucristo:

> Con su sacrificio, que terminó con su muerte en la cruz del calvario, Él destruyó las raíces de la muerte espiritual, de la pobreza, de la enfermedad, de la angustia, de la depresión, del temor, etc.; y algo sin raíces o con la raíz muerta no podrá mantenerse. [...] Vemos a Jesús, a través de su martirio, vencer las maldiciones que nos traen pobreza en sí, la maldición al fruto del trabajo y la maldición a la fuente de trabajo. [...] Como Él (Jesús) sabía que la ley nos maldecía y que por causa de la maldición éramos pobres, Él mismo llevó la maldición sobre sí, haciéndose voluntariamente pobre para tomar así nuestra pobreza (2Co 8.9). [...] JESUS SE HIZO VOLUNTARIAMENTE POBRE, PARA QUITAR DE NOSOTROS EL DOLOR Y LAS CONSECUENCIAS DE LA POBREZA Y DARNOS A CAMBIO SUS RIQUEZAS[84].

Capurro parece decir que "en Cristo" los creyentes ya no pueden —o no deben— vivir más en pobreza o angustias, pues en la cruz Jesucristo destruyó esas maldiciones. Más adelante, dirá que "no importa cuál sea la causa de una enfermedad, Jesús tiene el *poder* para sanarte. *Él puede y quiere*"[85]. Nuevamente encontramos el Cristo con poder o autoridad, como en Murphy, sólo que esta vez es para prosperar o sanar.

El cuarto, David Lozano, ha publicado un libro que es fundamentalmente su *testimonio* de cómo Dios lo hizo rico, por ser él (Lozano) tan bueno, tan humilde, tan sabio y tan obediente a Dios. Y aunque en el libro no existe un solo párrafo que analice algún texto bíblico, hay un breve capítulo ("Mírate en el espejo del éxito") que es una conclusión teológica —basada en su propia experiencia— pero referida a Jesucristo. Cito ampliamente:

> Mirar a Cristo y ver el éxito, la grandeza. En Él no hay fracaso, derrota, mediocridad, pérdidas. Cristo refleja el éxito, es el espejo, el

84 *Op. cit.*, pp. 67–68, 70.
85 *Ídem*, p. 97. Las cursivas son mías.

modelo en que debes mirarte. A Cristo no le gusta perder, no perdió; párate frente a este espejo, todos los días y mírate a través de Cristo: su imagen, su vida, sus obras, sus virtudes, sus éxitos, su grandeza,... y *debes imitarlo* procurando que Él se refleje en tu vida.

Cristo vio a la gente enferma y la sanó; incluso a los muertos resucitó; cuando no había pan, oraba y el pan se multiplicaba y sobraba. Si había tormenta la reprendía y se calmaba. Si no había peces en el mar, en su palabra echaban las redes y la pesca era abundante.
A Jesús no le agradó ver derrotistas, incrédulos, negativos, pesimistas que digan: "¡Señor: no se puede!" [...] Jesús aprovechó bien el tiempo, usó bien sus energías, fue un buen mayordomo de sí mismo y de su ministerio [...] Cristo fue un hombre de riesgo. *Lo arriesgó todo:* Su trono de gloria y su privilegio de ser Dios [...]. El poder, la gloria, el honor, las riquezas, la fama de todo el universo están a los pies de Cristo.

Por eso, mirar a Cristo es mirar logros, éxitos, grandezas, milagros, proezas, victorias, Bendiciones, gloria, amor...[86]

La impresión que uno tiene es que el texto "cristológico" parece una versión de la vida de Jesucristo en clave de "la eficiencia y la calidad total" del mexicano Miguel Ángel Cornejo. Los conceptos de éxito, riesgo, grandeza, fama y riqueza están tomados de la valoración actual conforme a los criterios de la economía del libre mercado. Este texto de Lozano crea un nuevo Cristo al que seguir: el Cristo del libre mercado. Concluyendo esta parte, parece que el neopentecostalismo ha forjado una nueva cristología acorde con el actual proceso de globalización de la cultura y de la economía. Es cierto que no existe una cristología sistematizada, sólo "rostros de Jesucristo", aun así existe suficiente material, y argumento, para concluir que este nuevo Jesucristo —guerrero espiritual y generador de riqueza material— se está constituyendo en un nuevo dogma teológico.

86 *Op. cit.*, pp. 119–120. Las cursivas son mías.

Resumen

En este capítulo hemos visto cómo la hermenéutica simbólica de la teología de la prosperidad tiene una serie de limitaciones desde la perspectiva de las ciencias bíblicas. Eso no quita, por cierto, que sea utilizada para sostener la prosperidad, la guerra espiritual y la confesión creativa. El uso que la teología de la prosperidad hace de la Biblia es muy selectivo, además de que es muy débil en sus argumentaciones. También vimos que los temas del *pacto de Dios* y de *la ley de la siembra y la cosecha* son necesarios en la lógica de la teología de la prosperidad, aunque son débilmente tratados, sin suficientes argumentos bíblicos y más bien argumentados con experiencias personales. Sin embargo, convierte al pacto de Dios y a la ley de la siembra y la cosecha en principios teológicos que se transforman rápidamente en leyes que cumplir. De esa manera, *el argumento bíblico de la teología de la prosperidad se torna en ley de la prosperidad.* Finalmente, respecto a la escatología, la pneumatología y la cristología, tenemos que decir que son doctrinas fundamentales del pentecostalismo clásico, pero que en el neopentecostalismo han pasado a un segundo lugar o han sido transformados de tal manera que ningún pentecostal se sentiría identificado con esas novedades teológicas.

Capítulo 4

Desafíos a la fe y práctica de las iglesias evangélicas hoy

En la perspectiva de David Stoll es posible que en este nuevo siglo América Latina deje de ser mayoritariamente católico y llegue a ser "protestante". Además, algunos misiólogos e historiadores sostienen que las iglesias evangélicas están sufriendo transformaciones radicales, y que al paso que va, muy pronto será totalmente otra. Pablo Deiros ha escrito un libro[1] en el que da cuenta de ese nuevo "protestantismo" que está emergiendo, y que —según su análisis y pronóstico— por estar más cerca del espíritu bíblico perdurará por mucho tiempo. Las características de este "protestantismo" se pueden resumir en que será posdenominacional y carismático.

Una organización neopentecostal en el Perú, la Fraternidad Internacional de Pastores Cristianos, organizó recientemente su "x Conferencia" (2001). Ahí se sostuvo que "el Espíritu Santo está *restaurando muchas cosas en su Iglesia* en estos tiempos difíciles en los cuales nos ha tocado vivir, y por ello damos gracias a Dios. Son realmente *tiempos emocionantes*". Justamente esta anunciada *restauración* —real o ficticia— es la que nos convoca a pensar seriamente sobre a qué nos está desafiando el neopentecostalismo, particularmente a partir de su teología de la prosperidad. En mi opinión, existen muchos hermanos evangélicos confundidos sobre

1 *Protestantismo en América Latina*. Nashville: Caribe, 1997.

este tema, incluyendo pastores y dirigentes de denominaciones. Ésa es la razón por la que creemos importante clarificar puntos relacionados con la liturgia, la misión de la iglesia y la eclesiología.

Liturgias neopentecostales: ¿imitarlas o aprender de ellas?

En la entrada a un local de la Iglesia Universal del Reino de Dios, en São Paulo, hay un gran letrero que dice "Aquí un milagro espera por usted. Un buen espectáculo". Aunque para ser honesto con lo real, debo decir que no sólo he visto ese tipo de anuncios en esa ciudad, sino también en muchas otras de varios países de América Latina. En San José de Costa Rica observo una gran caravana de gente disfrazada de payasos, con bombos y banderolas, y un grupo musical que toca música rock. También muchachos con ropa ligera o pantalones muy ceñidos que reparten folletos "evangelizando" a los asombrados curiosos. En Ponce, Puerto Rico, la Iglesia Fuente de Agua Viva anuncia en el periódico sus cultos como "celebraciones" y acompaña la foto de una agraciada señorita de tez blanca. En Lima, en una Marcha por Jesús, aparecen unos jóvenes con las caras pintadas en las que se lee "JESÚS".

¿Qué está pasando en toda América Latina? Si a esto le añadimos las nuevas alabanzas con contenidos novedosos y ritmos atrayentes para la juventud, entonces debemos decir que no es ninguna novedad que hayan cambiado muchas cosas en lo que se refiere a alabanzas y expresiones cultuales. ¿Qué es eso de presentar el culto a Dios como "un buen espectáculo"? ¿Qué es eso de predicar con música rock, payasos y chicas con ropas ligeras? ¿Qué es eso de anunciar los cultos como "celebraciones" con una chica bonita al costado? ¿Se están anunciando cultos al Señor o se trata de comerciales de alguna crema para embellecer el cutis? ¿Qué necesidad hay de pintarse las caras a semejanza de las barras bravas?

En unas conferencias dirigidas a jóvenes sobre neopentecostalismo, he constatado, una vez más, que algunos hermanos tienen el siguiente razonamiento: ¿Por qué se critica a los neopentecostales si tenemos mucho que aprender de ellos? Luego de explicar que de todos los grupos se puede aprender algo, les he preguntado: "¿Y qué podemos aprender?". La respuesta no se hizo esperar: "Sus cultos, pues ellos tienen libertad para adorar, y buena organización para la alabanza, saben exteriorizar su alegría, y hay una participación colectiva".

A mí no me cabe la menor duda de que el máximo atractivo de las agrupaciones neopentecostales es su liturgia "viva", con música alegre, gritos, caídas, llantos, risas, marchas de banderas y danzas. Es obvio que esto llame inmediatamente la atención de muchos jóvenes y algunos adultos aburridos de liturgias "secas", donde apenas se permiten palmadas, guitarras y panderetas, no sin cierto enojo de los hermanos mayores. Que urgen reformas litúrgicas en nuestras iglesias tampoco cabe duda alguna. La pregunta, sin embargo, es: ¿vamos a aprender algo de los neopentecostales, o los imitaremos en todo lo que hacen? Creo que el apóstol pablo nos recomendaría "Examínenlo todo, retengan lo bueno" (1Ts 5.21), Hagámosle caso.

Problemas en torno a la liturgia

Es claro que el concepto bíblico de liturgia como "trabajo del pueblo que busca el bien común" ha sufrido diversas mutaciones a lo largo de la historia eclesial. La institucionalización de la Reforma Protestante —que se inició en el siglo XVI como movimiento de renovación— la redujo, en términos generales, a la "adoración del pueblo de Dios en el culto". Si bien es cierto que esta última también es una acepción bíblica, creo que ambas nos presentan las dos caras de la misma moneda. Las dos se necesitan en el cumplimiento de la misión a la que Dios nos ha llamado[2].

Refiriéndonos fundamentalmente a la adoración del pueblo de Dios en el culto, me parece que siempre ha existido una tensión entre las formas y el contenido. Los protestantes, por regla general, hemos

---

2 Sobre el tema de la liturgia recomiendo los siguientes libros: William Maxwell. *El culto cristiano*. Buenos Aires: Methopress, 1963; Jean-Jacques Von Allmen. *El culto cristiano*. Salamanca: Sígueme, 1968; Larry Hurtado. *At the Origins of Christian Worship*. Grand Rapids: William B. Eerdmans Publishing Co., 1999; y Martin Stringer. *A Sociological History of Christian Worship*. Cambridge - New York: Cambridge University Press, 2005.

optado por cuidar el contenido bíblico de nuestras alabanzas (como una concreción de "guardar la sana doctrina") y por el orden cultual, sacrificando muchas veces el carácter festivo de la adoración a Dios. Esta tensión, en parte, tiene raíces teológicas. Está claro que mucho de la teología protestante ha tenido una imagen limitada de Dios. La predicación popular nos ha presentado muchas veces a un Dios serio y que casi siempre aborrece la alegría colectiva en la adoración. Un filósofo alemán del siglo XIX, apologeta de lo lúdico, Friedrich Nietzsche, decía en *Así hablaba Zaratustra:* "Solamente sería capaz de creer en un dios que pudiera bailar". Creo que la crítica, además de obvia, tiene una reserva de sentido para nosotros.

No es difícil imaginar que a un Dios serio le haya correspondido una adoración también seria. Esta realidad fue percibida muy pronto sobre todo por los jóvenes. No es de extrañar, por tanto, que generalmente hayan sido los promotores de cultos más alegres y movidos, copiando muchas veces los cánticos de los hermanos pentecostales y generando polémicas, e incluso sanciones, al interior de sus iglesias. Sin embargo, lo que vemos últimamente es algo totalmente distinto. Nuevas agrupaciones religiosas neopentecostales han invadido las ciudades y el campo a partir de la década de 1980, imponiendo un tipo de liturgia o adoración. Esta vez no lo promueven sólo los jóvenes, sino que forma parte de las instituciones o ministerios neopentecostales.

Además, dicha liturgia es el medio más privilegiado para difundir sus doctrinas de guerra espiritual y teología de la prosperidad; no olvidemos que los más influyentes "teólogos" neopentecostales no son sus profetas ni sus apóstoles, sino los compositores e intérpretes de las "alabanzas restauradas". Es necesario mencionar que también es evidente que los contenidos de esas alabanzas demuestran una ruptura doctrinal con lo que se cree y predica en las iglesias evangélicas.

Los neopentecostales latinoamericanos, sabiéndolo o no, siguen a Nietzsche: creen en Dios en tanto baile. Del Dios serio, saltaron abruptamente al Dios que ríe y se alegra con todos los que bailan como él. Este es un Dios que exige una sola manera de adorar, con los instrumentos musicales de la cultura dominante y en expansión (batería, sintetizador, guitarra eléctrica). El uso de estos instrumentos poco tradicionales ha permitido que se "modernice" la liturgia con nuevos ritmos y géneros musicales (rock, merengue, vallenato, salsa y otros). Queda claro que de la música rock en la iglesia, a las danzas, paseos de bandera, trencitos, meneítos, bailes del perrito y otros, apenas hay un paso. Se trata, sin duda, de *shows* de auditorio, que llaman la atención fundamentalmente a los jóvenes y no tanto a los adultos, quienes prefieren no participar (esto se comprueba fácilmente visitando estas agrupaciones).

¿Renovación litúrgica?

Uno de los mayores problemas pastorales que encontramos en las agrupaciones neopentecostales es que *pretenden renovarlo todo.* La renovación que trae el Espíritu Santo en esta "tercera ola", dicen, tienen que ser total. Lo "tradicional" es caduco, lo nuevo es lo vigente. Por eso están cambiando drásticamente algunas denominaciones desde sus estatutos y reglamentos, pasando por los modelos de liderazgo, hasta la forma y el tiempo en la predicación de la Palabra de Dios. Como me dijo una vez un director de culto de una de estas agrupaciones: "Hermano, predique como máximo quince minutos, aquí la gente no aguanta más". Los neopentecostales, al parecer, pretenden una liturgia con poca Palabra de Dios pero sí con mucha música.

Además, como toda agrupación mesiánica, se creen los salvadores del mundo y los renovadores de todo aquello que consideran corrompido. Dicen que los cristianos "tradicionales" no sabemos adorar a Dios, que hemos resistido al Espíritu Santo, que somos conformistas, etcétera. Ese juicio —y prejuicio en muchos casos— los ha llevado a una actitud poco dialogante, cuando no arrogante, con las denominaciones evangélicas. El neopentecostalismo no encuentra nada positivo en las liturgias "tradicionales", por eso imponen la suya, cambiando las formas (externas) de adoración, así como su contenido.

Globalización de la liturgia

En este espacio queremos reclamar un poco más de sensatez a los "renovadores" de la liturgia. Cansados de liturgias que les parecen aburridas, muchas veces han hecho tantos cambios que han atropellado a la organización, a la teología y a los hermanos que no concuerdan con ellos. Así, casi ya no existe diferencia entre un culto reformado, bautista o metodista, de uno neopentecostal. Sólo los ingenuos o desinformados pueden creer que se trata de un avivamiento del Espíritu Santo que está tocando a todas las denominaciones hoy. No, lo que estamos viendo es una globalización de la liturgia, que es parte, a su vez, de la globalización de un tipo de cultura y religión que atropella a todas las denominaciones en nombre de un supuesto avivamiento del Espíritu.

¿Es mala la globalización de la liturgia? Por supuesto. Significa el atropello del pueblo de Dios que quiere alabar libremente en su propia expresión cultural (lengua y formas rítmicas), y en consecuencia significa uniformización (que no es lo mismo que unidad) en la adoración. Significa también la imposición de ciertos esquemas litúrgicos rígidos, pero con nuevos contenidos doctrinales. Significa, finalmente, la imposición de nuevos "actores" o "sujetos" que dirigen a las multitudes: sujetos que pronto se tornan ídolos, imprescindibles en el culto restaurado. Allí están, siempre en cartelera, solistas y grupos que casi no se diferencian de Enrique Iglesias, Ricky Martin o Shakira.

"Siento, luego existo"

Por otro lado, también encontramos a jóvenes y adultos que vieron en sus iglesias, con liturgias poco participativas, una excusa para irse a agrupaciones neopentecostales y encontrar allí algún tipo de experiencia que "los haga sentir bien". Como hoy vivimos en una cultura que exacerba los sentimientos en detrimento de la razón, no sorprende que algunos creyentes inmaduros busquen esas agrupaciones neopentecostales que dicen satisfacer plenamente todo tipo de necesidades emocionales y lúdicas, sean estas reales o ficticias. El influyente escritor checo Milan Kundera sostiene, en su ensayo *La inmortalidad,* que lo que realmente cuenta es el sentimiento y no tanto la razón. Dice: "Siento, luego existo, es una verdad que posee una validez mucho más general (que el Pienso, luego existo) y se refiere a todo lo vivo".

Ese criterio de validez es el que predomina hoy en muchos creyentes. Si querían encontrar danzas y gritos, los encontrarán, sin duda. Y si quieren encontrar otras cosas más en el culto, digamos rugidos, caídas y vómitos santos, también los encontrarán, pues existen agrupaciones para todos los gustos. Sin embargo, queda esta pregunta: ¿Haremos caso al consejo de Pablo cuando dice que en el culto todo hay que hacerlo decentemente y con orden? (1Co 14.40). Ése es un texto que está en la Biblia y definitivamente no lo podemos esquivar.

¿Construyendo nuevas propuestas litúrgicas?

El apóstol Pablo dijo *Cantaré con el espíritu, pero cantaré también con el entendimiento* (1Co 14.15). Y lo dijo nada menos a una iglesia, Corinto, cuyo culto era un desorden debido a las manifestaciones carismáticas incontroladas. Ése es nuestro punto de partida: espíritu y entendimiento. No puede existir uno sin el otro; ambos se necesitan. Si en las iglesias más tradicionales se privilegió el entendimiento, los neopentecostales se han ido al otro extremo: puro espíritu, pura emoción, pura catarsis. Esto no puede seguir así. Se tienen que buscar los caminos que hagan que la adoración sea a Dios, y a nadie más. Que sea festiva y alegre, en tanto sea una expresión genuina de la comunidad que adora a Dios[3]. Y que sea portadora de la vivencia y las esperanzas de la iglesia en el transcurrir de la semana, que no siempre son sanidad y prosperidad.

No existen pasos predeterminados para construir una nueva liturgia alternativa a la neopentecostal. Cada iglesia es una experiencia particular, una vida comunitaria única. Por lo mismo, no se puede hablar de renovación en términos generales y abstractos. La renovación litúrgica será consecuencia del acuerdo de la iglesia local y al ritmo que ésta crea conveniente. De ninguna manera será producto del interés particular de algún dirigente o pastor que pasa horas visitando agrupaciones neopentecostales, porque son "más espirituales" y "saben alabar al Señor". Esto es lo que trae confusión y división en la iglesia. Y de esto existen múltiples ejemplos en toda América Latina.

---

3 Muy importante el trabajo de Rubén Tito Paredes. *Con permiso para danzar*. Buenos Aires: Kairós, 2006.

Prevenir dogmatismos

Sin embargo, creo que una propuesta litúrgica debe tener dos momentos. El primero de ellos es la autocrítica. Está bien claro que nuestras liturgias "tradicionales" tienen que renovarse, si quieren ser una expresión válida para nuestro contexto actual. Por lo mismo, debe haber algún tipo de reforma cúltica, en forma y contenido. En consecuencia tenemos que implementar nuevos instrumentos musicales (como exige el Salmo 150) que hagan del culto una fiesta a Dios, quien es el soberano de la creación. Junto con esto deben cuidarse mucho los contenidos. No se puede dar cabida a la guerra espiritual y la teología de la prosperidad. Esas canciones distraen y engañan al pueblo de Dios.

El segundo momento tiene que ver con lo que se conoce como voluntad de cambio, y esto corresponde fundamentalmente a los dirigentes de las diversas denominaciones. Nada se gana criticando a los miembros que se van a las agrupaciones neopentecostales. No solamente hay que preguntarse por qué se van, sino qué podemos hacer para que se sientan a gusto en nuestras comunidades y alaben al Dios de la vida sin caer en extremos que condena la Escritura.

El que la liturgia se renueve depende finalmente de los que dirigen la iglesia, de nadie más. Ellos tienen el control, y tal vez los recursos. Entonces, manos a la obra. La voluntad de cambio debe ser, por lo mismo, producto del profundo amor que sienten los gobernantes de la iglesia por sus hermanos, muchas veces desorientados y seducidos por la liturgia globalizante. Pero la voluntad de cambio tiene que ser, sobre todo, motivada por el profundo amor a Dios y a nuestra historia. Los reformadores enseñaron que "la iglesia reformada debe reformarse siempre", y esto como manera de prevenir dogmatismos e institucionalismos que impidan la adoración a Dios y el servicio al mundo. Seamos fieles a Dios y a nuestra herencia reformada.

Neopentecostalismo y misión de la iglesia

Hasta donde sabemos, las iglesias evangélicas confiesan que su misión es la de continuar la misión de nuestro Señor Jesucristo: la extensión del reino de Dios (Mr 1.14–15). Para cumplir su tarea, las iglesias desarrollan diversos programas que tienen que ver con la evangelización y el discipulado, con el servicio y la comunión cristiana. Todo ello en un marco de adoración a Dios y de estudio de la Escritura. Si bien el evangelio es el mismo ayer, hoy y por los siglos, sin embargo sus mensajeros y destinatarios viven en una cultura en constante mutación. De allí que el diálogo entre evangelio y cultura sea necesario discutirlo permanentemente. ¿Cómo es nuestra cultura en el actual proceso de globalización de la economía? ¿Cómo debe ser la práctica de la iglesia en ese contexto? ¿Será necesaria todavía una teología de la misión? El presente escrito intenta responder a estas preguntas[4].

Reencantamiento del mundo y la misión de la iglesia

En el actual proceso cultural —irreversible, dirían algunos futurólogos— en que nos encontramos los países de esta parte del hemisferio, se presentan algunas novedades que han cautivado a las masas. En lo que respecta al campo religioso, este nuevo milenio parece comprobar cierta decadencia de la religión concebida como un sistema de creencias dogmáticas y normativas, así como la necesidad de reencantar el mundo (Max Weber).

De esta manera, en sintonía con un mundo fragmentado, se presenta no la pluralidad religiosa, sino la anarquía de experiencias religiosas, cada una de ellas válidas y legítimas, según sus teóricos y divulgadores. Si el sujeto es un subsujeto, claro está, no podía esperarse menos. La decadencia de los dogmas y el mundo reencantado son dos caras de la misma moneda, y en medio de ello se encuentra la presencia del sujeto (posmoderno) que apuesta por el individualismo y la terapia religiosa. Si algunos soñaban con el imperialismo de la modernidad y sus diversas experiencias religiosas —a su vez con sus respectivas formulaciones teológicas— se equivocaron, pues reaparecieron las actitudes supletorias con funciones catárticas, para

---

4 Recomiendo la lectura de todos los ensayos que contiene el valioso libro: Alberto Roldán y otros (editores). *La iglesia latinoamericana: su vida y su misión*. Buenos Aires: Certeza Argentina, 2011.

así dar escape —como dice Luis Maldonado— a la tensión originada por la conjunción explosiva del deseo y la impotencia.

Esas actitudes pretendidamente "apolíticas" siguen al ocaso o reestructuración de ciertas ideologías. Son, al parecer, parte del despertar de esa dimensión religiosa en respuesta a una situación de incertidumbre y vacío, así como la búsqueda de sentido a las cuestiones más fundamentales de la vida. En consecuencia, vino de pronto —por decir algo— una invasión de ángeles de todos los tamaños y colores con funciones hasta ahora no sabidas. Por ejemplo, están aquellos que ayudan a curar dolores físicos, así como a dejar el cigarrillo y el alcohol. Incluso, es posible usar la energía de los ángeles para curarse de todo mal. Y si nos dejamos guiar por los informes de venta en las librerías cristianas o no, tenemos que decir que los ángeles se han convertido en tema de los *best-seller*.

Por otro lado, si en el continente americano en los años 80 se hablaba de la "iglesia electrónica", ahora hay que referirse necesariamente a la "iglesia digital". Han comenzado a aparecer algunos templos "virtuales" que intentan reemplazar a los templos físicos (los edificios públicos). Por ejemplo, The Virtual Church anuncia una experiencia religiosa sin paredes. Son experiencias que prometen sanidad y prosperidad sin límites.

Finalmente, para cerrar esta idea, junto a estas expresiones religiosas se encuentra el movimiento gnóstico. En un folleto difundido en toda América Latina *(Descubre la fuerza interior y lleva el éxito en tu vida)* sostiene que la sabiduría gnóstica devela los misterios del origen de la vida, la "ley del destino", las dimensiones "superiores", el desdoblamiento astral y mental, los cuerpos internos del hombre, la ciencia de la relajación, etc. Tan seductores son estos movimientos que incluso intelectuales de reconocida talla caen en sus garras. Isabel Allende, sin ningún temor a hacer el ridículo intelectual, llega a afirmar:

> Creo que existe el espíritu, el que trasciende y es inmortal. No creo en los dioses de las religiones tradicionales y monoteístas, porque son todos muy patriarcales y excluyentes. Creo en un dios incluyente y, en todo caso, con características más femeninas, comprensivo

> y protector. *Y creo que cuando muera mi espíritu será parte de una gran océano de espiritualidad. El pensar que todos somos partículas de ese mismo Espíritu me facilita identificarme con personas de cualquier raza. Todos estamos hechos del mismo material espiritual, que también está en los árboles y las piedras.* (El Comercio, Lima, 23-02-1999)

Estas actitudes, producto de las nuevas cosmovisiones en boga, han creado *una nueva sensibilidad religiosa.* La liberación o salvación que prometen tocan aspectos muy concretos de la existencia. Se trata de una liberación para vivir bien el presente, de modo pragmático. Como dice José Mardones, la religión deviene fuente de bienes materiales, con los consiguientes riesgos de manipulación y de magicismo. El centramiento en el yo, el narcisismo y hedonismo religioso, en lugar de ser corregido es fomentado. Es una religión para la satisfacción de las necesidades del usuario.

Si éste es *el contexto en el que nos toca hacer misión*, entonces ya no podemos repetir nuestros anteriores modelos o métodos de evangelización. Si bien es cierto que el evangelio es poder de Dios para salvación de todos los seres humanos (Ro 1.17), tenemos que reconocer que existen otros "evangelios", tal vez más atractivos y sugestivos que el nuestro. "Evangelios" apolíticos que fomentan el hedonismo, "evangelios" prepolíticos que ayudan a la sobrevivencia personal, y "evangelios" metapolíticos que llegan a tocar temas tan diversos como la ecología y la equidad de género, por poner dos ejemplos.

Desafíos desde la propuesta misiológica neopentecostal

Es bastante claro que la misión de la iglesia consiste en mucho más que *proclamar* el evangelio. Este asunto realmente no merece mucha discusión, ya que lo obvio no necesita discernimiento. Y aunque en las últimas décadas algunas iglesias evangélicas han tomado conciencia de que su misión es *integral* —y no solamente "espiritual"— ésta no siempre ha sido vista con buenos ojos por los líderes eclesiales. En la última década y media, éstas corrieron tras las novedosas propuestas de misión que traían misiólogos de Norteamérica o de Corea del Sur. De pasada, también aceptaron su teología (de guerra espiritual y prosperidad) y su liturgia "restaurada". Las propuestas neopentecostales de misión no se hicieron esperar.

Ahora, hay algo de lo que debemos darnos cuenta, y es que el nuevo milenio y su mundo reencantado no son ningún obstáculo para llevar a cabo la misión. Al menos *así lo han entendido los neopentecostales,* quienes tienen propuestas claras que se acomodan muy bien —y al parecer de manera efectiva— a las nuevas sensibilidades religiosas antes descritas. El sociólogo Óscar Amat y León sostiene, en un trabajo inédito, que el neopentecostalismo:

1. Ha forjado un concepto de misión que satisface a sectores tan heterogéneos de las iglesias, como son las iglesias pentecostales y las congregaciones bautistas, por poner un ejemplo.
2. Ha superado esa vieja discusión acerca de si la misión es integral o no. Más bien su propuesta apunta al crecimiento numérico como una comprobación del poder sobrenatural de Dios actuando en medio de ellos. Lo holístico está subordinado a las fuerzas espirituales.
3. Ha mostrado una gran efectividad en utilizar diversos medios o métodos en el cumplimiento de la misión, como son la guerra espiritual y la restauración de las alabanzas, por ejemplo.
4. Ha logrado trasladar todos los problemas cotidianos al campo de lo sobrenatural. De allí que el discurso de la prosperidad material y la sanidad tengan un lugar privilegiado en la articulación de su propuesta.
5. Ha logrado dar a la evangelización un nuevo rostro y lenguaje: el rostro de la calidad total y el poder espiritual, ambos atractivos en tanto prometen salud y dinero a los que entregan sus vidas al Señor.
6. Ha ofrecido una evangelización pneumática. Todo cuanto hace dice estar bajo la guía sobrenatural del Espíritu Santo. Por eso, no deben sorprender los milagros y las manifestaciones poderosas de los dones espirituales.
7. Finalmente, ha articulado una propuesta evangelizadora olvidando temas sustanciales a la perspectiva misionera, tales como el reino de Dios, la centralidad de la Escritura en la predicación y el discipulado sacrificial de todos los cristianos.

En estas propuestas misiológicas neopentecostales ciertos líderes eclesiales parece que encontraron lo que por mucho tiempo anhelaron: efectividad. Cansados de ser minoría religiosa confiaron en la propuesta que les *garantizaba* un crecimiento inusitado, además de tener la posibilidad de convertir naciones enteras para Cristo; incluso, la posibilidad real de tener un protagonismo social y político. En este sentido, tal vez, hay que entender la creciente participación en política de pastores y líderes neopentecostales en toda América Latina. ¿Estarán buscando una suerte de cristiandad carismática?

Respecto al tema de la misión, podemos comprobar que la propuesta neopentecostal es una propuesta compacta, que integra algunos aspectos y necesidades olvidadas en los antiguos modelos de misión. De este modo, si el poder sobrenatural, la calidad total, la salud y la prosperidad material son ejes centrales en la persona común y corriente de la sociedad posmoderna y reencantada, lo son mucho más en la agenda neopentecostal. Las confluencias, similitudes y éxito logrados en las agrupaciones neopentecostales no son fruto de la casualidad. Tampoco es casualidad que haya pasado a un segundo o tercer plano la predicación bíblica del reino de Dios y el carácter sufriente del discipulado. Más bien es su consecuencia inevitable. Éstos no tienen más lugar en la predicación y misión neopentecostal. ¿Cómo no va a ser atractivo un discurso así? Tal parece que algunos, en su intento de vender su "evangelio", abaratan la gracia de Dios. No basta con pretender una evangelización pneumática; es necesario tener, como dice Michael Green en su clásico libro *Creo en el Espíritu Santo*, una adecuada visión de la cruz.

Algunas tareas pendientes

A estas alturas casi podríamos concluir que los desafíos a la práctica de la misión vienen tanto de la sociedad reencantada como del neopentecostalismo. Por ello urge articular una *teología de la misión* que tome en cuenta *a la luz de la revelación bíblica* la práctica misionera de las iglesias. Éstas, en términos generales, nos están enseñando que: (1) la iglesia, antes que una institución, es un cuerpo, un organismo vivo, en el cual el carisma y los ministerios son imprescindibles para la renovación de ella y el testimonio creyente; (2) el crecimiento integral es consecuencia de la oración constante y el trabajo evangelizador en grupos pequeños (células) bajo la coordinación de un equipo pastoral con visión misionera; (3) el estudio metódico y contextual de la Palabra de Dios de por sí es un medio poderoso en la evangelización, ya que muchas personas han llegado a conocer al Señor en estos espacios que algunos hoy consideran superfluo; (4) una adoración comunitaria, festiva, esperanzadora y centrada en Cristo es consecuencia de una vida de obediencia en cada aspecto de la vida, muchas veces marcada por las pruebas difíciles que tenemos como cristianos; y (5) no es suficiente tener una adecuada teología bíblica de la misión, sino que es necesario transitar de la teoría a la acción. No hay peor evangelización y práctica misionera que la que no se hace. Muchas iglesias han crecido y madurado en su fe aprendiendo de sus errores y limitaciones.

Ahora bien, *la práctica de la misión no significa el abandono de la teología de la misión; por el contrario, la exige.* Pero se trata de una exigencia constante, como decíamos líneas arriba, en diálogo con la cultura, discerniendo los espíritus. La acción tiene que ser producto de la reflexión honesta, no necesariamente tiene que ser condescendiente con las mayorías. Si esta reflexión está basada en la Palabra de Dios entonces será *theo-logía*. Un exmisionero en el Perú, Estuardo Mc Intosh, escribió hace unos años que en el contexto del cumplimiento de la misión "ser evangélico mañana quiere decir ser teólogo". Y tenía toda la razón. Por eso a nosotros nos parece que la teología (acto segundo) no sólo tiene que ser precedida por la práctica de la misión (acto primero), sino que debe alimentarla.

La teología de la misión, además de estar enraizada en la Biblia, tiene que considerar las nuevas sensibilidades religiosas de la sociedad en que vivimos. *La misión no es sólo cuestión de estrategias de mercadeo, equipos de sonido y folletos. Es ante todo vida en servicio a los demás, mística, práctica de la justicia, recuperación de la dignidad humana, salvación del individuo y de la comunidad.* Esto es lo que aprendemos de la práctica misionera de Jesús, de sus discípulos y de las primeras comunidades cristianas. Como dice el teólogo Jürgen Moltmann, "la iglesia es la fuerza del Espíritu", y por lo tanto la iglesia tiene que incluir en su agenda misionera cada aspecto de la vida de las personas a quienes anuncia el evangelio. Allí el Espíritu también evidencia su poder transformador.

Finalmente, no sería nada equivocado explorar —y recuperar— lo que significa el símbolo, la experiencia emocional y los gestos en nuestro quehacer teológico y misional. Es necesario, incluso, aprender a admirar el rito y los íconos (algo tan olvidado en nuestra tradición protestante). Esto no es, de ninguna manera, caer en neopentecostalismos o posmodernidad religiosa. En este punto, lo cierto es que otras tradiciones religiosas nos llevan la delantera, y si queremos ser bíblicos, hay que retener lo bueno de estas agrupaciones. Esto implica que debemos aprender a reconocer con humildad las limitaciones de la vivencia de la fe tal como nos la explicaron algunos misioneros o los viejos libros de evangelización, muchas veces ajenos a nuestro contexto.

Por otro lado, y como elemento necesario en nuestra práctica y reflexión, necesitamos de una teología de la misión siempre *crítica de todo orden social* que intente manipular lo sagrado en beneficio propio. Así nos lo recordaba el destacado misiólogo Orlando Costas en su ensayo tantas veces olvidado *La empresa misionera, ¿un instrumento de domesticación?* La historia latinoamericana nos demuestra lo fácil que es legitimar —y hasta sacralizar— tiranías políticas, siempre y cuando favorezcan ciertas "libertades" religiosas, para de ese modo realizar ciertas "evangelizaciones" sin ningún contenido profético.

La gracia de Dios y el bienestar humano

Planteamiento del tema

En este apartado, abordamos el neopentecostalismo en tanto matriz de una nueva teología de la ley (la teología de la prosperidad), que no es sino una teología de la antigracia. Sin embargo, la teología de la prosperidad tiene antecedentes históricos. Aparece ya en el Antiguo Testamento como "doctrina de la retribución" y se articula en el contexto del posexilio, tal vez en relación con la diáspora o los intereses de los proyectos monárquicos. El Libro de Job sería una fuerte protesta, a partir del sufrimiento del inocente, de dicha doctrina que aparece en boca de los sabios de la época. Por otro lado, a lo largo del ensayo se subraya que la gracia de Dios es Dios mismo actuando a favor de los pobres, liberándolos y dándoles esperanza de una vida plena, aquí y ahora, como parte del *shalom* o bienestar humano que Él quiere para su creación. Se enfatiza también la necesidad de articular un lenguaje teológico de gracia a favor de la vida humana.

Invitados a participar de la gracia de Dios

No es fácil escribir sobre la gracia de Dios. Leemos de ella en las Escrituras, pero también la sentimos, la experimentamos y la compartimos con otros. Pero ¿cómo podemos definirla? Si nos fijamos en las voces hebreas, básicamente son dos los términos que transmiten el concepto de gracia: HeN (del verbo HaNaN), que significa 'mostrar misericordia, ser generoso', y HeSeD, que tiene el sentido de 'caridad y benignidad'[5].

Pero bien miradas las cosas, debemos decir que no es suficiente observar dichas voces. El concepto veterotestamentario de gracia, siguiendo a F. Kevan, no se obtiene con un mero análisis lingüístico, pues la gracia se revela a través de la acción de Dios[6]. En esta misma línea de pensamiento, Gilbert Bilezikian ha observado que "la gracia debe entenderse en términos de una expresión dinámica de la personalidad divina, más que como un atributo estático de la naturaleza de Dios"[7]. Ése es el punto.

Pero si es así, entonces *la gracia de Dios es Dios mismo actuando*. El asunto es: ¿de qué manera?, ¿a favor de quiénes? Christopher Shaw lo ha expresado en estos términos: "[La gracia] es sin duda una clara expresión del corazón de nuestro Dios, quien tiene una especial compasión por los desvalidos, los desamparados, los desanimados, los pobres y los perdidos"[8]. Y esta expresión de la gracia la vemos desde

---

5 Johannes Sandved. *El Dios de los holocaustos*. Arequipa: Siembra, 2001, pp. 130–136.

6 Francisco Lacueva. *Doctrinas de la gracia*. Barcelona: CLIE, 1980, p. 38.

7 "Grace". En W. Elwell (editor). *Baker Encyclopedia of the Bible*. Volumen 1. Michigan: Baker Book House, 1988, p. 898.

8 "Celebrando la gracia de Dios". En *Apuntes Pastorales*, Vol. XX, n.º 3, 2003, p. 8.

las primeras páginas de la Biblia. Allí se cuenta la acción graciosa de Dios: creando, salvando, prometiendo, liberando, dando nuevas oportunidades de redención. Y lo maravilloso de este testimonio —del que dan cuenta tanto el Antiguo como el Nuevo Testamento— es que la promesa de vida y gracia sigue abierta hasta nosotros.

Sin embargo, la gracia de Dios no es tan sólo para contemplarla y decir "¡Qué bueno es el Señor!". Es una invitación a que participemos de ella, siguiendo el ejemplo de nuestro Señor Jesucristo. Por ello, hacemos nuestra la opinión de Stephen Mott cuando sostiene que "el pensamiento central es que la gracia de Dios hacia nosotros tiene que hallar su expresión en nuestra acción hacia el pobre"[9].

Teología de la prosperidad: teología de la ley

América Latina es hoy testigo de la aparición de nuevas expresiones religiosas, así como de nuevos discursos teológicos. Entre éstas se encuentra el llamado neopentecostalismo. Se trata de una religiosidad que hereda parte del pensamiento difuso del pentecostalismo clásico y de la teología fundamentalista norteamericana, y que se adapta al nuevo contexto signado por la globalización del mercado y de un tipo de cultura. Aparece cercano al discurso del fin de la historia y se fortalece con la actual hegemonía político-militar de los Estados Unidos.

Y aunque el neopentecostalismo tiene un énfasis en lo que llaman la tercera ola del Espíritu Santo y el proselitismo (utilizando las técnicas de iglecrecimiento), conviene precisar que *teológicamente* se diferencia del pentecostalismo clásico en lo siguiente: (1) su pneumatología es instrumental en tanto ayuda a obtener riquezas; (2) su escatología es optimista respecto a la historia presente, creen que se puede lograr algo parecido al cielo en la tierra; y (3) su fuente de autoridad final no es la Escritura. La palabra *rhema*, las revelaciones de los espíritus demoníacos, las experiencias mágicas, los sueños, las visiones de sus "ungidos" y "apóstoles" tienen en la práctica más autoridad que la Biblia.

9 *Ética bíblica y cambio social*. Buenos Aires: Nueva Creación, 1995, p.31.

Como todo sistema religioso, no sólo tiene una particular cosmovisión, sino que ha creado una nueva fraseología que hoy invade a las comunidades evangélicas: ministrar, unción, ministerio quíntuple, risa santa, guianza del Espíritu, demonización, ataduras espirituales, oración de guerra, derribar fortalezas, atacar las puertas del infierno, atar al hombre fuerte, expulsar espíritus territoriales, mapear, ungir ciudades, restaurar las alabanzas, confesar sanidad, reclamar prosperidad, hablar en positivo, pacto de bendición, ley de siembra y cosecha, leyes de prosperidad, etcétera.

Esta nueva religiosidad en verdad es un sistema compacto de ritos, creencias y doctrinas. Hoy se encuentra presente tanto en las grandes ciudades como en el campo. Pretende ser ecuménica: quiere habitar toda la tierra, pero no para servir a los pobres y buscar la vida plena, sino para hablar de la libertad financiera y prometer el disfrute terrenal. Sin embargo, al analizar sus *formulaciones teológicas* nos deja un sabor amargo. No hay gracia, sólo ley. Nos habla de prosperidad material, pero en términos del actual libre mercado y dirigido sólo a unas minorías privilegiadas. Esta ideología religiosa que exacerba la prosperidad material es conocida hoy como la "teología de la prosperidad".

¿Qué plantea concretamente esta teología? Que existen leyes de prosperidad a practicar por los cristianos en tanto estos quieran evidenciar su calidad de "hijos del Rey". En esta perspectiva Dios no sólo estaría dispuesto a bendecir espiritualmente a sus hijos, sino a hacerlos ricos, millonarios. Quienes no logren esta prosperidad será porque carecen de fe, debido a que no saben "sembrar" dinero a favor del pastor local o sencillamente porque no practican con fe las leyes de prosperidad. Estas leyes en la práctica, sin embargo, finalmente condenan a los pobres. Son leyes que no ofrecen la gracia de Dios sino su condena terrenal.

Nuestra hipótesis es que el neopentecostalismo, al desarrollarse en el actual contexto de expansión de un tipo de cultura y economía, encuentra un soporte ideológico acorde con sus propuestas teológicas (teología de la prosperidad y guerra espiritual) y a su religiosidad. Es por ello que asume una ideología que exige *el cumplimiento de leyes.* Ideología que sostiene, entre otras cosas, que todos los países pueden llegar a ser prósperos o ricos. El novelista y fallido político Mario Vargas Llosa, en un libro que rinde homenaje a Karl Popper ilustra lo que decimos:

> Creo que hoy día, por primera vez, los países pueden elegir ser libres o esclavos, y pueden elegir también ser prósperos o ser pobres [...]. Hoy día, gracias a la internacionalización de la vida, a la internacionalización de los mercados, de las empresas, de las ideas, de las técnicas, todos los países, aun los más pequeños, aun aquellos que viven en geografías endemoniadas, que carecen totalmente de recursos, que son pequeños o atestados, pueden alcanzar la prosperidad si lo desean y si están dispuestos, por supuesto, a actuar en consecuencia, es decir, *a pagar el precio que ello tiene*[10].

Claro, Vargas Llosa no habla por sí mismo solamente. Repite a cada rato lo mismo, pero no es su discurso. Éste ha sido prestado del capital internacional. En otro lugar ha dicho que "el sistema capitalista acerca al mundo a la utopía de la sociedad universal"[11]. Se trata, sin duda, de un discurso ideológico que se reviste de "utopía", la utopía de un mundo feliz que casi no se diferencia del paraíso. Pero lograr el paraíso tiene un costo: hay que pagar el precio.

Popper fustigaba al socialismo debido a que querían hacer de la tierra el paraíso, pero lo único que lograba —en su opinión— era el infierno. Sin embargo hoy el capitalismo total dice: "Sí se puede lograr el paraíso aquí y ahora, porque lo hacemos nosotros". ¿Cuál es el precio a pagar? Entre otras cosas hay que someterse a las leyes del mercado de forma ciega e irrestricta.

"Paga el precio" es el lenguaje del mercado globalizado, mercado que no conoce de gracia sino de leyes déspotas de exclusión y muerte para las mayorías. Éstas se aplican a los países pobres sin misericordia alguna. El capitalismo total y su economía de libre mercado se cree portador de gracia, pero en la práctica significa la muerte de millones

10 "Mi deuda con Karl Popper". En P. Schwartz (editor). *Encuentro con Karl Popper*. Madrid: Alianza Editorial, 1993, pp. 227–228. Las cursivas son mías.

11 Gustavo Guerra. "Capitalismo acerca al mundo a utopía de la sociedad universal". *La República*, Lima, 26 de marzo de 1994.

de seres humanos. La gracia del mercado es la desgracia del mundo. Convierte a ésta en un infierno.

¿Qué tiene que ver todo esto con el neopentecostalismo y la teología de la prosperidad? En que el neopentecostalismo tiene el mismo discurso, pero teologizado. Todos los creyentes, de todo lugar y color, pueden alcanzar la prosperidad material si están dispuestos a *pagar el precio*. La teología de la prosperidad, al hacer la ecuación "bendición de Dios igual a prosperidad material", lo único que demuestra es su lógica de teología de ley, que exige obras (pagar el precio). El lenguaje que utilizan es: "Si quieres ser próspero, entonces siembra dinero", "Tienes que saber confesar prosperidad", "Derrota a los demonios de la ruina y la miseria", "Reclama al Señor tu herencia", etcétera.

Pagar el precio: la teología de la antigracia

Aquí sostenemos que el neopentecostalismo no conoce la *teología de la gracia* sino que enseña y practica una *teología de la ley (la teología de la prosperidad)*. Además, no evita el uso de cierto lenguaje que delata su ideología y su utopía social. Uno de sus más destacados líderes, Benny Hinn, es quien mejor ha puesto de manifiesto una teología de la antigracia a partir de la exigencia de "pagar el precio".

¿Quién es Benny Hinn? Es un conocido pastor "ungido" a quien se le conoce por sus campañas de milagros —al estilo de su inspiradora Kathryn Kuhlman—, además de dos *best-seller* que ya están traducidos al español: *Buenos Días Espíritu Santo* y *La Unción*. En América Latina Hinn no sólo tiene seguidores, sino también imitadores entre el liderazgo neopentecostal. ¿Qué apariencia se esfuerza por mostrar este predicador?

> Benny Hinn se parece a los anuncios de Ralph Lauren, un verdadero caballero que sabe vivir la vida. [...] acaba de cambiar su Mercedes por un Jaguar y hace poco se ha mudado de la región exclusiva de Heathrow a la región de Alaqua más exclusiva todavía donde vive en una casa de 685 000 dólares. Sus trajes son hechos a medida, sus zapatos son de cuero italiano y sus muñecas y dedos brillan de oro y diamantes [...] y eso él lo considera un estilo de vida moderado, como si todos pudieran vivir así. Lleva su Rolex de diamante, anillos

> de diamante, pulseras de oro y todos deben verlo. [Hinn ha dicho:] "En el cielo no necesito el oro. Lo necesito ahora"[12].

No se duda que Benny Hinn viva en prosperidad. No necesita insistir en que los creyentes deben buscar la riqueza material; de eso se encargan sus colegas (John Osteen, Gloria Copeland, Kenneth Hagin, Ronny Chaves, Rodolfo Font, etc.). Él se ha propuesto avanzar en otros temas relacionados con la teología de la prosperidad. Pero para ello necesita proclamar la ley y no la gracia de Dios. Justamente es en *La unción* donde más desarrolla su teología de la antigracia. Si en *Buenos días Espíritu Santo*, había enfatizado la deidad del Espíritu Santo (argumentado a partir de sus experiencias), en *La unción* va a insistir en la necesidad de que los cristianos busquen el "poder de Dios" (es decir, la unción). Dejemos hablar a Hinn[13]:

> La unción no es el bautismo del Espíritu Santo, aunque es igual de importante. La unción es el poder, el poder para servir a Dios. [...] Es el poder que creó los cielos y la tierra. Es el poder que creó al hombre. Es el poder que levantó a Cristo de los muertos. [...] La unción es obligatoria si has sido llamado a servir al Señor. Sin ella no habrá crecimiento, ni bendición, ni victoria en tu ministerio.

No vamos a discutir acerca de lo que enseña Hinn. Basta señalar que crea su propio concepto a espaldas del Nuevo Testamento (*cf.* 1Jn 2.20, 27). Pero ¿por qué necesita Hinn esta "unción"? Nos parece que para justificar su estilo de vida además de apuntalar la religiosidad neopentecostal. Todo lo que es y tiene Hinn se lo debe a la "unción". Esta, en teoría, no es para los supercreyentes sino para todos los que aman a Dios y quieren servirle (como él, por supuesto).

Por eso es que en *La unción,* Hinn se esfuerza por demostrar que ésta es para los fieles comunes y corrientes. Este *poder de Dios*, sin embargo, no se otorga sino a aquellos que están dispuestos a *pagar el precio*. Y si pagan el precio, entonces se hacen merecedores de la confianza en Dios y su bendición material. Ya estamos dentro de la

12 Wolfgang Bühne. *Explosión carismática*. Barcelona: CLIE, 1996, p. 185.

13 *La unción*. Miami: UNILIT, 1992, pp. 6, 75, 76, 81.

teología de la ley. Un tema recurrente en *La unción* es justamente que los cristianos deben "pagar el precio". Incluso el último capítulo del libro se titula "¿Estás dispuesto a pagar el precio?". Con ese tema comienza y termina su disertación[14]:

> Un día oré: Señor, haz que Tú unción esté sobre mí como lo está sobre él. El Señor me respondió: "Paga el precio, y yo te la daré". [...] Dios debe confiar en ti. Él anhela y quiere que experimentemos Su presencia y Su unción. Cuando nos vaciamos de nuestro yo, veremos Su presencia. Sólo entonces podremos experimentar su poder, la unción del Espíritu Santo. Pero el factor confianza es muy importante. Debemos ser fieles a Dios con lo que Él tan ricamente nos provee. [...] Poco después de aquel maravilloso encuentro con el Espíritu Santo, volví a otra reunión de Kathryn Kuhlman en la cual trató del precio que tuvo que pagar por la unción en su ministerio, y el secreto del poder del Espíritu Santo. [...] Una vez que comprendí las enseñanzas del Espíritu Santo que Kathryn Kuhlman había estado dando tomé la decisión de pagar el precio. Yo supe al fin que tenía la respuesta de lo que ella hablaba cuando decía: "Si encuentras el poder, encontrarás el tesoro del cielo. La decisión de pagar el precio y de orar es algo que cada cristiano debe tomar por sí mismo; nadie puede decidirlo por él". [...] Comienza a buscar a Dios. Paga el precio. Vira tu vida nuevamente al derecho, y Él te ungirá desde la cabeza hasta la punta de los pies. [...] La unción tiene un precio, como escribí en el Capítulo 1, y es muy real. Obtendrías muy poco, o lo peor, si actuaras neciamente o sin sinceridad. El precio es una muerte total al yo.

En este testimonio Dios habla, pero usando el lenguaje del neoliberalismo económico: *paga el precio*. Sus siervos como Kuhlman, Hinn y otros, por eso, no pueden hablar sino el mismo lenguaje. La salvación es por fe, eso no se duda, pero las bendiciones espirituales y materiales exigen obras de ley (pagar el precio). Pagar el precio, en los textos citados, se relaciona con la oración y la muerte total del yo. ¿Quién puede dar muerte total al "yo" (el ego "carnal")? Benny Hinn,

14 *Ídem*, pp. 11, 32, 41, 49, 178.

por supuesto. "Ya no hay rebelión en mí", dirá al final del libro[15]. Ésa es la razón por la cual da el siguiente testimonio: "Por fin entendí que la unción dependía de *mis* palabras. Dios no se mueve a menos que yo lo diga. ¿Por qué? Porque Él nos ha hecho colaboradores suyos. Él lo estableció así"[16].

Realmente es asombroso el poder de la unción. Hace que hasta Dios obedezca a quienes él mismo ungió (Benny Hinn). Pero un Dios que se somete a la palabra y al capricho humano deja de ser Dios. Al final nos quedamos sin el Dios de la Biblia y sin su gracia portadora de vida. Nos quedamos tan sólo con una caricatura de Dios hecha a la imagen y semejanza del neopentecostalismo, de la teología de la prosperidad y de Hinn.

El libro de Job y el lenguaje de la gracia

La teología, lo sabemos todos, es un lenguaje sobre Dios. Es una forma de hablar sobre el misterio de Dios. Por eso es muy importante ser cuidadosos en nuestro habla o discurso teológico. Creo que no nos equivocamos si decimos que el anhelo —y desafío a la vez— de toda teología es hablar de Dios de una forma correcta, sin traicionarle a Él, a su revelación escrita, y al pueblo que anhela vivir una vida plena conforme a la gracia de Dios. Por lo mismo, el lenguaje teológico debe alimentar la esperanza y no imponer leyes que condenan a los pobres.

Esta es la razón por la cual nos llama la atención que exista hoy una teología de la antigracia que *exige que los cristianos paguen el precio* para obtener la bendición material de Dios. La teología de la prosperidad también habla de Dios, pero no sólo lo traiciona a Él, sino también a su creación y a los seres humanos. Al asumir el lenguaje del libre mercado esta teología vacía de contenido la gracia de Dios, al punto de transformarla en algo completamente distinto. El libre mercado dice que todo tiene precio. Los predicadores de la prosperidad también. En el libre mercado, como en las agrupaciones neopentecostales, no hay gracia excepto para los que pueden pagar el precio.

---

15 *Ídem*, p. 180.
16 *Ídem*, p. 83.

Aquí queremos recordar que en el Antiguo Testamento existe un libro que no podemos pasar por alto. Se trata del libro de Job. Y aunque no pretendemos hacer un estudio del libro, sí queremos orientar un tipo de lectura en relación con nuestro tema. Comenzaremos diciendo que se puede ubicar al libro de Job dentro de la literatura sapiencial cuya

> ... fecha de composición parece que hay que colocarla en torno al 400 a. C., como se desprende del análisis del vocabulario y del conocimiento que tiene de Jeremías y Lamentaciones. Como lugar de origen se han propuesto Egipto, Edom o Arabia. Sin embargo, hay que preferir la ubicación de Palestina: es aquí donde mejor encajan todos los detalles y objetos mencionados en las intervenciones de Dios. El libro no se acomoda a un género literario definido. Tiene rasgos de las disputas de sabios, propias de la instrucción sapiencial, y de los esquemas legales con que los litigantes se presentan ante el tribunal[17].

En el Israel del posexilio existían diversos proyectos políticos, contradictorios entre ellos, con el propósito de restaurar la nación. También existían diversas expresiones teológicas que respondían a dichos proyectos. El templo se había convertido en el proyecto más importante para la nación. La justicia social exigida por Dios se había transformado en algo individual. El Dios que había actuado graciosamente en la historia de Israel, ahora se torna legalista: es necesario observar rígidamente la Ley. Los extranjeros son un obstáculo para la "pureza" y la santidad.

A la par de todas estas mutaciones reaparece con fuerza la doctrina de la retribución, que hereda en gran medida las propuestas de Proverbios, Deuteronomio y Levítico 26. Esta doctrina —o teología— de la retribución tal vez estaba ligada a la diáspora pero tenía gran arraigo en Palestina, sobre todo en los sectores dominantes. Mizzotti y Marchand explican que en ese contexto comenzó a tomar fuerza la teología de la retribución, "por la cual el justo será

17 F. Cantera y M. Iglesias. *Sagrada Biblia*. Madrid: BAC, 2000, p. 687.

recompensado, siempre, con el bien, y el impío, que no cumple la ley, verá desmoronarse todos sus planes y encontrará la ruina"[18].

¿Qué enseña, pues, esta teología? ¿Cuál es su lógica? Que Dios es justo, y si es justo tiene que mostrar su justicia. ¿Cómo? Premiando a los buenos y castigando a los malos. La bendición (salud y riqueza) o la maldición terrenal (enfermedades y miseria) son la evidencia de la justicia de Dios. Dios retribuye a cada uno según sus obras. Ahora, no vayamos a pensar que esta teología no encontró resistencia en los sectores populares contestatarios a los proyectos monárquicos. Los libros de Rut y Job evidencian que habían sujetos políticos que reflexionaban teológicamente en contra de los intereses de los poderosos. Se trata, por supuesto, de literatura teológica de resistencia expresada en distintos géneros literarios.

Comúnmente se lee Job como un libro que aborda el tema del sufrimiento humano. En términos generales esto es cierto pero insuficiente. Se trata de entender, más bien, el sufrimiento de Job en el contexto de la teología de la retribución. El libro de Job es un cuestionamiento profundo de dicha teología. No apareció por casualidad en ese contexto. Literariamente está dividido como si se tratara de una obra teatral. Después de un prólogo que inicia la historia (1.1–2.13) aparecen ciclos de diálogos y discursos: la discusión de Job con Elifaz, Bildad y Zofar (3.1–31.40); el discurso de Eliú (32.1- 37.24); y la voz de Dios (38.1–42.6). Finalmente hay un epílogo (42.7–17) que cierra el libro. Dios está presente en labios de todos los personajes del drama. Todos hablan de Dios y parecen tan piadosos. El asunto de fondo es qué imagen se tiene de Dios, cómo se habla de él, y cómo se interpreta su acción en la historia de los hombres.

El libro parece haber sido escrito por un sabio que parte de la experiencia de un hombre íntegro, sabio y próspero —Job— que de pronto se encuentra enfermo, en la ruina y abandonado por la esposa, después de haber perdido a sus hijos y sus bienes materiales. Job es interpretado por sus amigos como justo merecedor de lo que le sucede. Pero este juicio brota de cierta tradición teológica acorde con

18 *El exilio y la reconstrucción*. Lima: Centro de Espiritualidad Monfortiana, 1993, p. 142.

los intereses dominantes. Se trata, sin duda, del lenguaje teológico de un grupo de "sabios" de la época con quienes debate el autor de Job. Pero es una teología que usa la mentira y el fraude para defender su teología, su idea de Dios (13.7). Es el mismo lenguaje de Satán (que había aparecido en el capítulo 1), según el autor de Job.

Para "el Satán" (con artículo en el texto hebreo) el virtuoso Job es un hombre que ha servido a Dios sólo porque le había *retribuido en la vida terrenal* con grandezas. Si no hubiera sido así —según Satán— Job nunca habría sido tan agradecido a Dios y misericordioso con sus semejantes. Gustavo Gutiérrez ha explicado esta parte de modo magistral[19]. Citamos ampliamente:

> Para el satán la actitud religiosa no se explica sin la expectativa de la recompensa, pronto sabremos que ésa es también la posición de los amigos de Job. Considerar justo a Job —aunque no hubiese otro en la tierra como él— sería un mentís a esa teoría; la inocencia de Job abriría la posibilidad histórica de otras inocencias, la injusticia de sus sufrimientos la de otras injusticias, su actitud desinteresada la de otros desprendimientos. En esto reside la potencial universalidad de Job; es clara en efecto la intención del poeta de hacer de Job un paradigma. El satán, el obstáculo, quiere cerrar el paso a esta eventualidad, ella significa el encuentro amoroso y gratuito de dos libertades: la divina y la humana; desde él adquiere pleno sentido el lazo, la religión, entre el ser humano y Dios como entrega desinteresada y no como conveniencia manipuladora del Señor. Consciente de esto el enemigo lanza su apuesta: "Tócalo y te maldecirá en la cara". Desde el punto de partida se plantea pues la cuestión central del libro de Job: el sentido de la *retribución* y de la *gratuidad* en la fe en Dios, y el actuar consiguiente. Dios cree en la gratuidad de la rectitud de Job, por eso acepta el lance. El autor nos advierte de este modo que una religión utilitaria carece de profundidad y autenticidad; es más, ella tendría —primer asomo de la ironía que el autor maneja con tanta destreza— algo de satánica. En efecto, en el marco de la *doctrina de la retribución*, la expectativa del premio vicia el proceso y juega —

19 *Hablar de Dios desde el sufrimiento del inocente*. Lima: CEP- IBC, 1986, pp. 194–195.

> demoníacamente— como un obstáculo en el camino hacia Dios. En una religión interesada no se da un verdadero encuentro con Dios, hay más bien construcción de un ídolo [...] El Señor no está preso del esquema "tú me das, yo te doy". Nada, ninguna obra humana por valiosa que ella sea merece la gracia, si así fuese ésta dejaría de serlo. Ése es el corazón del mensaje de Job.

Se equivocan Satán, los amigos de Job y la ideología de la retribución, cuando suponen que la enfermedad y la miseria es la justa retribución del pecado. El asunto no es si Job era pecador o no. Eso está fuera de toda discusión. El asunto es sí merece o no esos sufrimientos. Por eso es que afirmamos, junto a Marchand y Mizzotti[20], que el libro de Job desenmascara la doctrina de la retribución, a sus teólogos y su respectivo lenguaje ausente de la gracia de Dios. El Dios presente en la historia del pueblo de Dios se revela liberando a los pobres de la opresión, la enfermedad y la muerte, mostrando así su soberana gracia.

Aquí es importante recordar sucesos de la reciente historia peruana. El 25 de agosto del 2003 la Comisión de la Verdad y la Reconciliación evacuó su informe final respecto a la época de la guerra subversiva y la represión del Estado por medio de las fuerzas armadas (1980–2000). Entre las sorpresas que tuvimos fue el saber que los muertos de la "violencia política" no fueron 25 000 personas como se suponía, sino casi 70 000, la mayor parte de ellos indígenas.

En esa época Gustavo Gutiérrez preguntó: ¿Cómo hacer teología después de Ayacucho? (siguiendo a ¿cómo hablar de Dios después de Auschwitz?). Pregunta que desafiaba a los cristianos a tomar posición a favor de la vida humana y a repensar el lenguaje teológico. En esa misma línea nosotros podemos preguntarnos: ¿Cuál es el lenguaje para hablar de Dios en ese contexto? ¿El lenguaje de la retribución? ¿El lenguaje de la ley? ¿O será necesario, más bien, articular bíblicamente el lenguaje de la gracia de Dios?

"El derramamiento de sangre en el Perú se debe a que somos un país pagano", "Nuestros ancestros nos han heredado maldiciones,

---

20 *Dominación helenística y resistencia del pueblo*. Lima: Centro de Espiritualidad Monfortiana, 1993, p. 131.

hay que terminar con la idolatría", "La gente del campo son idólatras, tienen lo que en realidad merecen", "Estamos pagando los pecados de nuestros padres", "Salados pues, qué se va a hacer". Esto lo he escuchado muchas veces, no en la calle sino a los pastores ungidos y a sus fieles. No lo estoy inventando.

Ése es el lenguaje de la antigracia que se enseña en las agrupaciones neopentecostales y que "madura" sus propuestas con los temas de los espíritus territoriales y las maldiciones generacionales. Si existen enfermedades, sufrimiento, miseria y muerte injusta en el Perú y América Latina, es porque lo merecemos. Somos justos merecedores de lo que nos sucede. Así lo dice el neopentecostalismo y el libre mercado. Pero ya antes lo habían dicho —en nombre de su Dios— los amigos de Job.

Al final del libro habla nuevamente Job a Dios: *Sólo de oídas te conocía. Pero ahora te han visto mis ojos* (42.5). Job sólo había conocido la tradición, la doctrina de la retribución. Y por ratos hasta cayó en la trampa que le tendieron los amigos. Como observa Jorge Pixley: "Job había dicho que Dios lo perseguía inmisericordemente y sin razón. Había también afirmado que ante Dios la suerte del perfecto y del injusto era igual. Había afirmado que los injustos prosperaban sin que Dios hiciera caso"[21]. Pero luego Job rectificó su habla. De allí su arrepentimiento (42.6). Llegó a "conocer" a Dios, a "verlo". Job por fin interpretó su experiencia a partir de los ojos y el corazón de Dios.

Luego Jehová habló a Elifaz temanita en estos términos: "Estoy enfadado contigo y con tus dos amigos, pues no habéis hablado bien de mí, como mi siervo Job" (42.7) o, como dice la versión Reina-Valera, "No habéis hablado de mí lo recto". Éstos "habían tergiversado el carácter de Dios al hacer de la prosperidad una señal inequívoca del favor divino, y de la aflicción una indicación segura de la ira de Dios"[22]. Dios desaprueba la teología de los amigos de Job. Ese discurso estaba cimentado en la sangre de los inocentes y en la

---

21 *El libro de Job*. San José: SEBILA, 1982, p. 215.

22 Matthew Henry. *Comentario bíblico de Matthew Henry* (traducido y adaptado al castellano por Francisco Lacueva). Barcelona: CLIE, 1999, p. 545.

indolencia hacia el pobre. Discurso ciego que no conocía de amor, de misericordia ni de ningún tipo de gracia. Por ello, quien habla de Dios y su presencia en la historia no puede sino optar por los pobres, por los que sufren injustamente como Job. Los cristianos tenemos que hablar de Dios pero de forma recta, como Él quiere. ¡Qué desafío para los predicadores! ¡Qué desafío para la teología!

El lenguaje de la Biblia es el lenguaje de la gracia. Y la esencia de la gracia es que Dios libremente está a favor de los seres humanos, para salvarlos y llevarlos a una vida plena, que comienza aquí y ahora y se proyecta a la eternidad. Sin Dios este mundo es una desgracia. Dios es un Dios de gracia y Él se ha propuesto que su creación y los que habitan en ella gocen de bienestar integral, acaso como anticipo y arras de una salvación plena. La gracia de Dios empodera a los pobres, levanta a los enfermos, dignifica al ser humano.

A modo de conclusión

Vivimos en una época en que los creyentes quieren respuestas rápidas para todo. Y con franqueza el neopentecostalismo les está diciendo lo que quieren escuchar, no lo que dice la Palabra de Dios (Job 13.4). "¿Quieres salir de la pobreza? Paga el precio". "¿Quieres hacerte rico? Practica las leyes de la prosperidad". Nos parece que las agrupaciones neopentecostales tienen una propuesta teológica que hay que mirarla con cuidado.

Más de una vez me han dicho: "Yo no le veo muchos problemas a la teología de la prosperidad". Pero lo han hecho quienes viven en prosperidad y creen —abierta o encubiertamente— en el libre mercado como dogma de fe. Es cierto que también me lo han dicho un montón de fieles que viven en la pobreza. Pero no conozco a ninguno de ellos que lea la Biblia con los ojos y el corazón de Dios, que es la gracia actuando en favor de los pobres.

¿Cómo estamos hablando de Dios? ¿Cómo estamos articulando respuestas ante el sufrimiento de la gente? ¿Desde qué lugar? ¿Desde la ley o desde la gracia? Los pastores y los teólogos debemos articular una teología evangélica que anuncie y viva la gracia de Dios, aunque el mundo todavía esté plagado de desgracias. Ése es nuestro desafío de cara al presente y futuro de América Latina.

Nueva Reforma Apostólica, nueva teología política

Introducción

El presente apartado no pretende explicar de forma exhaustiva qué es la Nueva Reforma Apostólica (NRA)[23] o "Movimiento Apostólico y Profético" (MAP). Sin embargo, serán necesarias algunas conceptualizaciones para entender a este movimiento en constante mutación. El objetivo que me he propuesto es más modesto: analizar cuál es la comprensión del reino de Dios que tiene la NRA y cuáles son sus implicaciones teológicas y políticas. Para llegar a este término, utilizaré diversas fuentes, las cuales citaré profusamente. Debo señalar que hubiera preferido emplear la nomenclatura MAP, pero no me ha quedado más alternativa que usar NRA, pues es la que este movimiento usa para referirse a sí misma[24]. Peter Wagner, uno de los teóricos más importantes de este movimiento, argumenta el uso de ciertos términos de esta manera:

> Empleo el término "Reforma", porque [...] estos nuevos odres parecen ser al menos, tan radicales como los de la Reforma Protestante hace casi quinientos años. "Apostólica" denota un fuerte enfoque hacia el alcance, sumado a un reconocimiento de los ministerios apostólicos del presente tiempo. "Nueva" añade un giro contemporáneo al nombre[25].

Luego Wagner avanza más en su explicación:

> La Nueva Reforma Apostólica es una extraordinaria obra con la que Dios cierra el siglo XX [...] cambiando la forma del Cristianismo

23 Peter Wagner. "The New Apostolic Reformation". En *Global Spheres, Advancing the Kingdom of God*, November 2011. En inglés se conocen también como "The New Apostolic Churches" (NAC). Estos movimientos modifican con rapidez los nombres con los que se autodesignan. Lo único cierto es que en los setenta aparecieron de forma individual los "apóstoles", luego crearon sus "redes apostólicas", para luego agruparse bajo nombres por lo general rimbombantes.

24 De igual manera utilizo los términos "apóstol" y "apóstoles", aunque en realidad preferiría llamarlos "falsos apóstoles", más en la línea de 2 Corintios 11.13 y Apocalipsis 2.2.

25 Peter Wagner. "Una nueva reforma apostólica". En H. Caballeros & M. Winger. *El poder transformador del avivamiento*. Buenos Aires: Peniel, 2005, p. 179.

> Protestante alrededor del mundo. Durante más de quinientos años las iglesias cristianas han funcionado mayormente con estructuras denominacionales tradicionales, de un tipo u otro. Particularmente en los años noventa, pero con raíces que recorren todo el siglo, han comenzado a emerger nuevas formas y procedimientos operacionales en áreas tales como el gobierno de la iglesia local, las relaciones intereclesiales, el financiamiento, el evangelismo, las misiones, la oración, la selección y entrenamiento del liderazgo, el rol de poder sobrenatural, la adoración y otros aspectos importantes de la vida de la iglesia[26].

Finalmente, el mismo Wagner presenta la NRA como un movimiento del Espíritu:

> La mayoría de las nuevas iglesias apostólicas no solamente creen en la obra del Espíritu Santo, sino que también regularmente lo invitan a que esté con ellos y traiga su poder sobrenatural. Es muy común, entonces, observar ministerios activos de sanidad, liberación de demonios, guerra espiritual, profecía, derramamiento del Espíritu Santo, mapeo espiritual, actos proféticos, ferviente intercesión y oración que da a luz, y más aún en las nuevas iglesias apostólicas[27].

En suma, bien se puede decir que "Nueva Reforma Apostólica" es el nombre correcto con el cual hay que referirnos a ellos de hoy en adelante. Tanto los teólogos como los científicos sociales tendrán que dejar atrás términos como "empresas de cura y sanidad divina", "neopentecostalismo", "pentecostalismo autónomo", "posdenominacionalismo", etcétera, pues ninguno de ellos, al parecer, les hace justicia por ser inexactos.

Observamos, además, que la NRA tiene todas las características —en tanto prácticas religiosas y articulaciones teológicas— de lo que se conocía como neopentecostalismo. Así, la práctica de la

---

26 Peter Wagner, cita tomada de Daniel Oliva. "La nueva reforma apostólica y la apostolicidad de la iglesia". *Signos de Vida*, n.º 33, Quito, 2004, p. 27. La cita es casi exactamente la misma tal cual aparece en Wagner. "Una nueva...", *op. cit.*, p. 179.

27 Wagner, *ídem*, p. 186.

teología de la prosperidad y de la guerra espiritual es algo sustancial al movimiento. Por ello el apóstol Juan Ballistreri habla de la pobreza como si fuera "la lepra". Pero esa palabra no es suya, sino —según él— del mismo Dios, quien le dijo audiblemente: "Si te digo que la pobreza es la lepra del siglo XXI, debes hacer algo. Te voy a llevar a una posición de autoridad desde la cual podrás liberar a muchas personas atadas por esta maldición"[28].

La Nueva Reforma Apostólica (NRA)

Referirse bibliográficamente a este movimiento resulta realmente oceánico, pues sus divulgadores son una verdadera "legión"[29]. En la NRA, además de interpretarse a sí mismos como un movimiento del Espíritu, el liderazgo tiene en su esencia las marcas del autoritarismo y mesianismo. Peter Wagner explica así el don de apóstol:

> *El don de apóstol es la capacidad especial que Dios da a ciertos miembros del Cuerpo de Cristo que les permite asumir y ejercer el liderazgo sobre un cierto número de iglesias con una autoridad extraordinaria en asuntos espirituales, que es reconocida y apreciada por estas iglesias.*

---

28 Juan Ballistreri. "La pobreza, la lepra del siglo XXI". *Plataforma Apostólica*, n.° 2, año 1, Venezuela, 2010, p. 11. Esta cita es muy curiosa. Quien libera no es Dios sino el apóstol, es decir Ballistreri. Por otro lado, se repite la idea difundida hasta el hartazgo de que la pobreza es una maldición espiritual y no producto de la opresión de los poderosos sobre los pobres.

29 Por ejemplo: Bernardo Campos. "El ministerio quíntuple y la restauración del ministerio apostólico". En D. Chiquete & L. Orellana (editores). *Voces del pentecostalismo latinoamericano*. Concepción, Chile: RELEP, 2003; El post-pentecostalismo, renovación del liderazgo y hermenéutica del Espíritu, 2007 (texto tomado de Internet); *Manifestaciones recientes de un movimiento del Espíritu: el movimiento apostólico y profético en el Perú*. Santiago: RELEP, 2008; *Visión de Reino. El movimiento apostólico profético en el Perú*. Lima: Bassel Publishers, 2009; Rony Chaves. *Apuntes sobre el ministerio apostólico*. San José: Avance Misionero Mundial, s/f; John Eckhardt. *La iglesia apostólica*. Lima: Jhire Grafel, 2000; Bill Hamon. *Los futuros movimientos de Dios*. Buenos Aires: Peniel, 2009; Cindy Jacobs. *El manifiesto de la Reforma*. Lake Mary: Casa Creación, 2008; Edgar Lee (editor). *Él nos dio apóstoles*. Miami: Vida, 2006; Carlos Mraida. *Socorro, Señor. Mi iglesia se renovó y no la entiendo*. Buenos Aires: Certeza Argentina, 2007; Peter Wagner. *Apóstoles en la iglesia de hoy*. Buenos Aires: Peniel, 2003; *Señales y prodigios hoy*. Miami: Vida, 1985; *Sus dones espirituales pueden ayudar a crecer la iglesia*. Barcelona: CLIE, 1985; "Una nueva reforma...", *op. cit.*; y la revista *Plataforma Apostólica* (Venezuela), entre otros.

> [...] Puede hacer demandas que parecen autocráticas, pero que son aceptadas de buena gana por los cristianos, porque le reconocen su don y la autoridad que va con él[30].

Y aunque la cita ya de por sí es elocuente, el teólogo Bernardo Campos añade que los nuevos apóstoles constituyen una nueva estructuración del poder religioso en la que se colocan en un nivel superior en la jerarquía del liderazgo existente. Además reconoce que en la práctica pasan a tener un poder nunca antes visto y que no se puede resistir o cuestionar, pues "resistirse a aceptar su autoridad es como resistirse a la autoridad divina delegada por el Espíritu Santo"[31]. Como este modelo de liderazgo no se puede sostener con el Nuevo Testamento —y tampoco con el Antiguo Testamento bien leído— entonces la NRA apela a "la historia". Pero como la historia es un terreno polisémico, entonces ellos plantean su propia versión —cosa muy común en el contexto de la posmodernidad— pero que en realidad es una tergiversación de lo que hasta acá hemos conocido[32]. Lo que sigue es una constatación de lo que sostenemos.

---

30 Wagner. Sus dones..., *op. cit.*, p. 206.

31 Campos. "El ministerio...", *op. cit.*, p. 153. La vinculación que existe entre los nuevos apóstoles y el Espíritu Santo es sorprendente. El apóstol guatemalteco y excandidato a la presidencia, Harold Caballeros, cuenta una experiencia con el apóstol Morris Cerullo en los siguientes términos: "Nos encontrábamos cenando en una oportunidad, con Morris, su asistente, mi esposa y yo. Tenía en mi corazón el interés de hacerle una consulta al hermano Cerullo. Seguramente no era la primera vez que alguien le pedía ese particular consejo. Me oyó cuidadosamente con atención. Cuando terminé mi pregunta, no se precipitó a contestar sino que, al contrario, me habló despacio, pausadamente. En un determinado momento de la conversación, me dijo: 'Tú te has dado cuenta de que no he querido contestarte precipitadamente; Morris podría contestarte, pero tú no necesitas que Morris te conteste. Tú ves que yo trato de retirarme, y permitir que sea el Espíritu Santo quien te conteste'. Su actitud me bendijo en gran manera". En Morris Cerullo. "El destino de Dios para los tiempos finales". En H. Caballeros & M. Winger. *El poder transformador del avivamiento.* Buenos Aires: Peniel, 2005, p. 140. La cita es como para no creerlo. Y aunque sobran los comentarios, la ecuación es simple: el Espíritu habla por los apóstoles, los apóstoles son la epifanía del Espíritu, son sus auténticos y —tal vez— únicos voceros.

32 El tema de "la historia" es fundamental para la NRA. Por eso es que actualmente están reescribiendo toda la historia del cristianismo, particularmente la Patrística y la Reforma Protestante. Si se evaluase con rigor metodológico muchos de esos escritos debieran considerarse a lo mucho como "novelas religiosas".

Bases "bíblicas" e "históricas" de la NRA

La NRA algunas veces busca legitimarse, o hacerse creíble por lo menos, a partir de las fuentes de autoridad que los cristianos aceptamos. En el caso de las comunidades evangélicas las Escrituras tienen un lugar de suma importancia, pues se entiende que todo el quehacer teológico y misiológico se fundamenta en ella. Lo anterior explica la aparición de una novedosa relectura de la NRA llamada "hermenéutica del Espíritu", que no es sino "un método de interpretación de la realidad a partir de una interpretación de las Escrituras, pero a la luz de la iluminación del Espíritu Santo para la cotidianidad de la vida religiosa"[33]. Esta *hermenéutica* por cierto, conoce de ejemplos bien concretos.

¿Teoría hermenéutica o teoría política?

El apóstol costarricense Rony Chaves, comentando 1 Corintios 12.28 (*Y a unos puso Dios en la Iglesia, primeramente apóstoles, luego profetas, lo tercero maestros...*), dice: "Esto implica que el 'Orden Jerárquico' en la Iglesia no es de naturaleza 'Democrática' sino Teocrática". Y más adelante, explicando el ministerio de los apóstoles, sostiene que éstos "son parte fundamental en el establecimiento del Reino de Dios"[34]. Este tipo de "exégesis" es producto de la llamada *hermenéutica del Espíritu*, que en realidad es una teoría que pone el acento en el intérprete —y sus precomprensiones que no pretende corregir— y no en lo que realmente dice la Biblia, porque ésta les interesa sólo de forma selectiva.

Se observa también que, para Chaves, los apóstoles son pieza fundamental en el establecimiento del reino de Dios en la tierra. Este

33 Campos. El Post-pentecostalismo..., *op. cit.*, p. 24. Sin embargo, es necesario aclarar que si bien hay diversas y legítimas teorías hermenéuticas, existen otras que surgen sólo con el propósito de justificar *apriori*, como es en este caso. En ese sentido la "Hermenéutica del Espíritu" no es un método de interpretación sino un método de tergiversación del texto bíblico.

34 Chaves, Apuntes..., *op. cit.*, pp. 6, 7. Afortunadamente hay exégesis más serias que la de Chaves: "Ninguno representa una autoridad institucional en el sentido de una jerarquía eclesiástica supralocal, que al parecer no surgió hasta principios del siglo II. En conjunto, estos ministros de la Palabra de Dios debían capacitar a todo el pueblo de Dios para su ministerio (4:12-16)". Craig Keener, *Comentario del contexto cultural de la Biblia: Nuevo Testamento*. El Paso: Mundo Hispano, 2003, pp. 543-544.

pensamiento, pasando revista a los últimos veinte años, es coherente con la ideología de la NRA. A mediados de los noventa era muy común escuchar en los congresos apostólicos conferencias como "Ensanchar las tiendas" o "Poseer la tierra". Hoy prefieren disertar sobre "Restaurar la creación" o "Restaurar la tierra". Veamos:

> La restauración nace en Dios; Él inicia el proceso Redentivo y Restaurador del Universo. La Sabiduría Infinita del Creador se ve manifestada en Su Plan Redentor, a través de enviar a su Hijo Jesucristo para derrotar a satanás en el Calvario, y desatar la restauración del género humano y la creación, Jesús vino a restaurar lo que se había perdido. Aleluya. El concepto de Restauración está en Dios mismo. Él es el Restaurador por excelencia[35].

Esto tiene implicancias tanto "ministeriales" como políticas. Dios está haciendo surgir, en palabras de Chaves, "Apóstoles para una transformación social". Luego continúa argumentando:

> Dios está levantando apóstoles con unción y visión para afectar socialmente sus ciudades. Esto incluye crecimiento de la Iglesia, moralidad pública, así como la transformación económica, gubernamental y educacional. Esto implica que barrios, comunidades, regiones, ciudades y naciones recibirán el impacto apostólico. Apóstoles territoriales y de ciudad son necesarios para traer Reforma y transformación[36].

Hechos de los Apóstoles y la historia de la iglesia

Una lectura atenta de los panfletos, textos en Internet, documentos oficiales y hasta libros producidos por la NRA, evidencia que el libro de los Hechos de los Apóstoles tiene un lugar prominente y privilegiado en sus argumentaciones y teorías. El médico Lucas, a quien una tradición cristiana le atribuye la redacción del Evangelio de Lucas y Hechos de los Apóstoles, se ha convertido en el "historiador" y "teólogo" favorito de la NRA. De ahí las constantes referencias a este misionero y escritor del siglo I. ¡Y claro, cómo

---

35 Chaves, *ídem*, pp. 24–25.

36 Chaves, *ídem*, p. 85.

no iba a ser así, puesto que Lucas privilegia la acción del Espíritu Santo![37]

Para decirlo en otras palabras: algunos expositores de la NRA —en la práctica— han reducido la totalidad de los libros del Nuevo Testamento a los escritos de Lucas. Es decir, han creado un canon dentro del canon ya existente, cosa muy común en las agrupaciones y movimientos que entienden de manera selectiva la revelación bíblica. Pero, más aún, leen los escritos de Lucas —particularmente Hechos— desde la llamada "hermenéutica del Espíritu". En opinión de Peter Wagner:

> El libro de Los Hechos no es una pieza de museo. *Es un texto guía dinámico* en que se nos explica cómo penetra en nuevos territorios el Evangelio de Jesús, acompañado con el poder del Espíritu Santo. [...] La investigación sobre la obra misionera está acumulando un cuerpo de materiales que indica que en todo el mundo el Evangelio se extiende de manera más rápida cuando hay señales y prodigios que lo acompañan[38].

Hechos, entonces, se convierte en una guía, un criterio, que permite ver cómo opera el Espíritu Santo en la historia, las misiones y el mundo. Una de las proposiciones más conocidas de la Nueva Reforma

---

37 Para ser honestos con lo real hay que señalar que Lucas es tan sólo un escritor de los varios del Nuevo Testamento. El NT contiene —a juicio de los expertos— varios modelos eclesiológicos y varias formas legítimas de entender el accionar del Espíritu Santo. Es decir, utilizar de forma privilegiada a Lucas y desmerecer a los otros escritos neotestamentarios, sólo puede producir teorías teológicas poco serias. Para una lectura provechosa, *cf.* David Wenham. "Unidad y diversidad en el Nuevo Testamento". En George Ladd. *Teología del Nuevo Testamento.* Barcelona: CLIE, 2002, pp. 829–872; y Howard Marshall. "Diversidade e Unidade no Novo Testamento". En *Teologia do Novo Testamento*. São Paulo: Vida Nova, 2007, pp. 605–625.

38 Peter Wagner. Señales..., *op. cit.*, pp. 12–13. Que el libro de Hechos tenga relevancia hoy, está fuera de toda discusión. Lo mismo se aplica al resto de libros de la Biblia, pues todos son relevantes. El punto es si se debe usar Hechos para sostener cualquier teoría o práctica como lo hace la NRA. Wagner generalmente es muy osado cuando se refiere al Espíritu Santo. Llega, incluso, a hacer la siguiente afirmación: "¡Para el propósito de evangelizar, la presencia inmediata de la Tercera persona de la Trinidad (el Espíritu Santo) es más importante que la presencia inmediata de la segunda persona de la Trinidad (Jesucristo)!". *Siete principios poderosos que no aprendí en el seminario*. Miami: Vida, 2003, p. 20. Las cursivas son mías.

Apostólica —siguiendo la idea anterior— es que el Espíritu Santo fue acallado por la iglesia institucional y los poderes terrenales[39]. Rony Chaves, en su relectura de la historia de la iglesia, sostiene enfáticamente:

> Constantino, el Emperador romano, adoptó al cristianismo como religión del estado y prostituyó entonces la Casa de Dios. El resultado de años posteriores fue el surgimiento de la Iglesia Católica Romana; el intento mayor de satanás de *ahogar el mover profético y apostólico del Espíritu Santo.* El Imperio impuso pastores y una estructura babilónica que poco a poco fue anulando el patrón bíblico apostólico y la Iglesia fue devastada y descortezada cual árbol arruinado, según la profecía de Joel 1. Las consecuencias vinieron contra todo lo establecido por el Padre. Desaparecieron los apóstoles y los profetas, la unción, el poder y los milagros. Poco a poco, *el paganismo tomó los altares y se perdió la vida y manifestación del Espíritu.* La oscuridad envolvió a la Iglesia dejándola por siglos a merced de la devastación del diablo y sus tinieblas religiosas[40].

Y, refiriéndose a la Reforma del siglo XVI, dice Chaves:

> La Reforma Protestante de Lutero fue una reforma muy ligada a la renovación de la doctrina de la fe fundamental; fue una Reforma de la Fe. La actual Reforma del Espíritu es más una reforma de la práctica. Concierne a gobierno y administración eclesiásticos y ministerios. Es una Reforma apostólica. Se ciñe a traer cambios sustanciales en la forma de gobernar, dirigir y administrar la Iglesia y sus ministerios[41].

Wagner, al hacer un recorrido desde la Reforma del siglo XVI a la época actual, añade:

> Mi punto de partida es que en la Reforma Protestante se colocaron los cimientos teológicos necesarios: la autoridad de las Escrituras,

---

39 Un ejemplo de ello es Pablo Deiros. *La acción del Espíritu Santo en la historia*. Miami: Caribe, 1998.

40 Chaves, Apuntes…, *op. cit.*, p. 26. Las cursivas son mías.

41 Chaves, *ídem*, pp. 29–30. En esta misma línea se inscribe el libro de C. Jacobs, El manifiesto…, *op. cit.*

> la justificación sólo por la fe y el sacerdocio universal de todos los creyentes. El movimiento Wesleyano introdujo la demanda de una santidad personal y corporativa. El movimiento Pentecostal bosquejó la obra sobrenatural del Espíritu Santo en una variedad de ministerios de poder. El oficio de intercesor fue restaurado en los años setenta, y el oficio del profeta fue restaurado en los ochenta. La pieza final llegó en los noventa con el reconocimiento del don y el oficio del apóstol. *La Nueva Reforma Apostólica es la forma actual en la que Dios está rescatando el gobierno teocrático de la Iglesia*[42].

Más aún, Wagner cree —o quiere hacer creer a sus lectores— que:

> La NRA representa el cambio más radical en la manera de ser iglesia desde la Reforma Protestante. *Este no es un cambio doctrinal.* Nos adherimos a los principales postulados de la Reforma: la autoridad de la Escritura, la justificación por la fe, y el sacerdocio de todos los creyentes. Pero la calidad de la vida de la iglesia, el gobierno de la iglesia, el culto, la teología de la oración, los objetivos misionales, la visión optimista para el futuro, y otras características, constituyen un gran cambio del protestantismo tradicional[43].

En el Perú el mayor propagandista de la NRA —a nivel de producción bibliográfica— es Bernardo Campos, muy vinculado al apóstol Samuel Arboleda (ambos conocidos execumenistas de la teología de la liberación). Para sustentar la NRA Campos apela a una tendenciosa observación de carácter histórico:

> Los primeros cristianos, eran apenas unos doce hombres contra toda la religión judía, y sin embargo, su seguimiento a la Verdad de Cristo

---

42 Wagner, citado en Oliva, *op. cit.*, pp. 28–29. En esta misma línea, el apóstol Iván Zamorano, de Chile, sostiene que mientras la Reforma del siglo XVI fue "la Reforma del Hijo", la actual Reforma Apostólica es "la Reforma del Espíritu Santo". *Cf. Reforma Apostólica y paternidad espiritual.* Santiago: Casa Apostólica Movilización Cristiana para América Latina, s/f.

43 Wagner, "The New…", *op. cit.* ¿Realmente no es un cambio doctrinal? Como no creo en la ingenuidad de Wagner debo interpretar esa opinión como un intento de engañar a sus lectores, para que éstos no se sientan en discontinuidad con la herencia reformada, con el pietismo u otra tradición.

produjo el Cristianismo que ahora conocemos. Los reformadores del siglo xvi, igualmente, eran unos cuantos "iluminados" frente a un Magisterio representativo de la Iglesia Universal, pero la locura de estos pocos condujo a la renovación de toda la iglesia, dando lugar también al surgimiento del protestantismo [...] La herejía de hoy [e.d., el nuevo apostolado], como reza el dicho, se convertirá en el dogma del mañana[44].

El "reino de Dios", ¿clave hermenéutica?

Que el tema del reino de Dios está presente en el discurso de la NRA, ni dudarlo. El folleto propagandístico del apóstol costarricense Roberto Bonilla dice "que posee un gran conocimiento de las verdades apostólicas del reino de Dios y cómo establecerlas en la tierra y derribar las fortalezas que el enemigo edifica en las naciones, pueblos y familias"[45]. De igual manera, del apóstol Guillermo Maldonado se dice que "es un hombre llamado a establecer el reino de Dios a nivel local e internacional"[46]. Por su parte Juan Zuccarelli, testifica del "reino de Dios en la cárcel de Olmos"[47], y el libro de Peter Wagner *Oración de guerra*[48] se subtitula *Cómo buscar el poder y la protección de Dios en la lucha por edificar su reino.* Finalmente Bernardo Campos, en su ensayo *Visión de reino,* complementa lo anterior en los siguientes términos:

---

44 Bernardo Campos. *Apóstoles del siglo xxi: a propósito de la restauración del carisma apostólico en el Perú.* Disponible en *http://www.pentecostalidad.4t.com/articulos_2/art-035.html*

45 Folleto disponible en: *http://centrointernacionalmoriah.com/quienes-somos/apostol-dr-roberto-bonilla*

46 Así se señala en la contratapa del libro de Guillermo Maldonado, *La liberación, el pan de los hijos.* Miami: ERJ Publicaciones, 2006, contratapa. De la apóstola Ana Méndez se dice algo similar: "La autoridad que Dios le ha otorgado y su conocimiento sobre el reino de Dios y su gobierno sobre la tierra la han convertido en una Generala del Ejército de Dios". Ana Méndez. *Sentados en lugares celestiales.* Ponte Vedra: Voice of the Light Ministries, 2009, contratapa. Las cursivas son mías.

47 Así se titula el capítulo que aparece en P. Wagner & P. Deiros (Editores). *Manantiales de avivamiento.* Miami: Caribe, 1998, pp. 153–169.

48 Peter Wagner. *Oración de guerra.* Nashville: Caribe, 1993.

> La misión consiste según el MAP (NRA) en hacer manifiesto *el reino de Dios en la tierra, destino final del hombre*, lo que implica conseguir *un nuevo orden social, un estado de justicia y paz* (la shalom, en términos bíblicos). Esa, y no otra, es la impronta que mueve la tarea suprema de la Iglesia. El crecimiento de la Iglesia ya no es más lo central[49].

De los párrafos anteriores bien se puede deducir que la expresión "reino de Dios" tiene varios sentidos en la NRA. Parece ser: (1) una suerte de "principios" espirituales que han de aplicarse a las realidades terrenas, donde se encuentran las fortalezas a ser derribadas; (2) un gobierno personal de Dios sobre los individuos; y (3) una realidad social a edificar o construir en la tierra. Esta última acepción es sorprendente, pues se suponía que eran los teólogos latinoamericanos de la liberación quienes enseñaban que el reino de Dios podía edificarse en la tierra.

Si bien estos son los sentidos de la expresión "reino de Dios", todos ellos tienen connotaciones presentes, terrenales, y que dejan poco lugar o nada a un reino de Dios "escatológico". La escatología parece no interesarles mucho, pues la ideología de moda parece controlar todo el andamiaje teológico de la NRA. En esto hay un gran paralelismo con el viejo liberalismo teológico del siglo XIX y con el Evangelio Social de inicios del siglo XX, ambos tan optimistas de lo que podía construirse en las realidades terrenas[50].

Si la observación anterior es cierta, entonces ¿cuáles son los énfasis que vienen a tener relevancia en el discurso de la NRA? *Los milagros, las señales, los prodigios*, los cuales evidencian el reino de Dios[51]. En este sentido, las señales parecieran ser más importantes

49 Campos, Visión… , *op. cit.*, p. 104. Las cursivas son mías.

50 La observación de que en este movimiento la escatología se encuentra bastante relegada, lo ha documentado Heinrich Schafer. *Protestantismo y crisis social en América Central*. San José: DEI-Universidad Luterana Salvadoreña, 1992, pp. 185 ss.

51 Wagner relaciona de la siguiente manera las señales con el reino de Dios: "Existe una sólida base teológica para llegar a la conclusión de que las señales y los prodigios ocurren aún en nuestros días. Esta hipótesis puede confirmarse al examinar el concepto bíblico del reino de Dios". Wagner. Señales… , *op. cit.*, p. 35. Las cursivas son mías.

que el mismo reino de Dios. Las señales son algo así como su epifanía y que muestra el poder de Dios, aunque más exactamente muestran el poder de los apóstoles, quienes son los que realizan dichas señales.

¿REINO DE DIOS O REINO DE LOS APÓSTOLES?

La pregunta no es capciosa y tampoco tiene la intención de confundir o desviarnos de un tema fundamental para la teología cristiana. En opinión de James Leo Garrett, el reino de Dios es "uno de los términos bíblicos y conceptos cristianos más significativos [que] ha tenido especial importancia para la teología cristiana durante los siglos xix y xx"[52]. Paso seguido, Garrett nos recuerda que, particularmente en la era moderna, el reino de Dios ha sido entendido como: (1) un ideal socioético (A. Ritschl, Socialismo Cristiano, Evangelio Social); (2) un reino milenario judío postergado (el Dispensacionalismo); (3) el reino apocalíptico de Dios pero frustrado por la muerte de Jesús (J. Weiss y A. Schweitzer); y (4) el reino de Dios realizado en Jesús (C. H. Dodd).

Pero ninguna de estas comprensiones del reino de Dios, que resume Garrett, se compara a la propuesta de la NRA. Bernardo Campos explica cómo se da esa relación entre reino de Dios y el "reino de los apóstoles". Luego de señalar que "la doctrina del reino de Dios es el nuevo eje sobre el cual girará todo el corpus doctrinal y el que guiará los actos rituales, las formas de organización, así como su eticidad y sus prácticas sociales", sostiene que eso implica "un giro copernicano". ¿Qué significa éste? Dejemos hablar a Campos:

> — Reinaremos *aquí en la tierra, y no en el cielo*;
> — Que somos reyes, profetas y sacerdotes *aquí y ahora*;
> — Que tenemos autoridad sobre los ángeles y que éstos están a nuestra disposición para completar la misión de establecer el reino de Dios sobre los nuevos cielos y la nueva tierra[53].

De un total de diez características del giro copernicano, que sostienen Campos y la NRA, tres tienen que ver con el reinado de los apóstoles

52 James Leo Garrett. *Teología sistemática*. Tomo 2. El Paso: Casa Bautista de Publicaciones, 2003, p. 726.

53 Campos, Visión… , *op. cit.*, p. 104. Las cursivas son mías.

como Peter Wagner, Rony Chaves, Cash Luna, Raúl Vargas, Harold Caballeros y otros más que están en todo el continente. ¿Dónde van a reinar los apóstoles? En la tierra. ¿Qué son aquí y ahora? Reyes, profetas y sacerdotes. ¿Sobre quiénes tienen autoridad? Incluso sobre los ángeles.

El "giro copernicano" de la NRA, como se constata, tiene que ver más con política y economía que estrictamente con el reino de Dios, por lo menos tal como se le había entendido antes a éste. Si se trata de procurar un nuevo orden social, entonces es obvio que se está hablando de política. Lo cierto es que los apóstoles quieren poder pero no para que reine Dios sino ellos. Ése es el meollo de su teología política. Pero para comenzar con ese programa, primero hay que cambiar las estructuras democráticas de la iglesia, donde ya reinan. El apóstol venezolano Elías Rincón sostiene:

> La democracia no funciona como tal dentro de la iglesia. *La iglesia debe ser regida por un gobierno teocrático,* en el que existe un claro reconocimiento de los ministerios y los dones bíblicos. [...] En el apostolado se da el reconocimiento a una autoridad espiritual, a la que están sujetos los pastores, los profetas, los maestros y los evangelistas, que son los otros ministerios de que habla Pablo a los efesios[54].

La democracia, en cualquiera de sus expresiones, siempre será un obstáculo para el reino de los apóstoles. Incluso, algunos de éstos llegan a sostener que en la iglesia "mejor es una buena dictadura —la de ellos— que una mala democracia". Personalmente varias veces les he escuchado decir: "En la iglesia no debe haber democracia sino teocracia, pues es Dios quien gobierna". Pero es claro que se trata de una frase aparentemente piadosa y hasta "bíblica", aunque sólo tiene el propósito de apuntalar su poder.

Se puede decir legítimamente que el plan, el proyecto final de la NRA, es imponer su idea de "teocracia" a la sociedad entera,

---

54 Manuel Quintero. "La iglesia no puede ser neutral". *Nuevo Siglo*, n.º 2, año 4, Quito, 2004 (entrevista concedida por el apóstol venezolano Elías Rincón). Las cursivas son mías.

si es que acaso llegasen a "reinar" en ella. Mejor deberían plantear, de una vez por todas y sin ambigüedades, que lo que buscan es un "gobierno apostólico mundial" (y no precisamente *el reino de Dios*). Estas posturas, evidentemente mesiánicas, han generado una serie de reacciones que se justifican desde todo punto de vista. Incluso un influyente pastor pentecostal señala con preocupación lo siguiente:

> Ha nacido una casta sacerdotal ávida de poder o, para decirlo de otra forma, quienes intentan adueñarse del poder y hacer uso discrecional de él. [...] Empezamos el siglo XXI con el redescubrimiento del ministerio apostólico. Y ahora los viejos evangelistas transformados en profetas se reciclan como apóstoles. [...] Hemos experimentado una centralización del poder que nos acerca a la iglesia católica y nos aleja de la tradición protestante. El "sacerdocio" está cada vez más en las manos de unos pocos iluminados[55].

Propuestas eclesiales y articulación política

Es un equívoco creer, por lo anteriormente visto, que la NRA tiene que ver estrictamente con un proyecto eclesial. No. La reforma que plantean en realidad es de carácter socioeconómico. Se trata de toda una revolución cultural que casi no se diferencia en sus contenidos de las propuestas mesiánicas provenientes del reconstruccionismo estadounidense, sino tal vez sólo en sus actores principales (los apóstoles).

Cindy Jacobs en su libro *El manifiesto de la Reforma* —prologado por Peter Wagner— sostiene que "nuestros tiempos requieren una nueva reforma, no como la antigua que llamaba a la reforma *solamente de la iglesia*"[56]. Se trata ciertamente de una lectura malintencionada de la Reforma Protestante, hecha tan sólo con el objetivo de destacar que la NRA sí traerá una reforma integral, la cual abarcará todas las esferas de la vida.

---

55 Norberto Saracco. "Pastoral latinoamericana: desafíos y tentaciones". En Alberto Roldán y otros (editores). *La iglesia latinoamericana: su vida y su misión*. Buenos Aires: Certeza Argentina-PRODOLA, 2011, p. 117.

56 Jacobs, *op. cit.*, p. 209. Las cursivas son mías.

¿Renovación de la iglesia o reordenamiento de lo social?

Cindy Jacobs, de hecho, no habla por sí misma, sino por el movimiento que representa. Es una generala de oración y líder de la NRA. Y la reforma a la que alude, obviamente, implica un proyecto político. Pero dicho proyecto ¿está explicitado en algún lugar? Que sepamos ningún apóstol se ha dado la molestia de hacerlo. Y tal vez nunca lo hagan, pues lo obvio no necesita discernimiento ni definición alguna. Pero algo se puede deducir, de por dónde se orienta dicho proyecto y cuál es su orientación ideológica, observando el comportamiento político de los líderes de la NRA.

En ese sentido, uno debe plantearse las siguientes y necesarias preguntas: ¿Con quiénes se reúnen a tomar desayunos y convocan a la prensa para las fotos? ¿A quiénes visitan y llevan regalos? ¿A favor de quiénes oran públicamente ante las cámaras? ¿Con qué políticos y dignatarios se toman fotos, las cuales luego lucen en sus oficinas? ¿A quiénes invitan a sus congregaciones para ciertos "eventos especiales"? El refrán popular "Dime con quién andas y te diré quién eres", en este caso, resulta más que apropiado[57].

El apóstol Rony Chaves sostiene que en este nuevo ordenamiento eclesial-social las diversas "esferas apostólicas" tienen un papel crucial. Así, en "la esfera apostólica de autoridad" se encuentran los: (1) Apóstoles horizontales; (2) Apóstoles verticales; y (3) Apóstoles del mundo comercial, es decir, de mercadeo o de mercado.

La característica de estos tres tipos de apostolado consiste en que mientras los apóstoles "horizontales" son básicamente ministerios de relación —para lo cual cuentan con apóstoles de convocación, apóstoles embajadores, apóstoles de movilización y apóstoles territoriales—, los apóstoles "verticales" son líderes de organizaciones eclesiásticas, denominacionales apostólicas o redes. Los apóstoles "del mundo comercial", por el contrario, "tienen su cobertura en una iglesia local

---

57 *Cf.* la observación de Florencio Galindo: "Estrechamente relacionados con la Derecha religiosa de los EE. UU., los neopentecostales dan en su misma religión especial énfasis al anticomunismo y al proamericanismo. Su predicación a los campesinos centroamericanos insiste en que la enfermedad y la pobreza son señal de que sus víctimas carecen de la fe o viven en pecado, pues a sus buenos hijos Dios los quiere sanos y ricos". *El protestantismo fundamentalista*. Navarra: Verbo Divino, 1992, p. 321.

pero su ministerio primariamente lo realizan fuera de la iglesia nuclear, es decir, en la iglesia extendida (política, comercio, deporte, etc.)"[58].

De hecho, esta organización apostólica más parece un magisterio cuyo modelo es la Iglesia Católica Romana. Y aunque Chaves no es del todo claro cuando se refiere a la "iglesia extendida", una vez más comprobamos que la iglesia en esta perspectiva se vincula (¿o se extiende?) a la política, al comercio, etcétera. Esto es la esencia de la NRA, por tanto es lo innegociable o lo irrenunciable, pues constituye su *razón de ser*[59]. Justamente por eso es que deben defender el proyecto de la NRA que cuenta con oponentes o enemigos.

> ¿Quién se opone a la Nueva Reforma Apostólica? Desde luego, el primer opositor a toda Reforma Apostólica es el diablo. *Su reino se vendría abajo si esta ocurriera hoy.* Pero son en verdad, las estructuras babilónicas las que harán todo lo posible por detenerla. Los espíritus allí reinantes harán la guerra para impedirla. Aun, tristemente hay que decirlo, estructuras evangélicas religiosas y anacrónicas (no funcionales) harán lo que puedan por frenar esta Reforma de Dios[60].

No podía faltar una dosis de maniqueísmo a las ideas mesiánicas —y hasta milenaristas— de la NRA. El fundamentalismo, que les

---

58 Chaves, *op. cit.*, pp. 84–85.

59 La Red Apostólica IMPACT PERÚ afirma: "La razón de ser de lo apostólico es afirmar que la misión de la iglesia es influir hasta llegar a reinar sobre la tierra (Ap 5.9–10) y que ahora estamos en el kairos de Dios para una mayor manifestación gloriosa de los hijos e hijas de Dios en toda las esferas e instituciones de la vida humana (Gobierno, economía, educación, religión, familia, artes-entretenimiento y comunicaciones), en todas las naciones. Por lo que: Es prioritario perfeccionar a los santos para operar en las 7 esferas de la sociedad (Gobierno, economía, educación, religión, familia, artes-entretenimiento, comunicación) como una vía integral para desarrollar acciones y obtener experiencias que hagan visible la manifestación del reino aquí y ahora, bajo un perfeccionamiento y cobertura ministerial continuo". Declaración apostólica de Lima. Red Apostólica IMPACT PERU. Noviembre del 2010. Tomado de *http://www.pentecostalidad.com/ministerial/apologia-de-lo-apostolico/252-declaracion-apostolica-de-lima*

60 Chaves, *op. cit.*, pp. 36–37. Las cursivas son mías. Este tipo de ideología es bastante común en la NRA. Creen, o quieren creer, que el reino del diablo puede ser detenido, interrumpido, frustrado y hasta "echado abajo", en tanto crezca la NRA. Por eso es que el evangelista argentino Carlos Annacondia antes de cada campaña evangelística, cree que puede echar a los espíritus territoriales al infierno mediante la "oración de guerra". *Cf.* su libro *¡Oíme bien, Satanás!* Miami: Caribe, 1997.

es inherente, encuentra en toda oposición al diablo y su respectivo correlato terrenal, es decir, a "las estructuras evangélicas y religiosas" que no son sino "estructuras babilónicas" donde gobiernan los espíritus demoníacos. ¿Quiénes son éstas en el terreno de lo concreto? Líderes, pastores, teólogos, editoriales, iglesias locales, denominaciones, facultades teológicas, etc., incluso cualquier creyente, que coincidan en no estar de acuerdo con la NRA[61].

Apóstoles en política: ¿servicio o poder?

El tema de los evangélicos en política tiene una larga historia, la cual no podemos, por cuestiones de espacio, siquiera sintetizar[62]. Lo que sí resulta relativamente novedoso es que sean líderes de la NRA, y hasta los mismos apóstoles, quienes ahora se involucran en política. Pero no procuran cualquier cargo político sino que quieren involucrarse en "política grande" (alcaldías, gobiernos regionales, Congreso y hasta la Presidencia de la República). Muchos ejemplos de esto se encuentran presentes en toda América Latina.

Norberto Saracco cree que "a medida que la iglesia evangélica latinoamericana se transformó de una minoría imperceptible en una minoría perceptible, creció la conciencia sobre las posibilidades que la iglesia tendría para la transformación social"[63]. Y si bien esta afirmación se refiere a los evangélicos en general, se aplica de manera directa a la NRA, quienes partiendo de una mentalidad mesiánica y una teología de guerra espiritual ahora pretenden gobernar el mundo. Saracco añade:

> Dentro de una teología de espíritus territoriales y guerra espiritual se pensó que una sociedad podría ser transformada si se llevaban

61 El tema es estudiado en Pedro Oro. *O Outro é o Demônio. Uma análise sociológica do fundamentalismo*. São Paulo: Paulus, 1996; y E. Brito y otros (orgs.), *Milenarismos e mesianismos ontem e hoje*. São Paulo: Loyola, 2001.

62 Para una orientación básica de este tema recomiendo la lectura de Carlos Mondragón. *Leudar la masa. El pensamiento social de los protestantes en América Latina: 1920–1950*. Buenos Aires: Kairós, 2005; René Padilla (compilador). *De la marginación al compromiso*. Buenos Aires: FTL, 1991; José Míguez Bonino. *Poder del evangelio y poder político*. Buenos Aires: Kairós, 1999; Carlos Martínez, *La participación política de los cristianos evangélicos*. México: El Faro, 2000; Tomás Gutiérrez (editor). *Protestantismo y política en América Latina y el Caribe*. Lima: CEHILA, 1996; y Tomás Gutiérrez. *Evangélicos, democracia y nueva sociedad*. Lima: Ediciones AHP, 2005.

63 Saracco, *op. cit.*, p. 118.

> a cabo los pasos estratégicos, tácticos y espirituales que dieran la victoria. Esta acción espiritual, que en términos militares ocuparía el papel de la aviación, debía completarse con la toma de posesión efectiva del territorio. Es decir, era necesario que los cristianos se prepararan para ocupar los sitios de gobierno y poder[64].

Sobre este tema la experiencia peruana resulta ilustrativa. Los apóstoles —y las esposas de éstos— han postulado últimamente a altos cargos de la política. Por ejemplo, el apóstol Marcelino Salazar ha postulado al Congreso ya dos veces, una por el Partido Aprista y otra por Restauración Nacional. Por su parte, el apóstol Alberto Santana ha postulado una vez por el Partido Aprista. Y el apóstol Samuel Arboleda ha postulado al Parlamento Andino en la lista de la Alianza por el Gran Cambio. También postularon las "profetas" Alda Lazo e Iris Huidobro, por Solidaridad Nacional y el Partido Aprista respectivamente. Cabe señalar que Alda Lazo es esposa del apóstol Peter Hornung, de la Comunidad Cristiana Agua Viva, mientras que Iris Huidobro es esposa del apóstol Marcelino Salazar, del Tabernáculo de Lima[65].

Estos datos empíricos revelan que: (1) no importa el partido o movimiento político por el cual se postula; (2) al parecer tampoco importa mucho la ideología que comportan ni las propuestas de gobierno o plan de acción de dichos partidos; y (3) interesa llegar al poder sin importar el partido por el cual se llega. Esto indica que: (1) al parecer no habría *una ideología política* específica y manifiesta en los apóstoles; y (2) mucho más importante que el proyecto político —del partido o de la nación— está el proyecto personal y económico. Para decirlo en términos más claros y precisos, lo único que les interesa a los nuevos apóstoles es el prestigio, el poder y la plata.

Sobre esta experiencia particular, pero que bien se puede ampliar a todos los países de América Latina, se puede concluir con Saracco que "es lamentable ver líderes [...] que caen bajo la seducción del

---

64 Saracco, *ídem*, pp. 118–119. El autor hace estas afirmaciones sobre la base de citas bibliográficas de los apóstoles Peter Wagner y Harold Caballeros.

65 Estos datos me fueron alcanzados por el periodista evangélico Tito Pérez.

poder y aceptan candidaturas políticas sin más antecedentes que su ministerio. Debemos preguntar: ¿Cuál ha sido su militancia? ¿Cuál ha sido su preparación? ¿Cuál es su ideología para la transformación social?"[66]. Y más aún, ¿realmente buscan la transformación social o tan sólo la transformación personal?

Una evaluación de las propuestas de la NRA

Somos de la opinión de que ya es tiempo de hacer una evaluación teológica a la NRA. Mantengo esto porque existe una opinión muy difundida —que viene de los simpatizantes de la NRA— y que dice que aún es muy temprano para emprender tal valoración. Me parece que esto sería postergar de forma irresponsable algo que ya urge hacerlo, más aún si se trata de un movimiento que comenzó a expandirse en el continente desde hace casi tres décadas y cuyos efectos se ven en todo orden[67].

El tema de la "autoridad" en la NRA

En el libro *¿Para qué sirve la teología?* Alberto Roldán estudia el tema de la autoridad dentro del cristianismo, no sólo porque es de importancia capital, sino debido a que "en último análisis, todas las cuestiones de esta vida se tienen que decidir por la noción de autoridad"[68]. Efectivamente, el cristianismo no se puede entender sin la autoridad sobre la cual ha construido su andamiaje teológico. Y la autoridad, particularmente desde la Reforma Protestante, ha tenido

---

66 Saracco, *op. cit.*, p. 121.

67 Entre los pocos intentos latinoamericanos de evaluar a los neopentecostalismos se encuentran R. Gálvez y otros. *Unidad y diversidad del protestantismo latinoamericano.* Buenos Aires: Kairós, 2002; y Arturo Piedra y otros. *¿Hacia dónde va el protestantismo?* Buenos Aires: Kairós, 2003. A mi juicio estas evaluaciones parten de una precomprensión equivocada: el considerar a la NRA como parte de la heterogeneidad protestante o evangélica en América Latina. En realidad son otro fenómeno religioso, son algo así como un "posprotestantismo" muy en sintonía con la cultura posmoderna. *Cf.* In Sik Hong. *¿Una iglesia posmoderna?* Buenos Aires: Ediciones Kairós, 2001. Una mejor lectura de los énfasis teológicos de la NRA lo ofrece Alberto Roldán. "¿Teologías posmodernas?". En *¿Para qué sirve la teología?* Grand Rapids: Libros Desafío, 2011, pp. 137-156.

68 Roldán, *op. cit.*, p. 78. La cita corresponde a Derek Bigg. *La racionalidad de la revelación*. Barcelona: Ediciones Evangélicas Europeas, 1971, p. 19.

como pilar la Biblia. De ahí que haya insistido en la "Sola Escritura" como autoridad única y final.

Quien ha resumido en la NRA de forma clara el tema de la "autoridad" es Peter Wagner: "¡Dios habla directamente a su pueblo hoy día! Algunos se sorprenderían de cuántos cristianos inteligentes y de buen corazón no pueden creer esto. *Piensan que toda la revelación de Dios a su pueblo está en la Biblia*"[69]. Este es, en nuestra opinión, el meollo del asunto y lo que hace de la NRA algo totalmente distinto a los protestantismos, a los pentecostalismos clásicos y a las otras formas de ser evangélicos en América Latina.

"Dios habla hoy directamente" significa que: (1) *la Biblia no es suficiente como autoridad* en lo que respecta a fe, doctrina y praxis; (2) *la palabra de Dios no está limitada por el canon* que se expresa en la Escritura, sino que va más allá de ella; y (3) *Dios habla hoy por otras formas o medios*, que en la práctica de la NRA se conocen como los "rhemas", supuestamente una voz fresca y que puede en algunos casos ser hasta audible.

"Dios habla hoy directamente" remite también a una serie de *experiencias* supuestamente del Espíritu, y que representa "un canal abierto de Dios" por el cual se comunica —no pocas veces— al margen o en contra de la misma Escritura. Por eso es muy común escuchar en boca de los apóstoles expresiones como "Dios me ha dicho…", pero que en clave de la NRA no son otra cosa que los *rhemas* que dicen haber recibido[70].

Visto históricamente, el problema no es nuevo, pues han sido diversos los personajes y movimientos que han apelado a ese tipo de autoridad fundamentados en la *experiencia,* según éstos siempre provenientes del Espíritu Santo. Sobre el particular Juan Calvino señalaba acertadamente que:

---

69 Wagner, Siete… , *op. cit.*, p. 38. Las cursivas son mías.

70 Un ejemplo: "En 1996, cuando Dios me mostró que esta década del Espíritu Santo estaba por concluir, me dijo: 'Hijo, mi pueblo no conoce mi verdadera experiencia pentecostal". Cerullo, *op. cit.*, p. 148. Al parecer, según este rhema, Dios estaba interesado en que la iglesia conozca la experiencia ahí mencionada. *Cf.* otro ejemplo en la cita 10. Una evaluación bíblica de este tema en John MacArthur. *Los carismáticos: una perspectiva doctrinal.* El Paso: CBP, 1994, pp. 41–42.

> Cuando Dios nos comunicó su Palabra, no quiso que ella nos sirviese de señal por algún tiempo para luego destruirla con la venida de su Espíritu; sino, al contrario, envió luego al Espíritu mismo, por cuya virtud la había antes otorgado, para perfeccionar su obra, con la confirmación eficaz de su Palabra[71].

Un rápido trabajo de campo en las diversas comunidades de la NRA indica que gran parte de su discurso teológico apela a las experiencias (y con mucha más frecuencia a las emociones). En lo personal he conversado este tema con apóstoles —de varios países de América Latina— y siempre he escuchado el mismo razonamiento: "Es que tú no has experimentado lo que nosotros"[72].

Pero ¿qué pretende la NRA al fundamentar sus propuestas teológicas en la experiencia? Creo que hay dos respuestas posibles: (1) abrir la revelación de Dios, dejando atrás el canon heredado; y (2) traer una nueva revelación, dejando atrás la tradición o memoria. Ambas respuestas, evidentemente, procuran que el cristianismo deje de ser "la religión del libro" para convertirla en la religión de la experiencia, del sentimiento y de la emoción. La "Sola Escritura" cede su lugar, de esta manera, a la "Sola Experiencia".

Abrir la revelación de Dios —en el nombre del Espíritu— ha sido la tentación de los "iluminados" o "ungidos" a lo largo de la historia, tanto en el judaísmo (los apocalípticos, por ejemplo) como en el cristianismo (hay muchos ejemplos). Y no solamente en estas religiones, sino prácticamente en casi todas las que se fundamentan

---

71 Juan Calvino. *Institución de la religión cristiana*, Libro I, Capítulo IX, 3,b. Hay que advertir con firmeza que los cristianos evangélicos siempre hemos creído en las experiencias, sólo que no basamos nuestras doctrinas y reflexión teológicas en ellas. Es más, creemos que los cristianos deben tener experiencias continuas para luego testificarlas, es decir, para dar testimonio de lo que Dios —o Cristo o el Espíritu Santo— está haciendo en sus vidas.

72 El tema de la preeminencia de la experiencia (sobre la Escritura) evidencia que a la NRA no le interesa la Biblia, pues ésta es un obstáculo para su proyecto político-teológico. Pero como no puede evitarla le antepone su "hermenéutica del Espíritu" para hacer decir a la Biblia lo que ellos quieren encontrar. *Cf.* John MacArthur. *A Guerra pela Verdade*. São Paulo: Editora Fiel, 2008. Sobre el tema de la experiencia y su relación con la religión recomiendo Severino Croatto. "La experiencia religiosa. Descripción e implicaciones". En *Experiencia de lo sagrado*. Navarra: Verbo Divino, 2002, pp. 37–77.

en un "texto sagrado". Lo cierto es que los nuevos "iluminados" procuran romper el canon establecido, porque éste es uno de los mayores escollos que encuentran en el camino. Como sabemos, el canon teológicamente "apunta a una clausura en la interpretación de los textos transmitidos, y una forma de asegurarse contra la desviación de la doctrina"[73]. Croatto añade algo más:

> Un canon no aparece de un día para otro. Las tradiciones se van constituyendo en un largo proceso de apropiación, formalización, relecturas, etc. Sólo en una cierta etapa de su itinerario se toma conciencia de que hay un *corpus* de textos que las expresa adecuadamente[74].

Ese *corpus*, sin embargo, llega históricamente a una definición formal, que en nuestro caso se encuentra en los sesenta y seis libros canónicos. El canon es tanto punto final (ya no puede haber otras revelaciones escritas más) como punto de inicio (Dios sigue hablando, sólo que por medio del texto canónico). La NRA al superar el canon, en consecuencia, asume otra fuente de autoridad que los distingue del cristianismo por más que se crean o se hagan llamar "la tercera ola del Espíritu Santo".

Pero superar el canon tiene otra implicación más: niega la tradición, la memoria que dio origen al movimiento, en este caso al cristianismo. La fe cristiana es ante todo una fe basada en la "memoria", es decir fundada "en el recuerdo de hechos históricos que van siendo rememorados a lo largo de los siglos". Como dice Hoornaert, "los cristianos saben muy bien que su religión se mantiene en pie o se viene abajo con la veracidad de su memoria"[75]. Y esa memoria remite directamente a Jesús el Cristo, vehículo de salvación y esperanza.

El sociólogo de la religión Paulo Barrera ha estudiado con detenimiento *la sociología de la transmisión religiosa*, y encuentra —con base en su trabajo de campo en Lima y São Paulo— que los nuevos movimientos, como la NRA, transmiten su doctrina no

73 Croatto, *op. cit.*, pp. 467–468.

74 Croatto, *ídem*, p. 473.

75 Eduardo Hoornaert. *La memoria del pueblo cristiano*. Buenos Aires: Paulinas, 1986, p. 17.

tanto apelando a la memoria y a la tradición sino a las emociones religiosas[76]. En ese sentido, la NRA coincide con el viejo proyecto fundamentalista de "domesticar la razón protestante"[77].

Lo anterior implica en lo concreto que lo heredado ya no cuenta más. Como reconoce el apóstol Pablo Deiros, la NRA más que estar orientada al pasado (la "*herencia* recibida"), está orientada a la "*visión* recibida", es decir al futuro[78]. Pero ¿quién o quiénes reciben "la visión"? Los apóstoles como Peter Wagner y Rony Chaves, por citar tan sólo dos nombres. ¿Qué herencia recibida desechan? Toda la historia del cristianismo, es decir, sus formas de gobierno eclesial, sus doctrinas aceptadas y desarrolladas, las diversas formas de hacer teología, etc. La NRA, de esa manera, llega a fundar una nueva religión.

La teología del reino de Dios en la NRA

No cabe duda que el reino de Dios ha tenido diversas comprensiones y desarrollos en América Latina. Siguiendo a Mortimer Arias, se puede afirmar que aún se encuentran diversos "eclipses" o reducciones de aquellas, tales como la reducción apocalíptica (el reino cataclísmico), la reducción evangélica (el reino interior), la reducción liberal (un nuevo orden social) y la reducción carismática (el reino de la euforia)[79]. Y aunque el planteamiento de Arias puede parecer demasiado esquemático —e incluso anticuado dado lo dinámico y cambiante de los movimientos teológicos—, sin embargo nos ayuda a ver el panorama de manera general. En un trabajo posterior, Arias ofrece una definición con la que es difícil no estar de acuerdo:

---

76 Paulo Barrera. "Tradiçao, memória e modernidade: A precariedade da memória religiosa contemporânea". *Estudos de Religiao*, n.° 18, São Paulo, 2000, pp. 121-144.

77 Paulo Barrera. *Tradição, transmissão e emoção religiosa*. São Paulo: Olho d'Agua, 2001, p. 231.

78 Deiros. El cristianismo… , *op. cit.*, p. 125.

79 Mortimer Arias. *Venga tu Reino*. México: CUPSA, 1980, pp. 37-53. Dentro de la reducción "liberal" se debe también incluir a la teología de la liberación y a la NRA. Ciertamente, estos tres movimientos tienen diferencias abismales entre sí —respecto al sustrato ideológico, metodologías, contenido, praxis, etcétera—, pero la propuesta final llega a ser la misma: el reino de Dios es un nuevo orden social que debe ser construido en la tierra.

> El reino de Dios, anunciado por Jesús, es multidimensional y lo abarca todo. Es una realidad tanto presente como futura. Tiene que ver con cada criatura individual y con la sociedad entera. Iba dirigido inicialmente a "las ovejas perdidas de la casa de Israel", pero estaba destinado al "mundo entero" y hasta "los confines de la tierra". Abarca todas las dimensiones de la vida humana: la física, la espiritual, la personal y la impersonal, la comunitaria y la social, la histórica y la eterna. Y abarca todas las relaciones humanas: con el prójimo, con la naturaleza, y con Dios[80].

Luego, Arias precisa:

> El mensaje y la perspectiva del reino de Dios siempre ha estado allí en el texto bíblico, en la memoria de la iglesia, y en la misión del pueblo de Dios. Ha sido una memoria subversiva. Lo que ha ocurrido en ciertos periodos ha sido la desaparición del lenguaje del reino o la reducción del reino a una única dimensión[81].

Esta última observación de Arias nos ayuda a evaluar la propuesta teológico-política de la NRA respecto al reino de Dios. En los años setenta y ochenta, en círculos evangélicos latinoamericanos aparecieron aportes bíblico-teológicos sobre el tema, puesto que algunos movimientos como "Iglesia y Sociedad en América Latina" (ISAL) y la teología de la liberación tenían un planteamiento tan específico como desafiante: el reino de Dios debía ser construido, particularmente bajo la forma de cierto sistema social, cuyo sujeto social privilegiado eran los pobres.

Los aportes evangélicos debieron haber proseguido, pero lamentablemente hubo un decaimiento en la reflexión sobre el reino de Dios[82]. No es que no hayan aparecido ensayos sobre el tema, sino que éstos casi no han abordado los temas acuciantes que reclaman atención

---

80 Mortimer Arias. *Anunciando el reinado de Dios*. San José: Visión Mundial, 1998, pp. 17–18.

81 Arias, *ídem*, p. 43.

82 *Cf.* mi ensayo "El poder político: una exploración en la producción de la Fraternidad Teológica Latinoamericana", en: *Teología y Cultura* Año 6, Vol. 10, Buenos Aires, 2009, pp. 25–46.

en el actual contexto cultural-político-económico latinoamericano. En ese sentido, la NRA con la metáfora del reino ha venido a llenar cierto vacío teológico aunque, en términos de Arias, "eclipsándolo".

La NRA, por ejemplo, *recupera la historia* como lugar de salvación. El problema es que no reflexiona lo suficiente sobre esa historia. Y tal vez no lo haga nunca pues prefiere seguirla acríticamente. Si los intérpretes de esa historia —sean éstos políticos, publicistas, empresarios, etcétera— dicen que lo terrenal es para disfrutarlo al máximo, y particularmente en los términos del mercado neoliberal, la NRA seguirá traduciendo esa ideología como teología de la prosperidad. En ese sentido, se adaptan bien al "espíritu del siglo" aunque quieran aparecer como "contextuales"[83].

Y justamente por ser tan "contextuales" es que la NRA olvida una función esencial a todo discurso teológico: *la función profética,* tan presente en las diversas experiencias evangélicas en América Latina en los últimos cien años. La voz profética ha sido parte de nuestra historia y no se la puede desechar así nomás. Cierto que la NRA tiene "profetas" y "profecías", pero con el único propósito de fortalecer y legitimar el ministerio apostólico y profético. ¿Alguien conoce una crítica de los nuevos apóstoles al sistema económico imperante? Hay que decirlo sin ambigüedades: la NRA se ha constituido en una religión completamente inofensiva al sistema.

Si los intérpretes arriba aludidos, además, encuentran en el ser humano, en la naturaleza y aun en el cosmos "lo espiritual" y hasta "lo sobrenatural" —entendiendo por ellas casi cualquier cosa—, la NRA adoptará y adaptará ese discurso pero en clave de guerra espiritual. Llama la atención cómo en el actual contexto la NRA sigue enfatizando lo demoníaco (espíritus, ataduras, posesiones, etcétera), mientras que ha dejado a la Nueva Era que explore y explote todo lo relacionado con los ángeles y las supersticiones.

83 Sobre este punto en particular hay que estar muy atentos. La NRA habla de la misión integral y hasta de contextualización. Es decir, gradualmente se han apropiado de toda una terminología que no surgió precisamente con ellos y al cual dan un significado muy particular. Incluso sus expositores —los menos, en realidad— citan a Barth, Brunner, Tillich, Bonhoeffer, Míguez Bonino, etcétera, para parecer que están en diálogo con la teología "seria" y "académica".

Y si en los actuales procesos históricos predominan cada vez más *los verticalismos políticos*, por más que se revistan de "democráticos", esa será *el modelo eficaz* de ejercer el liderazgo en las instituciones de la sociedad, sean éstas estatales o privadas; "seculares" o religiosas. A eso le llaman "liderazgo gerencial" y "liderazgo de calidad total". ¿Sorprende que estos verticalismos y formas de ejercer el poder sean parte de la esencia del "ser apóstol" en la NRA?[84]

A modo de conclusión

1) La NRA, por lo que hemos visto, es un movimiento religioso contemporáneo con grandes pretensiones políticas. Para lograr su propósito político no duda en acudir a la metáfora bíblica del reino de Dios, la cual ocupa un lugar importante en sus argumentaciones.
2) Pero el reino de Dios —en la perspectiva de la NRA— tiene una ubicación y un contenido terrenal. La meta de la NRA es la construcción del reino de Dios en la tierra. Creen que tal empresa es posible. Y los apóstoles, y el movimiento mismo, tienen un rol preponderante en ella.
3) Hemos podido comprobar, también, que la NRA es mucho más que una reforma eclesial. Esto es algo que algunos críticos de dicho movimiento no lo han visto aún con la suficiente claridad. La renovación o reforma a la que apuntan es fundamentalmente social-política-económica-cultural. Así lo reiteran sus mismos expositores y hay que creerles.
4) Finalmente, aunque sean muy controvertibles sus conceptos de "poder", "teocracia", "apóstoles", "visión", "experiencias", etc., lo cierto es que llegan a cierta población que —en términos generales— acepta de forma acrítica ese nuevo discurso teológico-político. Las "señales" que dicen ser del Espíritu al parecer tienen un gran poder de convencimiento, al menos para esa población.

---

84 *Cf.* Y. Bonilla & F. Guerrero. *Nuevas formas de poder. Movimientos apostólicos y mesiánicos "evangélicos"*. Quito: CLAI – FLET – FLEREC, 2005; y Osías Segura, *Riquezas, templos, apóstoles y superapóstoles*. Barcelona: CLIE, 2012.

Una reflexión importante, que no quiero pasar por alto, la ofrece Samuel Escobar. Este destacado misiólogo dice que:

> La prueba que debemos aplicar para saber si un movimiento proviene del Espíritu de Dios tiene que ver con la determinación de si el movimiento de que se trata glorifica a Cristo y contribuye constantemente a transformar personas a su imagen, haciéndolas más semejantes a Cristo. Los evangélicos han tenido razón al insistir en que no debemos conformarnos con los dones del Espíritu si no vemos al propio tiempo el fruto del Espíritu[85].

Ciertamente ese criterio, que comparto plenamente, debe ayudarnos a evaluar los distintos movimientos religiosos, incluyendo la NRA.

---

85 Samuel Escobar. *Cómo comprender la misión*. Buenos Aires: Certeza, 2008, p. 164.

Capítulo 5

Una propuesta bíblico-teológica a la iglesia evangélica

He escuchado varias veces que la teología de la prosperidad es "la teología del futuro" o que es "la teología más adecuada para las actuales circunstancias en América Latina". Al margen de expresiones rimbombantes, creo que debiéramos señalar que en el inicio de este tercer milenio se presentan situaciones hasta ahora desconocidas en el campo religioso latinoamericano. Ésa es la razón por la que en el presente capítulo se abordan tres temas que guardan relación entre sí. Los tres ensayos reunidos quieren aportar algunos criterios bíblico-teológicos para un diálogo maduro, y autocrítico a la vez, acerca de la misión de la iglesia en este tercer milenio.

Avivamiento espiritual y dones del Espíritu

Es necesario subrayar que el tema que nos ocupa en este apartado es de gran preocupación en amplios sectores de la iglesia evangélica en América Latina. Por ello, casi no existen congresos misioneros o de evangelización en los que no aparezcan conferencias acerca del avivamiento y de los dones del Espíritu. Definitivamente son temas que convocan a multitudes[1]. Pero ¿qué significa "avivamiento"?,

1 En los últimos años han aparecido tantos trabajos importantes en español que sería imposible hacer una lista completa. A los clásicos libros de John Stott. *Sed llenos del Espíritu Santo*. Miami: Caribe, 1984 y James Dunn. *El bautismo del Espíritu Santo*.

¿cuál es el concepto que predomina en la teología protestante y en el imaginario colectivo? James Packer nos recuerda que en los últimos 250 años "avivamiento", a partir de diversas experiencias, ha significado fundamentalmente "la visitación vivificante de Dios a su pueblo. Se trata esencialmente de un acontecimiento corporativo, una vivificación de individuos no aislados, sino en conjunto".

Ahora, como pastor y profesor de teología, desde hace algún tiempo el tema en mención ha despertado en mí un enorme interés. Yo sé bien que en diversos lugares del mundo, América Latina incluida obviamente, se están dando diversos fenómenos que algunos no dudan en calificar rápidamente de "avivamiento", como John White y Pablo Deiros, por mencionar los nombres de dos reconocidos autores. Esta experiencia, al parecer, no sólo tendría que ver con un abultado crecimiento numérico de fieles, sino además con la presencia de diversos dones. En lo personal no tengo nada contra los avivamientos, y tampoco contra los dones, incluyendo los llamados "espectaculares". Por el contrario, quisiera que exista la posibilidad de verlo en todo el continente y el mundo entero.

Sin embargo, no estoy tan seguro que tal cosa vaya a suceder. Por lo menos no encuentro en ninguna parte de la Biblia que los cristianos debemos esperar un gran avivamiento espiritual acompañado de señales y prodigios[2]. Tampoco puedo ser tan irresponsable y afirmar

---

Buenos Aires: La Aurora, 1977, hay que añadir: Wayne Grudem (editor) *¿Son vigentes los dones milagrosos? Cuatro puntos de vista*. Barcelona: CLIE, 2004.

2 Es interesante notar cómo Pablo Deiros sostiene entusiastamente que en América Latina existe hoy un avivamiento del Espíritu Santo. Sin embargo, su sustento bíblico se reduce a Santiago 5.7–8 y Joel 2.28–31, cuyo "cumplimiento parcial" lo leemos en Hechos 2. El primer texto, como todos constatamos, no tiene nada que ver con el tema, pues se refiere a la perseverancia de los cristianos en tiempos de opresión, mientras que el segundo, más que "cumplimiento", parece ser una relectura lucana para explicar la venida del Espíritu en Pentecostés. (*El protestantismo en América Latina*. Nashville: Caribe, 1997, pp. 180–192). Ante una pregunta acerca del avivamiento en el Perú, el destacado misiólogo Samuel Escobar dice: "Para mí el avivamiento significa un nuevo vigor espiritual del pueblo de Dios que viene del Espíritu Santo. En ese sentido, tiene notas de forma como un culto más entusiasta, una predicación más vigorosa, pero también notas de fondo como una transformación de carácter de las personas, una transformación moral de las personas de manera que se parezcan más a Cristo, sino es simplemente una religiosidad. El verdadero avivamiento lleva a una conversión y transformación profunda de las personas. En ese sentido, creo que todavía no hay un

que cualquier éxtasis, visión, sanidad o lengua ya son evidencia de un "avivamiento". Bien sabemos que éstos se encuentran presentes incluso en sistemas religiosos contrarios a la fe cristiana, como es el caso de la umbanda y las religiones orientales. Así que la presencia de tales fenómenos no significa nada, excepto que vivimos en tiempos donde la búsqueda de lo "sagrado" y lo "numinoso" no ha cesado. Por supuesto que esta búsqueda se ve alimentada por la fiebre religiosa posmoderna que pretende revestirse de cristiana.

Avivamiento: ¿debemos esperarlo?

Es posible que algunas de las afirmaciones anteriores desagraden a un sector del liderazgo evangélico, o tal vez más exactamente neopentecostal. Pero, por respeto a la Escritura y al Autor de ella, no puedo tergiversar la doctrina bíblica enseñando a los hermanos algo distinto. Si quisiera congraciarme con un sector de la iglesia les diría lo que quieren oír, pero tengo el encargo de no engañarlos. Hace poco un conocido teólogo me dijo —momentos antes de que ambos diéramos una conferencia sobre teología de la prosperidad— que él prefería quedarse con las mayorías y no estar solo. Yo le respondí que prefería mil veces quedarme con el Señor y su Palabra, y además que en realidad no estaba tan solo como él suponía (cada día me convenzo más de esto).

Comento esta experiencia, con no poca tristeza, porque creo que resume la actitud poco madura de algunos líderes que están tomando respecto a las evidentes mutaciones teológicas y religiosas que se dan en nuestro continente. Tenemos que recordar que nuestra fidelidad es ante todo al Señor, y no tanto a los hermanos de la iglesia por más correctos que sean en su testimonio. Si somos pastores, tenemos la responsabilidad de *guiarlos*, no de acomodarnos a lo que ellos creen o sienten tal vez influenciados por lo que dicen ciertos predicadores de la televisión. Además, si somos maestros de la Palabra tenemos la obligación de "usarla bien" (2Ti 2.15), o "exponerla correctamente"

---

gran avivamiento en el Perú, pero espero que sí lo veamos muy pronto" (*cf.* "La iglesia debe buscar unidad en la diversidad". *Amén*. Periódico Cristiano, año I, n.° 2, mayo 2001, Tacna, Perú, p. 4. Las cursivas son mías.

como dice otra traducción. Esto, como es de común conocimiento, no siempre agrada a los hermanos muchas veces acostumbrados a lecturas alegorizantes o espiritualistas. Pero, en fin, esa es la tarea normal del pastor-maestro y sus posibles riesgos.

Abordando nuestro tema, debo decir que una pregunta que escucho con frecuencia es: ¿Puede hoy el Señor dar a su iglesia un avivamiento o no? En lo personal, me parece una pregunta no sólo mal formulada sino equivocada, aunque tenga cierta apariencia de piedad, pues *no se trata de si el Señor puede o no puede hacer algo.* Ése no es el punto, aunque está claro que el Señor no tendría incapacidad alguna en derramar avivamiento a su pueblo, en darle todos los dones que están en la Biblia, en darle riquezas y sanidad, y también en darle un gran crecimiento numérico.

Las preguntas que debemos hacernos más bien son: ¿Quiere el Señor dar un avivamiento que se ajuste a los principios que están en su Palabra? ¿Es la Palabra el *criterio definitivo* para discernir los "avivamientos" modernos? ¿Puede el Señor actuar hoy de una manera que contradiga abiertamente a Su Palabra escrita? ¿Puede el Señor decir una cosa y luego decir otra? Claro que frente a estas preguntas a veces surge la respuesta de que Dios es más grande que su Palabra —cosa que no dudamos— y por tanto, en esta lógica, Dios podría quebrar su Palabra cuantas veces quisiera.

Personalmente creo que los cristianos siempre hemos afirmado que Dios no está "encerrado" en la Biblia sino que nos sigue hablando hoy, pero de allí a hacerle decir cosas contra la Biblia es algo totalmente distinto e inaceptable. ¿Debemos los cristianos esperar un gran "avivamiento" futuro, como proclaman algunos? ¿O debemos esperar una mayor "religiosidad" acorde con el tiempo en que vivimos? Estas preguntas son importantes pues nos ayudan a plantear —a nuestro criterio— el asunto de fondo. En mi opinión creo que debiéramos leer con más frecuencia algunos textos de *carácter profético* que se encuentran en las páginas del Nuevo Testamento.

Tempranamente el apóstol Pablo advierte que en la iglesia ya se infiltraban falsos maestros. Supuestamente tenían la sana doctrina pero su autoridad emanaba del mismo Satanás, quien sin reparos "se disfraza como ángel de luz", y ellos mismos "se disfrazan como ministros de justicia" (2Co 11.14–15). Años más tarde el evangelista Marcos —recogiendo las enseñanzas de Jesús— en un tono apocalíptico hará un llamado al discernimiento espiritual. Dice que surgirán falsos mesías y profetas que harán "señales y prodigios" (Mr 13.22). El apóstol Pedro, por su parte, también advierte contra los falsos maestros que "introducirán encubiertamente herejías destructoras". Lo trágico es que muchos serán engañados y los seguirán. Además dice que tales maestros por su avaricia "harán *mercadería* de vosotros con palabras fingidas" (2P 2.1–3). ¡Qué pertinente son estas palabras hoy! Finalmente, a Juan en Patmos Dios le hizo ver cómo la religión idolátrica al servicio de la autoridad política tiene el poder diabólico que permite hacer *grandes señales*, de tal manera que aun "hace descender fuego del cielo a la tierra delante de los hombres" (Ap 13.11–14). Y, como en el caso anterior, muchos también serán engañados.

De estos textos se deduce que vendrán tiempos de apostasía en la iglesia, tiempos de negación de la verdadera fe (1Ti 4.1). No dice cuándo vendrá, puesto que se trata de un peligro constante a lo largo de la historia de la iglesia. De lo que sí estamos seguros es que llegará tal época. ¿Por qué no podría ser la nuestra? La perspectiva neotestamentaria en este punto no es muy optimista que digamos. Optimistas son hoy los teóricos y estrategas del crecimiento rápido de la iglesia y los propugnadores de las doctrinas de prosperidad material y sanidad. Optimismo curioso, como el del viejo liberalismo teológico de los siglos XVIII y XIX, pero que hoy se ve alimentado por la hegemonía del mercado total y por la globalización de un tipo de cultura. Sin embargo, cuando el Hijo del Hombre venga en su *Parusía* no hallará fe (Lc 18.8). Resumiendo, diríamos que en la Escritura no existe el triunfalismo que existe hoy en algunas agrupaciones, sino más bien se subraya que el amor se enfriaría en medio de la iglesia (Mt 24.12), por eso el Señor manda que perseveremos hasta el final (Mt 24.13).

Avivamiento: algunos aportes bíblicos

En la tradición cristiana siempre se afirmó que el gran imitador de Dios es su gran enemigo: Satanás. De esto da cuenta la Escritura, por ejemplo en los libros de Éxodo y Apocalipsis, donde los magos o falsos profetas al servicio de Faraón o César hacen alarde de sus poderes milagrosos. Poder que provenía del mismo Diablo y que engañaba a las multitudes de crédulos e ignorantes. En ese mismo sentido, en la tradición evangélica siempre se condenó —casi por inercia— todo milagro o portento que se diera más allá de sus fronteras eclesiales. Así, todo milagro hecho —digamos por un sacerdote católico o por un curandero popular— fue calificado rápidamente, sin ningún análisis previo, de "obra diabólica". Sobre este particular no es necesario detenernos demasiado porque la historia la conocemos de memoria.

Pero, para ser francos, la misma criticidad nunca se aplicó hacia dentro, hacia nuestra propia tradición. Por el contrario, en el afán de sentir que se poseía una religión de poder, se aceptaron con facilidad muchas cosas como si fueran actos milagrosos. De pronto se comenzaron a ver "señales" por todos lados y en cada cosa. Hoy, como es de sobra conocido, abundan "milagros" en muchas comunidades "cristianas" —que prefieren no identificarse como "evangélicas"— y "milagreros" que usualmente llenan cines y estadios con sus actos de poder. Y, como era de esperar, también abundan aquellos que rápidamente califican dichos "milagros" como provenientes de Dios. ¿No sería mejor hacernos algunas preguntas respecto a esta religión de poder que nos ha invadido los últimos años?

¿Podría estar actuando Satanás en medio nuestro, aprovechando el "auge de lo sagrado" que exacerba hoy la cultura posmoderna? ¿Por qué todo milagro, señal, visión, lenguas, etc., tiene que venir necesariamente de Dios y no de otra matriz? ¿Existe la posibilidad de que nos estemos engañando a nosotros mismos, interpretando como portento de Dios algo que no lo es? Peter Wagner sostiene en el libro *Sus dones espirituales pueden ayudar a crecer su iglesia:* "No tengo la menor duda [de] que Satanás puede falsificar cada uno de los dones de la lista (de 1Co 12–14, de Ro 12, y de Ef 4). Es un ser sobrenatural y tiene poderes sobrenaturales (Mt 24.24; Mt 7.22–23)". ¿Leímos bien? Sí. El mismo apologeta de la "tercera ola del Espíritu Santo" y del nuevo apostolado es claro como para no dejarse engañar por la actividad del enemigo de Dios. ¿Y nosotros? ¿También estamos claros?

Ahora, no estamos afirmando de ninguna manera —como si se tratase de un dogma— que lo que vemos hoy es producto de la actividad diabólica. Sólo estamos haciendo *un llamado a la sana observación y evaluación* de los llamados "avivamientos". Si la Biblia advierte que hay que ser *vigilantes* ("velad y orad") es porque nuestra naturaleza humana puede engañarnos. ¡Usemos el discernimiento del Señor! ¡Seamos como los bereanos (Hch 17.10–11) y no caigamos en el pecado de la acriticidad y en explicaciones fáciles y cómodas![3].

Si acudimos a un diccionario encontraremos que se puede explicar el *avivamiento* como el acto de dar vida a lo que no tiene vida; dar vida a lo que está perdiendo la vida; y dar más vida a lo que ya tiene vida. En los tres casos avivamiento tiene que ver, pues, con la "acción de avivar", y avivar significa "dar viveza, animar". Figuradamente avivamiento significa "encender, acalorar, hacer que el fuego arda más". En la Biblia la palabra "avivar" (en hebreo *hayá* y en griego *anazao*) tiene usualmente la primera acepción, es decir, "dar vida a lo que está muerto" (1R 17.22; Ro 14.9). Por otro lado, la misma Biblia también habla no sólo de un avivamiento provocado por Dios (Hab 3.2), sino también por los creyentes (2Ti 1.6), lo cual puede complicar un poco más el tema que estudiamos. Por esta razón que no nos detendremos en este punto.

En la teología cristiana, históricamente se ha explicado que el único que puede dar un avivamiento o hacer que el fuego arda más en la iglesia *es Dios mismo por medio de su Espíritu*. Pero, como Dios es trino nunca actúa solo. Desde los inicios de la iglesia los teólogos explicaron que Dios tiene "dos manos" actuando en la historia: Cristo y el Espíritu. Así, de esta manera Cristo y el Espíritu Santo *actúan juntos* en la renovación de las personas, en el cambio de vida (2Co 5.17). De esto da testimonio el Nuevo Testamento y fundamentalmente el libro de Los Hechos de los Apóstoles. ¿Por qué acudimos a Hechos? Porque en realidad es el libro que da más detalles sobre *el actuar poderoso del Espíritu en medio de la iglesia*. Este actuar se puede considerar ciertamente como un "avivamiento". Esta afirmación, sin embargo, no debe crear problemas a nadie. Lo que nos debe crear problemas es la posición de algunos hermanos

3 *Cf.* Vinson Synan (editor). *El siglo del Espíritu Santo*. Buenos Aires: Peniel, 2006.

que hoy nos dicen que Hechos no norma, no da los parámetros a los "avivamientos" actuales[4].

¿Qué dice en Hechos? Lucas narra cómo el Espíritu Santo llegó con manifestaciones de poder a la iglesia, cumpliendo así la promesa de nuestro Señor Jesús (Jn 16.7; Hch 1.8; 2.1–4). No sólo llegó a los varones sino también a las mujeres. Este mismo Espíritu guio a Pedro a predicar a Cristo muerto y resucitado (Hch 2.22–24), y como resultado se convirtieron al Señor alrededor de tres mil personas (Hch 2.38–42). Lo interesante en esta narración es que Cristo ocupa un lugar privilegiado a tal punto que no se puede prescindir de Él. Junto con la conversión, además, hay la celebración del bautismo, así como la perseverancia *en la doctrina de los apóstoles, en la comunión unos con otros*, en el partimiento del pan (la Cena del Señor) y en las oraciones. ¡Doctrina bíblica y comunión eclesial generalmente ausente en los "avivamientos" actuales! Por otro lado, tan llenos del Espíritu estaban los primeros cristianos que vieron con naturalidad ayudar a los pobres. No había un divorcio entre vida "espiritual" y solidaridad con los necesitados (Hch 2.43 – 3.9). De estos textos aprendemos que cuando el Espíritu llegó con poder a la iglesia, no sólo hubo predicación de la Palabra y crecimiento numérico. Hubo sobre todo comunión, doctrina, solidaridad. Eso era parte del avivamiento que dio el Señor.

Más adelante Lucas cuenta cómo el Espíritu siguió actuando en medio de la Iglesia. A la *predicación* sobre Jesús resucitado sobrevino la cárcel (Hch 4.1–3), las amenazas, y la confrontación con el poder religioso y político (Hch 4.17–22). ¡Esto también era parte del avivamiento que derramó el Espíritu! Cuando hoy algunos líderes evangélicos se codean con el poder político y asumen su lenguaje, visión de la sociedad y proyectos, y luego nos hablan del "avivamiento" que sobreviene a la nación, realmente me entran grandes dudas de que tal cosa sea cierta. Y esto porque en los avivamientos usualmente hubo persecución, amenazas y no pocas muertes. Ésa es la razón por la cual Lucas cuenta con detalle cómo sufrieron persecución los primeros cristianos (Hch 5.17–42; 6.8–15; 8.1–4; 9.1–2; 9.23–25;

4 *Cf.* Alex Chiang y otros. *El poder del Espíritu Santo. ¿Qué significa hoy en América Latina?* Lima: Ediciones Puma, 2012.

11.19; 12.1–5; 13.50; 14.2; 14.19; 16.19–24; 17.5–8; 19.29; 21.27–33; 22.25; 23.35; 28.20). Observemos que en casi todos los capítulos aparece el sufrimiento por causa del evangelio. *Avivamiento y sufrimiento caminan juntos.* El primero no excluye al otro; por el contrario, es su exigencia.

En esta misma perspectiva debemos leer el resto de los Hechos y todo el Nuevo Testamento. En Hechos no todo es *lenguas* y *multiplicación de discípulos*; también es persecución y muerte. Dios no ha regalado avivamientos sin que los cristianos paguen un alto precio. El asunto es si la iglesia está dispuesta a pagarlo. Una vida en el Espíritu que se reduce a visiones, lenguas, danzas y cosas parecidas, realmente no es tal. Si alguien pretende tal cosa será porque no ha leído suficientemente la Biblia o lo han engañado. A lo mucho será religiosidad barata, aunque hable del "Espíritu" o de "Cristo". Tampoco basta hablar, hay que vivir la fe, y esto sólo es posible a partir de la comunión con la iglesia, de la doctrina apostólica, de la predicación de la Palabra y del servicio a los débiles e indefensos.

Respecto al crecimiento numérico de la iglesia, tenemos que decir que cuando una iglesia no crece debe preocuparnos seriamente. De seguro que algo anda mal. Pero cuando una iglesia crece desmesuradamente lo menos que debe provocar en nosotros son algunas preguntas y preocupaciones. No vaya a ser que estemos ofreciendo un "evangelio" tan barato —sin ninguna exigencia de discipulado sufriente— que los oyentes lo acepten sin ninguna dificultad y hasta con alegría. No es pura casualidad que las agrupaciones que más crecen hoy son las que prometen sanidad y prosperidad a la vuelta de la esquina, y que además dicen estar viviendo en un constante avivamiento y plenitud del Espíritu.

En este mismo sentido es necesario precisar que a veces se ha confundido avivamiento con evangelización "explosiva". Se trata obviamente de una confusión bastante frecuente en las iglesias. Haríamos bien en recordar las observaciones de Carlton Booth, quien decía que "la evangelización es anuncio de la buena nueva, el avivamiento es la nueva vida. La evangelización es lo que el hombre hace para Dios; el avivamiento lo que Dios hace en forma soberana a favor del hombre". No confundamos, pues, una cosa con otra. Puede crecer la iglesia, en términos numéricos, pero ello no necesariamente hará que crezca el evangelio del reino de Dios. Puede la iglesia tener todos los recursos materiales para llevar a cabo su misión, pero eso no garantiza nunca un automático avivamiento espiritual.

¿Y los dones del Espíritu?

Cuando se habla de avivamiento es inevitable referirse a *los dones.* Pero, para ser honestos, es necesario señalar que el término "dones del Espíritu" no aparece en el *corpus paulino.* Pablo, que es el escritor del Nuevo Testamento que trata casi exclusivamente este tema, para referirse a esta bendición espiritual prefiere usar sencillamente dos términos griegos, *carisma* y *dorea,* que se traducen indistintamente como "don". Además, aborda este importante tema en *tres momentos distintos* de su ministerio (1Co 12–14; Ro 12 y Ef 4), en los cuales presenta listas de dones siempre en relación con el Cuerpo de Cristo, sugiriendo así que ése es el lugar privilegiado para ejercerlo o ministrarlo. El don es, pues, un atributo especial que el Espíritu Santo da a cada miembro del Cuerpo de Cristo según la gracia de Dios para que lo use en el servicio al Señor (1P 4.10).

Sin embargo, la discusión en torno a este tema es amplia. Resumiendo, diremos que los exégetas no se han puesto de acuerdo en cuál es la cantidad exacta de dones que aparecen en esas listas. Igualmente, también existe discusión acerca de si todos los dones están operativos hasta el día de hoy o no. La mejor manera de responder a estas inquietudes, obviamente, es haciendo algunas preguntas al texto bíblico. Decíamos que el tema de los dones Pablo lo aborda en *tres momentos* distintos y no solamente en *tres cartas,* como se acostumbra enfatizar. Estos momentos están ubicados en un determinado contexto que implica necesariamente una *maduración teológica en Pablo,* quien en su ministerio se vio confrontado con situaciones diversas por las que atravesaban las iglesias. Una cosa era la iglesia de Corinto con su variado liderazgo y culto extático, otra las células familiares en Roma —según el capítulo 16— sin un liderazgo visible y con la necesidad de organizar una iglesia en la ciudad, y otra las iglesias que se encontraban en Éfeso, a quienes Pablo les envió una carta circular, y que tal vez fue la última que escribió.

A estas alturas creo que todos concordaremos en que una sana hermenéutica bíblica exige leer los textos bíblicos a la luz de su contexto original, lo cual implica precisar las fechas en que fueron escritas las cartas. Así, 1 Corintios 12–14 fue escrito en el 53 o 54, Romanos 12 en el 57 o 58, y Efesios 4 en el 60 o 61. Estas fechas, aclaramos, son las aceptadas por los eruditos evangélicos, y nos permite plantear las siguientes preguntas: ¿Por qué Pablo menciona en 1 Corintios 12–14 dieciséis dones; en Romanos 12.6–8, siete, y en Efesios 4.11–12, apenas cuatro? ¿Por qué con el transcurrir de los años y experiencia en la misión, Pablo se queda al final sólo con los dones menos "espectaculares"? ¿Se trata de una "reducción" de dones en función de las necesidades de una iglesia en particular? ¿O es, más bien, una *propuesta ministerial*, producto de la evaluación madura y seria a la luz de diversas experiencias negativas y poco edificantes que hubo en algunos sectores entusiastas del cristianismo primitivo? En lo que sigue no pretendemos dar respuestas definitivas, sino sólo sugerencias que nos ayuden a reflexionar un poco más en el tema.

Para responder veamos las listas. En 1 Corintios 12–14 aparecen los siguientes dones: *palabra de sabiduría, palabra de ciencia, fe, sanidades, hacer milagros, profecía, discernimiento de espíritus, lenguas, interpretación de lenguas, apostolado, enseñanza, ayuda, administración, martirio y cánticos*. En Romanos 12.6–8 están: *profecía, servicio, enseñanza, consolación o exhortación, el repartir, hacer misericordia y presidir*. Finalmente, en Efesios 4.11–12 aparecen los apóstoles, profetas, evangelistas y los pastores-maestros (estos dos últimos dones serían uno solo, a decir de los expertos en griego koiné). Si hacemos *una sinopsis* de esas tres listas, podemos sacar las siguientes *conclusiones:* (1) la cantidad de dones disminuye considerablemente, de dieciséis a cuatro; y (2) sólo dos dones se repiten en las tres listas: el de *profecía* y el de *enseñanza*, es decir, profetas y maestros tuvieron tal vez un lugar privilegiado entre los ministerios eclesiales del primer siglo.

Ahora, no vamos a explicar el significado de cada don en particular, ya de eso se han encargado diversos expositores de forma equilibrada y bien fundamentada en la Biblia (Ray Stedman y John Stott, entre otros). Nos interesa más bien hacer *una propuesta de lectura*, que es la siguiente: Pablo, al escribir a los corintios, se encuentra con el serio problema de que el culto público era literalmente un caos. Por ello, hace un serio llamado al orden y a la decencia (1Co 14.40). Parte de este caos era que se enfatizaban los dones "espectaculares" poco edificantes para las mayorías o las visitas (1Co 14.9–19) como las lenguas, cosa que Pablo regula —no prohíbe— (1Co 14.39). Frente al carismatismo desenfrenado, Pablo propone el uso del don de profecía (1Co 14.1, 3, 39), porque edifica a todos. Se entiende evidentemente que *profecía significa aquí predicación de la Palabra de Dios*, y no una revelación extática ininteligible y opuesta a la Biblia, como hoy pretenden algunos.

Tres años más tarde, Pablo escribe su obra mayor: Romanos. Nadie dudará que aquí aborda algunos temas fundamentales —como la justificación por la fe— de forma más acabada que en otros escritos. En mi opinión, entre estos temas también se debería considerar los dones. En el capítulo 12 Pablo diserta sobre el "culto racional" a Dios (Ro 12.1) y la corporeidad de la iglesia. En ese marco, plantea los dones como una forma de convivencia eclesial y social en los que destacan algunos dones no mencionados en 1 Corintios (entre ellos "el que preside"). Pongo como ejemplo este don porque de seguro que era más necesario y urgente en Roma que en Corinto. Esto podría indicar que los dones no los reparte Dios por igual a cada iglesia, sino que tal vez guardan relación con las necesidades corporativas locales. Existe también otra posibilidad: lo que vio Pablo en Corinto de seguro que le dejó muchas enseñanzas, y no iba a permitir que se cometieran excesos en Roma. Es por eso que reduce la lista de dones a unos pocos que pueden ayudar a que la iglesia se constituya en una comunidad de solidaridad (Ro 12.16) y amor (Ro 13.8–10).

Finalmente, en el famoso capítulo sobre la *unidad de la iglesia*, Pablo sostiene que el Señor dio sólo cuatro dones que se transformaron rápidamente en ministerios específicos (Ef 4.11–12). Si observamos bien, todos éstos tienen que ver directamente con la Palabra razonada, dirigida al corazón y la mente de las personas. Tal vez Pablo no excluye los dones mencionados en 1 Corintios 12–14 y en Romanos 12.6–8, sino que le da el primer lugar a la Palabra y deja en *segundo plano* aquellos dones que se pueden prestar más fácilmente a la especulación, la espectacularidad y la manipulación de los sentimientos. De esta manera, los dones "espectaculares" ocuparían en el pensamiento paulino un lugar menos privilegiado que aquellos relacionados con la Palabra. Esto confirmaría, una vez más, lo que ya había enseñado acerca de la profecía en 1 Corintios 14.

Unas palabras finales

En lo particular, y *a modo de conclusión,* creo que los cristianos estamos llamados a saber discernir "las señales de los tiempos" (Mt 16.3). Esta reflexión se inscribe en esa línea y no en otra. Una sincera preocupación existe en mi corazón al ver a muchos cristianos que van tras novedades teológicas, anhelando *avivamientos y señales*, dejándose llevar fundamentalmente por sus sentimientos y emociones. Paradójicamente, esos mismos cristianos no muestran ningún interés en estudiar seriamente la Palabra de Dios, en participar en los cultos de oración, y mucho menos en hacer vida de iglesia. Si a algunos la iglesia les parece "fría" espiritualmente, éstos debieran ser los primeros en clamar al Señor para que derrame dones y un espíritu de amor, consagración y servicio. Pero clamar *en* la iglesia, no *fuera* de ella.

Respecto a los *dones* concluyo con una experiencia ministerial. En la iglesia donde sirvo al Señor hay hermanos o parientes suyos con problemas de salud, que necesitan urgentemente sanidad. A varios de ellos me gustaría tenerlos como colaboradores cercanos en la obra, dado los dones que tienen, pero están enfermos. Estoy seguro de que Dios no está muy contento cuando ve que hay tantos enfermos, pero también tengo la seguridad de que no ha prometido sanidad y prosperidad para todos sus hijos. Ahora, al Espíritu Santo no le ha complacido regalarme dones de sanidad o de hacer milagros para ayudar a los hermanos. Aun así, estoy confiado en que Dios tiene otros planes conmigo. En lo personal, no me siento mal ni menos espiritual por no tener tales dones "espectaculares". Lo único que anhelo es una iglesia fortalecida en la Palabra que "permanece para siempre" (1P 1.25) y que cumpla la misión encomendada por su Señor.

Vivir según el Espíritu... ¿del mercado?

Hay un viejo texto de Rubem Alves, teólogo y psicoanalista brasileño, que plantea el problema de fondo cuando intentamos hacer teología y a la vez ser fieles al Dios de la vida en la cotidianidad histórica. Sostiene que "no es la sociedad la que debe dictaminar si una forma de vida es cuerda o loca. Es, por el contrario, la vida la que debe decir si la sociedad está loca o no. Y si la vida comprueba que la sociedad conspira contra ella, no hay más camino de acción posible que la resistencia y la rebeldía"[5].

Estas palabras, con las que concordamos plenamente, parten del valor absoluto de la vida humana. Toda reflexión teológica, si pretende ser fiel al Dios de la Biblia, tendrá que articular una propuesta teórica y práctica que defienda la vida humana en toda su plenitud[6]. Y la vida, como sabemos, no sólo está condicionada por su materialidad y espiritualidad, sino también por la complejidad social y cultural que lo envuelve. Esto nos lleva a un segundo punto: toda teología tiene la exigencia evangélica de leer su realidad para no caer en sacralizaciones baratas que, como lo comprueba la historia, tanto daño han hecho a la humanidad. Por ello, es ineludible una presentación del contexto en que nos toca servir a Dios.

El nuevo desorden mundial

El modelo de sociedad y cultura que se va imponiendo con la globalización tiene varias características. Es imposible no tomar en cuenta en este análisis a Francis Fukuyama, quien en 1989 proclamó el triunfo de la "idea occidental", es decir, de la democracia liberal occidental como la forma final de gobierno humano. Dicha democracia, según este renombrado intelectual, está basada en el mercado y sus leyes. Como complemento, también proclamó el fin de las ideologías.

5 *Hijos del mañana*. Salamanca: Sígueme, 1976, p. 151.

6 De manera lúcida ha desarrollado este tema Pablo Andiñach en "Defender la vida". En G. Hansen (editor). *El silbo ecuménico del Espíritu. Homenaje a José Míguez Bonino en sus ochenta años*. Buenos Aires: Instituto Universitario ISEDET, 2004, pp. 323–333.

Es decir, si el mundo tiene futuro, lo es en tanto desaparezcan los rivales (ideologías políticas alternativas) del escenario mundial. José Mardones resume bien esa visión del futuro, señalando críticamente que ya no habrá más luchas ideológicas verdaderamente tales, porque no hay alternativa alguna[7]. Sólo quedaría avanzar por la larga estela abierta en la "poshistoria", sin esperar sobresaltos ni cambios cualitativos, sino sólo los refinamientos y ajustes que exija el funcionamiento del sistema[8]. Un mundo así es un mundo sin utopías, sin esperanzas, y que sólo incita al pragmatismo y al egoísmo como práctica social.

Respecto a la administración política, ésta tiene que ser un aliado incondicional del mercado. Esto significa que debe reprimir a todos los actores sociales que propugnen otro modelo económico alternativo al presente sistema. Pero, además, tiene que declarar como ilegítimos e irracionales a todos aquellos que no aceptan "la democracia" cuyo canon es, cuando conviene, Estados Unidos. Hoy, a inicios del milenio, asistimos a la consolidación de un modelo de democracia que en la práctica son regímenes totalitarios. Éstos no admiten divergencias políticas e ideológicas, y hacen del Estado un instrumento que les sirve para reprimir o destruir a todas las fuerzas que se resisten al mercado. Es obvio que en esta "democracia" no existen programas de compensación social a favor de los marginados, es decir, de todos aquellos que parecen "sobrantes" al sistema.

No es difícil imaginar que en el corazón de todo esto se encuentra la economía. Tal vez más exactamente la idolatría de las riquezas. El economista Javier Iguiñiz sostiene que "la economía liberal parte del axioma de que la búsqueda del beneficio personal es la clave del progreso de la sociedad. Esta concepción de la economía liberal no hace sino justificar una realidad: la realidad capitalista. Pero en su justificación enarbola y predica la práctica del egoísmo como única posibilidad de progreso"[9]. La economía liberal necesita al mercado

---

7 José Mardones. *¿A dónde va la religión? Cristianismo y religiosidad en nuestro tiempo*. Santander: Sal Terrae, 1996.

8 José Mardones. *Capitalismo y religión*. Santander: Sal Terrae, 1991, p. 13.

9 *Cf.* "Economía y moral o elogio del egoísmo". En Cecilia Tovar y otros. *El derecho a la vida*. Lima: CEP, 1983, p. 89.

como única y última norma de convivencia económica y social. El mercado tiene sus propias leyes que tienen que ser aceptadas con sumisión por la población, pues quien no se amolda a las leyes del mercado es considerado un sujeto irracional.

El mercado es una totalidad cuyo fin es la "libertad". Pero se trata de una "libertad para escoger" (Milton Friedman). ¿Escoger qué? Más mercado. Como observa Franz Hinkelammert, el mercado se declara libre imponiendo precios libres, porque libertad es Mercado[10]. El mercado, además, tiene entre sus leyes máximas el respeto a la propiedad privada y el cumplimiento de los contratos. Cumpliendo esas leyes se cumple con la ética del mercado. Es obvio que el mercado atenta contra la vida humana, contra las mayorías, a quienes mata con la aplicación de sus leyes. Se trata de una locura racionalizada. Esta locura definitivamente crea monstruos. Como ha dicho Charles Kindlerberger: "Cuando todos se vuelven locos, lo racional es volverse loco también"[11]. En perspectiva apocalíptica, se podría decir que el mercado es la Bestia (el nuevo dios) que atenta contra los pobres de la historia, contra la naturaleza y, finalmente, contra sus mismos apologetas.

Los ordenamientos político-económicos, incluyendo el actual, no pueden vivir sin la religión. En algunas partes del mundo las religiones tienen un lugar importante en el "ordenamiento social". Allí están los fundamentalistas del Islam o los neoconservadores norteamericanos. Mientras en América Latina los neopentecostales, conscientes de su crecimiento numérico, buscan a su manera una cristiandad carismática. El neopentecostalismo, por crecer al amparo ideológico y económico del mercado en América Latina, se siente en deuda con éste. Por ello, tienen una propuesta teológica (teología de la prosperidad) que intenta articular una propuesta teórica y práctica que supere las contradicciones propias del capitalismo en esta parte del continente.

En este sentido, el neopentecostalismo es una religión para la conservación y buen funcionamiento del sistema vigente. Por

10 *Crítica a la razón utópica*. San José: DEI, 1984, p. 79.

11 *Manias, Panics and Crashes. A History of Financial Crises*. New York: Basic Books, 1989, p. 134.

eso, trata de (1) mostrar que el sistema capitalista de la economía de mercado es el que mejor asegura la distribución de bienes y la mayor libertad posible, por lo que es moralmente correcto o justo; (2) mostrar las afinidades que este sistema económico presenta con la tradición judeocristiana, es decir, la vinculación histórica entre cristianismo y espíritu capitalista. Lo anterior explicaría por qué los neopentecostales utilizan el mismo lenguaje que los economistas del mercado total y por qué acuden a la Biblia profusamente, particularmente al Antiguo Testamento, para justificar (fallidamente) su teología de la prosperidad.

Consecuencias evidentes del mercado

Aquí nos referimos básicamente al campo de la teología. El mercado, por ser una totalidad totalitaria, incide de forma directa en:

1) **La teología.** Ya hemos visto ampliamente lo que significan las teologías de la prosperidad y la guerra espiritual en el campo "evangélico", pero ¿y en la Iglesia Católica? ¿Qué ha sido la llamada "teología de la reconciliación" en los años 80, sino una ideología religiosa que coincide con los intereses económicos de los poderosos, pero en nombre de la "reconciliación cristiana"? ¿Y el Nuevo Catecismo de la Iglesia Católica? Juan Pablo II decía que el Catecismo es un auténtico y verdadero texto de referencia para las enseñanzas de la doctrina católica. Lo que no dijo —pero cualquiera puede leerlo— es que los católicos están obligados a creer en el sistema de libre empresa como artículo de fe[12].
2) **La espiritualidad.** En la Biblia ésta tiene que ver con la vivencia de la fe que se manifiesta en la práctica de la justicia y la búsqueda de la paz (Ro 8.6). Jesucristo definió su misión en términos

12 Robert Sirico. "El nuevo catecismo y la economía de mercado". Textos para la Acción, n.º 12, 1999, pp. 80–83. Se puede leer en esta línea los libros de Michael Novak y el resto de teólogos neoconservadores estadounidenses. *Cf.* también: Chester Gillis. *Catholic faith in America*. New York: Facts on File, 2003, particularmente el capítulo 5: "Catholics and American Politics". Muy útil para la experiencia latinoamericana: Fortunato Mallimaci. "Globalización y modernidad católica: papado, nación católica y sectores populares". En A. Alonso (editor). América Latina y el Caribe: *Territorios religiosos y desafíos para el diálogo*. Buenos Aires: CLACSO, 2008, pp. 109–139.

de vida en abundancia para todos (Jn 10.10), lo que implica la búsqueda de una nueva sociedad basada en la justicia y la igualdad. Este fue el ideal perseguido por los primeros cristianos (Hch 2 y 4). Este tipo de "espiritualidad materialista" atentaba, no cabe duda, contra un tipo de espiritualidad desencarnada de la realidad, que enseñaba que se es más espiritual cuando al cuerpo se le libera de su corporeidad y no se satisfacen sus necesidades. Así lo comprendió y enseñó muy bien la teología conservadora en sus más variados rostros. De la espiritualidad se pasó al espiritualismo barato, pervertido, fetichizado, anticorporal. Aristóteles y Plotino, por lo visto, no murieron del todo[13].

Lo más importante, para ciertas teologías, era liberar al hombre de su esclavitud "interior", del "alma", pues ésta es más importante que la liberación "exterior" (la real, que también es económica, social y cultural). ¿Qué importa la liberación exterior cuando somos libres interiormente? No sorprende, por eso, que un conocido teólogo evangélico haya escrito un artículo titulado "¿Cómo ser verdaderamente libre dentro de la cárcel?", o que el antiguo obispo Vega de Nicaragua haya declarado que "el alma sin cuerpo vive" y que "peor es matar el alma que matar el cuerpo". En la teología neopentecostal, por el contrario, se enseña que se es más espiritual mientras más riquezas materiales se posee. La riqueza evidenciaría, en este caso, la "fe auténtica", la "cercanía con el Señor" y la "obediencia a su Palabra".

Espiritualidad del mercado neoliberal

No cabe ninguna duda que se torna imprescindible defender y afirmar la vida de todas las personas en todas sus dimensiones. Es una exigencia ineludible. Tampoco cabe duda que la actual situación de muerte generalizada es agudizada por lo que se conoce como nuevo

13 Existe una importante producción respecto a la espiritualidad: Javier Garrido. *Proceso humano y gracia de Dios*. Santander: Sal Terrae, 1996; José Mardones. *Nueva espiritualidad, sociedad moderna y cristianismo*. Madrid: ITESO, 1999; George Lane. *Espiritualidad cristiana. Un bosquejo histórico*. México: Buena Prensa, 2005; José Castillo. *Espiritualidad para insatisfechos*. Madrid: Trotta, 2007; y Philip Sheldrake. *A Brief History of Spirituality*. Oxford: Blackwell Publishing, 2007, entre otros.

orden mundial y su modelo económico de libre mercado. Nuestra crítica parte de una premisa fundamental: *la vida humana integral es un don de Dios*. Por eso creemos que si alguien se dice cristiano y a la vez es partidario del libre mercado, entonces algo anda mal, es una contradicción. Puede ser o uno u otro, pero no ambos a la vez.

Como dijo una vez un conocido orador neopentecostal: "En la Biblia hay más de 200 versículos para defender el neoliberalismo económico". El razonamiento que sigue es: "Si la Biblia lo dice, entonces no queda más que aceptar el orden divino". Esta confluencia entre libre mercado y Biblia evidencia la presencia de una religión fetichizada o idolátrica. La religión del sistema imperante es la ideología y práctica del mercado neoliberal vivido como "espiritualidad". Se trata de una espiritualidad fetichizada que justifica la cosificación de las personas (es decir, convertirlos en piezas del engranaje macroeconómico) y la humanización del capital, la mercancía y las riquezas. Así, llega a divinizar el presente orden mundial.

Economía y teología del mercado

Los vínculos entre economía y teología tienen una larga historia. La misma Biblia da evidencia de ello. A nosotros nos interesa resaltar que la economía de libre mercado tiene implícita una teología que forma parte de su lógica de opresión. El nuevo orden mundial elabora un discurso teológico sobre el capitalismo y, luego, con él acompaña un proyecto de sociedad, una utopía a la que se deben ajustar todos los comportamientos y valoraciones en el presente. Pat Robertson, un conocido teleevangelista estadounidense sostiene abiertamente: "Soy una persona que cree en la 'libre empresa' ya que el capitalismo está proyectado coherentemente dentro de las esferas divinas"[14]. De igual manera el teólogo y exfuncionario de la Casa Blanca, Michael Novak, sostiene que tanto el capitalismo como la democracia liberal tienen raíces evangélicas[15]. No sorprende, por eso, que también hable de la vida y de la fidelidad a Dios. Pero en nombre de Dios y de la

14 Citado por Hugo Assmann. *La iglesia electrónica y su impacto en América Latina*. San José: DEI, 1987, p. 43.

15 *Raíces evangélicas del capitalismo democrático*. San José: Libro Libre, 1989.

vida termina destruyendo la esperanza y la vida misma. Uno de sus colegas neoconservadores dice:

> Cuando el hombre se convierte en la única medida de sí mismo y pone su sobrevivencia física como el valor supremo de su vida [...] esta preocupación excesiva se convierte en la causa que le mueve, con tal de sobrevivir, a hacer las cosas más abominables y odiosas imaginables. Hitler y Stalin son testimonios desnudos de esta concepción del ser humano, cuando se pone la sobrevivencia de una raza o el triunfo de una ideología mundana sobre todo lo demás que existe en el mundo. Hacer de la sobrevivencia el valor más importante es una enseñanza sacrílega [...] La sobrevivencia no es ni el principio ni el fin de la vida humana. Algunas veces, lo peor que se puede decir de un hombre, es que sobrevivió[16].

Es decir, todos aquellos que ponen al ser humano y su vida corpórea como medida de las cosas, sólo pueden ser comparados con bestias como Hitler y Stalin. La sobrevivencia o la lucha por la vida no son ningún valor cristiano, ya que mejor es morir que luchar por sobrevivir. En este discurso teológico político se exalta la muerte contra la vida humana. No les basta proclamar que el capitalismo o el libre mercado es bueno, se trata de internalizar la idea de que tampoco se debe luchar por mejorar las condiciones de vida, pues sería un sacrilegio. No importa si morimos, ya que lo que realmente importa es que fuimos fieles hasta el final "a Dios". Salvamos el alma a costa del cuerpo. ¿A qué "dios" se refieren?.

Espiritualidad sacrificial del mercado

Michel Camdessus, exfuncionario del Fondo Monetario Internacional (FMI), es un buen ejemplo de cómo se pervierten las buenas noticias para los pobres. Un resumen de sus conocidos discursos[17] es que los empresarios son el nuevo mesías del mundo y tienen el Espíritu de Dios para poder cumplir con su misión salvadora: redimir a los pobres de su miseria. Pero para salvarlos hay que aplicarles las

16 George Weigel. *Fieles y libres*. San José: Libro Libre, 1989, pp. 55–56.

17 *Cf.* sus "Siete mensajes". *Christus*, abril-mayo de 1995.

recetas del FMI, pues es para su bien. El genocidio de los pobres, de esa manera, se transforma en acto redentor. El sacrificio de los pobres no es visto como sacrificio, sino como liberación de la pobreza. La pregunta es: ¿Realmente nos libramos de la pobreza o nos libramos de los pobres? No por pura casualidad el científico francés Jacques Couestau afirmó en 1995 en la Organización de Naciones Unidas que para que "funcione bien el mundo" debían morir 350 000 personas por día. Es decir, se salva la tierra matando a sus habitantes. Claro está que esos 350 000 no eran blancos del primer mundo como él, mucho menos científicos al servicio del capitalismo y de los bellos animales marinos.

Esta lógica y expansión del capitalismo, sin embargo, parece que hoy no preocupa mucho a los cristianos evangélicos. Pero no siempre fue así. Hace más de sesenta años, Juan Bennett sostenía que existen tres puntos en los cuales hay conflicto entre el cristianismo y el capitalismo, y por tanto son irreconciliables entre sí, tanto que no es posible ser cristiano y capitalista a la vez o, mejor dicho, no se puede agradar a Dios, seguir a Cristo y a la vez asumir la lógica y la práctica capitalista. Hoy diríamos que es imposible ser cristiano viviendo la espiritualidad del mercado. ¿Cuáles son las oposiciones entre cristianismo y capitalismo?:

> (1) En primer lugar, tenemos el gigantesco grado de desigualdad que permite el capitalismo. No es exagerado decir que, a pesar de nuestra democracia, los dos tercios de la población trabajan para beneficio de la otra tercera parte. Uno de esos dos tercios comprende a los que pueden calificarse definidamente como víctimas del proceso económico. Aun en épocas normales, gran parte de la población está excluida del festín de la prosperidad. [...]
> (2) El capitalismo estimula el egoísmo y el engaño. El argumento que se pretende utilizar en su defensa es que asegura una actividad efectiva apelando al aspecto adquisitivo de la naturaleza humana. [...] El egoísmo lleva fácilmente a la insensibilidad completa o incita al engaño. Nos hacemos insensibles a la explotación incidental a nuestra comodidad (especialmente si está lejos de nosotros). [...] También se premia el engaño. ¿Qué proporción de engaño encierra

> el arte de vender? Desde sutiles insinuaciones hasta exageraciones dedicadas deliberadamente a engañar mejor que si fueran mentiras manifiestas. Y no es necesario agregar más. (3) Bajo la forma de capitalismo que se ha desarrollado en Occidente, existe una vasta y creciente concentración del poder económico. Esto es resultado de grandes compañías y de la dirección de las mismas por consorcios aún más gigantescos. En parte esto es resultado de la comunidad de intereses de la clase capitalista, que une entre sí a los competidores cuando se trata de cuestiones de trabajo. Los órganos de expresión de la opinión pública —en primer lugar los periódicos— se mueven en un clima creado por los intereses de clase de los que tienen más poder económico. Uno de los resultados de esta concentración del poder económico es que tiende a socavar la democracia política sin destruir sus formas. [...] Esta concentración del poder económico tiene un efecto al cual deseo dar énfasis: infunde el miedo. La gente tiene miedo de perder sus empleos, si los tiene; los maestros tienen miedo de expresar sus convicciones; los ministros (religiosos) temen chocar con las fuentes de ingresos de la Iglesia; los obreros temen franquearse o dejar que se sepa por quien votan; y muchos otros temen entrar en conflicto con los poderosos, por miedo a perder clientes o parroquianos. Este miedo es una amenaza terrible para la integridad personal porque hace más fácil la conformidad que la acción de acuerdo con las propias convicciones[18].

El texto parece que hubiera sido escrito ayer, y los argumentos son tan convincentes que no necesitan comentario. Si somos lo suficientemente honestos tendríamos que reconocer que el capitalismo actual —al no tener un sistema competidor— es mucho más cruel aún, de tal manera que se hace incompatible con la fe cristiana. Este capitalismo salvaje (como se le conoce comúnmente) y su mercado para destruir la espiritualidad no necesita destruir el "alma" de las personas, sino destruir las condiciones materiales que posibilitan la existencia humana y la reproducción de la vida. Por

18 *El cristianismo y el mundo actual*. Buenos Aires: La Aurora, 1938, pp.53–57.

eso es que frente a la espiritualidad sacrificial del mercado (ya sea en sus versiones neoconservadora, neopentecostal o cualquier otra), oponemos la espiritualidad por la vida, espiritualidad que toma en cuenta para su constitución la dimensión económica.

Somos conscientes, sin embargo, que en el presente orden económico la ideología dominante o espiritualidad fetichizada está internalizada en los dominados o excluidos. Si las víctimas, herederas y portadoras de un concepto y práctica tradicional de espiritualidad, legitiman el discurso dominante y el proyecto social y cultural que los victimiza, entonces significa que sus valoraciones están trastocadas, lo cual sólo es posible por una lectura de la realidad y práctica social invertida a la corpórea, lo cual evidenciaría la fetichización, pues el secreto del fetiche consiste en lograr que se renuncie a la libertad en nombre de la libertad. Por ello, si queremos reconstruir la vida humana, y junto con ella la espiritualidad, tenemos que hacer visible a los fetiches y luego intentar destruirlos. Tal vez visibilizándolos y buscando alternativas políticas y económicas podamos salvar la vida de los pobres.

Espiritualidad y reconstrucción de la vida

El término *espiritualidad* es relativamente "nuevo", pues se remonta al siglo XIII y se refiere al "seguimiento de Cristo". A éste rápidamente se le dio una connotación de evasión de las realidades terrenas. Ser "espiritual" llegó a ser sinónimo de cultivar las virtudes cristianas separados del mundo físico, de tal manera que si alguien pretendía involucrarse, digamos, en la transformación de la sociedad, inmediatamente era tildado de "carnal", cuando no de "hereje", lo cual lo excluía del círculo de los "contemplativos". Ahora, es evidente que del evangelio jamás se puede deducir algo así, pero debemos recordar que muchas expresiones religiosas concretas han tenido un rol adormecedor de conciencias, así como de ser soportes de distintos poderes económicos y políticos. Incluso, a muchos de nosotros se nos enseñó en la iglesia que el seguimiento de Cristo —o espiritualidad cristiana— estaba en oposición a las responsabilidades sociales y políticas. Gracias a Dios hoy las cosas han cambiado y son muy pocos los que todavía sostienen esta enseñanza sesgada.

Y aunque ya casi se ha superado ese viejo dualismo alma-cuerpo, es necesario profundizar, hoy más que nunca, la integralidad del ser humano. Esto implica que debemos reconocer que la vida corpórea es tan importante como la vida espiritual. Por lo mismo, hay que satisfacer el hambre de Dios y el hambre de pan. Sin embargo, sólo se puede satisfacer el hambre de pan si la economía está al servicio de la vida de todas las personas, cosa que todavía no existe en la realidad. Mientras llegue el día en que la economía esté al servicio de la vida humana, la lucha por el pan será legítima y justa. De allí que toda espiritualidad que no se involucre en la lucha a favor de la vida es falsa. Como ha dicho Ignacio González-Faus: "... o la espiritualidad está a favor de la justicia o no es espiritualidad". La espiritualidad se realizará, pues, en la medida en que un pueblo se involucre en la transformación de la sociedad según los criterios del reino de Dios para satisfacer sus necesidades humanas.

Tenemos que ser conscientes que reconstruir la vida humana implica una lucha espiritual, así como una lucha en el ámbito económico. Es por eso que la reconstrucción de la vida atraviesa hoy necesariamente por la negación de la racionalidad irracional imperante: la lógica del capital, de la ganancia, de la rentabilidad. La reconstrucción de la vida supone la búsqueda de alternativas al presente "Orden". Jung Mo Sung ha dicho con mucha razón que "tenemos el desafío de reconstruir una espiritualidad alternativa, humanizante y que encienda las esperanzas de nuestro pueblo"[19]. Ésa es la tarea fundamental. Y los cristianos tenemos que hacerla.

Apuntes para una teología bíblica del bienestar humano

Aclarando algunos prejuicios e ideas

No es cierto que a los críticos de la teología de la prosperidad nos guste una iglesia llena de gente pobre, o que nos opongamos al

19 *Neoliberalismo y pobreza*. San José: DEI, 1993, p. 94.

progreso material de los hermanos. No, de ninguna manera. Como pastor comprometido con la grey que el Señor me ha encargado, quisiera que hubiese hermanos y hermanas prósperos en todo el sentido de la palabra, incluyendo obviamente el aspecto financiero. El Antiguo Testamento cuenta cómo hombres prósperos sirvieron al Dios verdadero. Allí están Abraham (Gn 13.2), Job (Job 1.3; 42.10) y Daniel (Dn 6.28), entre otros. Por su parte, el Nuevo Testamento también da testimonio de cómo diversos creyentes servían con sus bienes a la extensión del reino de Dios. Allí están José de Arimatea (Jn 19.38), Bernabé (Hch 4.36–37), Lidia (Hch 16.14), Febe (Ro 16.1–2), Juana, Susana y muchas anónimas para la gloria de Dios (Lc 8.3; Hch 17.4).

No nos oponemos a la prosperidad sino a la teología de la prosperidad. La prosperidad es un anhelo legítimo de todo ser humano, incluyendo obviamente los hijos de Dios. La teología de la prosperidad es una teoría, una ideología, una cosmovisión —o como quiera llamarla el lector— que manipula la Biblia para enseñar que *la voluntad de Dios es que todos los cristianos sean ricos*, o que *la promesa de Dios es que todos sus hijos, si le son fieles y cumplen con ciertas "leyes de la prosperidad" (ley de la cosecha, ley del ciento por uno), obtendrán riquezas en esta vida terrenal.* Esta articulación teológica en realidad no sólo nos parece poco bíblica, sino sobre todo antibíblica y anticristiana. Sus propugnadores muchas veces se aprovechan de incautos o neófitos para esquilmarlos. En un reciente libro aparece el siguiente testimonio:

> Nos entregamos de todo corazón a Dios. Al mismo tiempo cargábamos una pesada deuda que queríamos cancelarla con un ahorro que nos significó a mí y a mi familia mucho tiempo y sacrificio (nos restringíamos de todo). En este tiempo cautivado por los mensajes del pastor de mi congregación acepté el desafío de dar a Dios para ser cuadruplicado. Pensé: "Si doy lo que hasta ahora he ahorrado para pagar mi deuda y Dios me devuelve cuadruplicado, entonces no sólo pagaré mi deuda sino que tendré un excedente". Animado por los hermanos de la iglesia [...] di todo mi ahorro [...]. Han pasado ya tres años y no hay nada, estoy como al principio,

> ahora peor que antes, colgado con la deuda y con problemas en mi familia [...]. Estoy totalmente decepcionado [...]. O Dios no me quiere o yo estoy mal con Dios [...]. Hoy, después de mucho tiempo vine a esta nueva iglesia [...][20].

Testimonios lamentables como éste abundan en todos los lugares. En el Perú incluso han habido casos de suicidios. Claro que se puede criticar no sólo el mensaje manipulador del pastor sino también la inmadurez de este hermano o su falta de conocimiento bíblico, ya que en ninguna parte de la Biblia el Señor promete cuadruplicar nuestra ofrenda. Al final de esa historia, el hermano terminó yéndose a otra iglesia. Razones le sobran a Guillermo Milován cuando señala que predicar una teología de la prosperidad es predicar un evangelio fácil. "Podrá llenar templos, pero también los vaciará cuando las promesas no se cumplen de acuerdo con las esperanzas alimentadas por un discurso superficial"[21].

El conocido teólogo norteamericano Gene Getz, en un libro escrito para refutar a la teología de la prosperidad[22], advierte que esta expresión teológica sólo es posible debido a que la cultura materialista en que vivimos ha afectado a la comprensión de lo que la Biblia dice acerca de los bienes materiales. Y esto es, lamentablemente, verdad. En vez de que nosotros los cristianos influenciemos nuestra sociedad con los valores que brotan de la Palabra de Dios, muchas veces nos hemos acomodado a los criterios de este mundo, es decir, a las ideologías materialistas, pragmáticas y, últimamente, libremercadistas.

No debe sorprendernos, por tanto, que hayan aparecido en las últimas dos décadas en América Latina ciertas teologías (guerra espiritual y teología de la prosperidad) que evidenciaban una cautividad ideológica de un neoliberalismo económico mal digerido y oportunista. Un respetable erudito pentecostal, Gordon Fee, ha

---

20 Testimonio recogido por Marcelino Tapia. "Influencias de la teología de la prosperidad en la iglesia y sociedad boliviana". En Gregorio Venables y otros. *Fe & prosperidad. Reflexiones sobre la teología de la prosperidad*. La Paz: Lámpara, 1999, pp. 144–145.

21 "Enseñanza bíblica sobre la prosperidad". *Continente Nuevo*, n.º 17, 1988, p. 13.

22 *La verdadera prosperidad*. Deerfield: Vida, 1994, p. 5.

dicho con razón que el mejor antídoto para cortar con la enfermedad que ataca al pueblo de Dios —la teología de la prosperidad— es "una buena y saludable dosis de teología bíblica"[23]. Las líneas que siguen pretenden asumir, reconociendo nuestras limitaciones, ese desafío.

¿Teología de la prosperidad o teología del bienestar humano?

Es necesario señalar de modo enfático que estudiar el tema de la "prosperidad" en la Biblia, como tema aislado de otros, es un equívoco. Ahora, es cierto que el término aparece en la Biblia, pero limitarse a ello podría traer la consecuencia de reforzar la precomprensión de que la Biblia defiende la prosperidad material. En mi experiencia personal, varias veces me han objetado diciendo: "Pero ¿es verdad o no que la Biblia habla de prosperidad?". Por supuesto que es verdad, pero la Biblia ni remotamente quiere indicar que la prosperidad hay que entenderla en los términos del actual materialismo y hedonismo que promueve el libre mercado y la globalización de la cultura, además de que habría que entenderla dentro de un marco mayor.

La prosperidad que la Biblia enseña tenemos que entenderla a partir del propósito original de Dios hacia su creación: la vida plena o bienestar integral, que se resume posteriormente en la voz hebrea *shalom*[24]. Éste es el hilo conductor que nos guiará en esta reflexión. ¿Qué es el *shalom*? Sucintamente podemos decir qué significa el bienestar humano en el más amplio sentido de la palabra (Jue 19.20), la dicha (Sal 72.3), la salud corporal (Is 57.18–19), el entendimiento pacífico entre los pueblos (Jue 4.17), la salvación (Is 45.7). *Shalom*, pues, tiene una orientación social en Israel y va más allá del interés meramente económico. Antes y después del exilio a Babilonia (587 a. C.) el *shalom* se convirtió en el núcleo de la predicación de los profetas. Anunciaba la llegada de una época mesiánica (Is 61.1–2) que instauraría el reino de paz terrenal, donde la abundancia, el

23 *The "Gospels" of Wealth and Health*. Costa Mesa, CA: Agora Magazine, 1979, p. 6.

24 En la Biblia hay más de cuatrocientas referencias al shalom, lo cual demuestra su centralidad para el pensamiento bíblico. En la LXX se utilizan más de 25 palabras griegas para traducirlo.

gozo, la justicia y la fraternidad estarían presentes (Is 65.17–25)[25]. La prosperidad material, en conclusión, es sólo un aspecto de algo más integral (el *shalom*).

Justamente porque es un aspecto del bienestar integral, y no el todo, es que la Biblia hace un llamado constante a cuidarnos de buscar la riqueza. Salomón escribió: "No te afanes por hacerte rico; sé prudente y desiste. ¿Has de poner tus ojos en las riquezas, siendo ningunas? Porque se harán alas de águila, y volarán al cielo" (Pr 23.4–5), mientras que Agur en el mismo espíritu clama al Señor: "No me des pobreza ni riquezas, mantenme del pan necesario; no sea que me sacie, y te niegue, y diga: ¿quién es Jehová? O que siendo pobre, hurte, y blasfeme el nombre de mi Dios" (Pr 30.8–9).

Bienestar humano en el Antiguo Testamento

En esta parte hacemos un breve recorrido histórico para descubrir cuál es el concepto y cuáles son las implicancias del *shalom* en el Antiguo Testamento. Necesariamente tenemos que hacer referencias al contexto político y económico, para no caer en abstracciones que poco ayudan a la comprensión del tema.

La búsqueda de bienestar humano en Israel

Israel en el proceso de conformarse como nación conoció diversas etapas, contradictorias muchas veces entre ellas. Así, podríamos hablar de la época patriarcal, del Israel de la época tribal, de la monarquía, del exilio, del posexilio y de la diáspora. Definitivamente se trata de periodos distintos en los cuales hay que ubicar la literatura hebrea y los *temas* presentes en dichos textos, entre ellos el *shalom*.

Sin embargo, antes de entrar a la periodización de la historia de Israel, es necesario señalar que en el libro de Génesis (capítulos 12–50) se describe la época patriarcal, y abarca las historias de Abraham, Isaac, Jacob e incluso José. Se evidencia en el texto bíblico cómo la vida diaria de los patriarcas estaba regida por una serie de costumbres de la época, en la que, por ejemplo, el padre como jefe de

25 Hartmut Beck. "Paz". En L. Coenen y otros (editores). *Diccionario teológico del Nuevo Testamento*. Volumen 3. Salamanca: Sígueme, pp. 308–314.

familia tenía grandes facultades sobre la familia o el clan. Se podría decir que los patriarcas fueron, en términos actuales, ricos, es decir tenían muchas posesiones.

De Abraham se dice que "era riquísimo en ganado, en plata y en oro" (Gn 13.2), además que tenía más de 300 criados (Gn 14.14). Cabe señalar, sin embargo, que en el Oriente antiguo las posesiones significaban poco si el patriarca, por ejemplo, carecía de honor y respeto. Incluso era preferible tener el reconocimiento social a la tenencia de posesiones. Esto se verifica en Génesis 12.1–2, donde la promesa de Dios se refiere a tierras, numerosos hijos y honor ("engrandeceré tu nombre"). Abraham, además, era temeroso de Dios. Su vida espiritual lo hacía justo. Eso también era parte del *shalom*.

Es en este periodo cuando posiblemente vivió Job, aunque la historia se puso por escrito mucho tiempo después. Este varón llevaba una vida justa ante Dios. ¿En dónde radicaba su bienestar? No sólo en su enorme hacienda y sus numerosos criados (Job 1.2), sino en su familia numerosa, su salud corporal y su comunión con Dios (Job 1.5). Su riqueza no era sólo material, sino también espiritual. Su prosperidad era integral. Cuando perdió a sus hijos y sus tierras, realmente no lo perdió todo. Su ruina vendría cuando fue confinado a la soledad quebrantada al ser abandonado por su esposa y tornarse infieles sus amigos. Pero al final, Dios en su gracia lo bendijo abundantemente, restituyéndole el doble de lo que había tenido antes (Job 42.10). Dios lo bendijo, además, con una nueva familia (Job 42.13), es decir, lo reintegró a la sociedad y le dio la posibilidad de seguir extendiéndose generacionalmente (Job 42.17)[26]. Su bienestar fue mayor.

A esta época también corresponde la historia de José. La Biblia cuenta cómo Dios preservó la vida de este joven vendido como esclavo por sus envidiosos hermanos. En Egipto —posiblemente gobernado por los hicsos— logró ascender debido a su integridad moral, a su capacidad administrativa y a la dirección de Dios, al cargo de asesor

26 *Cf.* Gustavo Gutiérrez. *Hablar de Dios desde el sufrimiento del inocente*. Lima: IBC-CEP, 1985.

del faraón, y fue el segundo en todo el Imperio. Un texto que describe la experiencia de bienestar, primero de José mismo, luego de Egipto y, finalmente, de su familia, es el siguiente:

> *Porque para preservación de vida me envió Dios delante de vosotros. Pues ya ha habido dos años de hambre en medio de la tierra, y aún quedan cinco años en los cuales ni habrá ni arada ni siega. Y Dios me envió delante de vosotros, para preservaros posteridad sobre la tierra, y para daros vida, por medio de gran liberación. Así, pues, no me enviasteis acá vosotros, sino Dios* (Gn 45.5b–8a).

Con la presencia de José en Egipto, se garantizaba el bienestar (*shalom*) de la familia de Jacob, quienes emigraron a ese país (Gn 46.27). A la muerte de José, los hijos de Israel siguieron multiplicándose en Egipto (Éx 1.7), y es posible que la gran mayoría hayan sido esclavizados. Con el ascenso del nuevo faraón (Éx 1.8) se inició una política antinatal y de abuso inmisericorde contra los esclavos hebreos con el propósito de lograr mayor producción de la tierra y garantizar la mano de obra en las construcciones.

Sin embargo, Jehová levantó a Moisés para que condujera al pueblo a su liberación. La miseria, la postración y la muerte de los hijos de Israel no se encontraban en el plan de Dios, pues estaba la promesa hecha a Abraham: la tierra prometida y la descendencia numerosa como la arena del mar. Con el éxodo Israel inició una nueva etapa en su historia: la etapa de la libertad y de la vida plena. Dios le dio la Ley en el Sinaí para garantizar el éxodo y se organizaran como nación de una manera distinta a la que habían conocido en Egipto (modelo conocido como Ciudad-Estado). Israel debía organizarse en tribus, cuyos núcleos serían los clanes y las familias liberadas.

El Israel Tribal estuvo conformado por las tribus liberadas de Egipto y tenían por único rey a Jehová (teocracia). Se trataba de un pueblo, con sus autoridades incluidas obviamente, en busca de la tierra prometida (lugar de abundancia o *shalom*). No admitían reyes humanos, a lo mucho "profetas" como Moisés o Samuel, y "gobernantes" ocasionales o "jueces" para enfrentar a los enemigos. El cumplimiento del Decálogo (Éx 20.1–17) garantizaría la comunión del pueblo con su Dios, así como el *shalom*. La construcción de la nueva sociedad implicaba trabajo, descanso de la comunidad, comunión familiar, respeto a la vida, respeto al cónyuge, propiedad, estima y honor. En este periodo el pueblo era constructor de su propio bienestar. Tenía un marco jurídico o legal: la Ley. Dios estaba con las tribus. De esta época dan cuenta los siguientes textos:

> *No tendrás dioses ajenos delante de mi. No tomarás el nombre de Jehová tu Dios en vano; porque no dará por inocente Jehová al que tomare su nombre en vano.* (Éx 20.3, 7)
>
> *Cuidaréis de poner por obra todo mandamiento que yo os ordeno hoy, para que viváis, y seáis multiplicados, y entréis y poseáis la tierra que Jehová prometió con juramento a vuestros padres. Y comerás y te saciarás, y bendecirás a Jehová tu Dios por la buena tierra que te habrá dado. Cuídate de no olvidarte de Jehová tu Dios, para cumplir sus mandamientos, sus decretos y sus estatutos que yo te ordeno hoy; sino acuérdate de Jehová tu Dios, porque él te da poder para hacer las riquezas, a fin de confirmar su pacto que juró a sus padres, como en este día.* (Dt 8.1, 10, 11, 18)
>
> *La justicia, la justicia seguirás, para que vivas y heredes la tierra que Jehová tu Dios te da.* (Dt 16.20)
>
> *Acontecerá que si oyeres atentamente la voz de Jehová tu Dios, para guardar y poner por obra todos sus mandamientos que yo te prescribo hoy, también Jehová tu Dios te exaltará sobre todas las naciones de la tierra. Pero acontecerá, si no oyeres la voz de Jehová tu Dios, para procurar cumplir todos sus mandamientos y sus estatutos que yo te intimo hoy, que vendrán sobre ti todas estas maldiciones, y te alcanzarán.* (Dt 28.1, 15)

En la perspectiva bíblica la nación toda, y no sólo individuos aislados o pequeños segmentos sociales, están llamados a vivir una vida de bienestar integral. El *shalom* es producto del reconocimiento de Jehová como Dios, del cumplimiento de su voluntad expresada en la ley, y de la práctica de la justicia entre los seres humanos. No cumplir con la ley era abandonar al Dios que los liberó de Egipto y traicionar al pueblo organizado en tribus que anhelaban la posesión de la tierra prometida. Por eso se habla del incumplimiento de la ley en términos de maldición. Dios de ninguna manera bendeciría el volver al estilo de vida que tuvieron en Egipto. Dios no prosperaría a la nación.

Este llamado de Moisés al Israel liberado fue recordado numerosas veces por Dios a su pueblo por medio de sus voceros: los jueces. Israel conoció en este mismo periodo tribal épocas de sequía material y espiritual. La idolatría hizo que cayeran en manos de sus enemigos (los filisteos y otras naciones) numerosas veces. Pero Dios, quien es rico en su misericordia, los levantó una y otra vez. Sin embargo, en un determinado momento el modelo tribal entró en crisis y corrupciones diversas (1S 2.17, 22), además de la anarquía (Jue 21.25), precipitaron a que la nación optara por copiar el modelo de organización social y política predominante en aquel entonces: la Ciudad-Estado. Poco le importó a la nación las advertencias de Dios en torno al orden económico, social y político (1S 8.11–17). El pueblo optó por el cambio de sistema político. Querían un rey humano y no teocracia. Y aunque estaban equivocados Dios respetó su decisión.

Se podría decir que el ISRAEL MONÁRQUICO, en términos generales, fue la consolidación de un proyecto político opuesto a los intereses y necesidades de las mayorías. Fue el abandono paulatino de la memoria del Éxodo y de la Ley. Fue la negación de Jehová como rey y la instauración de reyes humanos "como las demás naciones" (1S 8.5). Con la llegada de la monarquía en el siglo XI, Israel recogió y adaptó a su fe en Jehová la concepción sacral de la realeza que tenían las naciones vecinas[27]. Saúl, David y Salomón serán los reyes que mantendrán unido el reino por algunos años, no sin ausencia de conflictos. Una rápida lectura de los libros de Samuel y Reyes nos presenta además a cada rey con sus virtudes y defectos.

Durante el reinado de Saúl —que en realidad más parecía un juez— tuvo que enfrentar a numerosos enemigos internos y externos. El pueblo vivió una época de zozobra debido a la inestabilidad política y la escasez económica. Definitivamente, fueron momentos

---

27 Jacques Vermeylen. *El Dios de la promesa y el Dios de la alianza*. Santander: Sal Terrae, 1990, p. 59.

muy duros para Israel. Sin embargo, con el rey que le sucedió, David, comenzaron a cambiar las cosas prontamente. Sus victorias militares permitieron que consolidara su poder y anhelase construir un templo a Jehová para unificar a la nación (2S 7–8). Dios no permitió que él le edificara casa. Aun así, en medio de sus quehaceres políticos y militares, David compuso diversos cánticos, setenta y ocho de los cuales están en los Salmos[28]. Aquí citamos sólo tres en los que aborda el tema del bienestar humano:

> *Confía en Jehová, y haz el bien; y habitarás en la tierra, y te apacentarás de la verdad. Deléitate asimismo en Jehová, y él te concederá las peticiones de tu corazón. Encomienda a Jehová tu camino, y confía en él, y él hará. Exhibirá tu justicia como la luz, y tu derecho como el mediodía.* (Sal 37.3–6)

> *Bendice, alma mía a Jehová, y no olvides ninguno de sus beneficios. Él es quien perdona todas tus iniquidades, el que sana todas tus dolencias; el que rescata del hoyo tu vida, el que te corona de favores y misericordias; el que sacia de bien tu boca, de modo que te rejuvenezcas como el águila. Jehová es el que hace justicia y derecho a todos los que padecen violencia.* (Sal 103.2–6)

> *Jehová es mi pastor, nada me faltará. En lugares de delicados pastos me hará descansar; junto a aguas de reposo me pastoreará. Confortará mi alma; me guiará por sendas de justicia por amor de su nombre. Aunque ande en valle de sombra de muerte, no temeré mal alguno, porque tú estarás conmigo; tu vara y tu cayado me infundirán aliento. Aderezas mesa delante de mí en presencia de mis angustiadores; unges mi cabeza con aceite; mi copa está rebozando. Ciertamente el bien y la misericordia me seguirán todos los días de mi vida, y en la casa de Jehová moraré por largos días.* (Sal 23.1–6)

Para David, el creyente que busca bienestar en su vida tiene que comenzar a confiar y temer a Jehová. Esto se traduce necesariamente en una vida caracterizada por la justicia (social, se entiende). Es

---

28 Según la Santa Biblia. Reina-Valera 1995. Edición de estudio. Bogotá: SBU, 1996, p. 45 de las "Ayudas suplementarias".

decir, el bienestar o vida plena tiene que ver con la construcción de relaciones humanas basada en la justicia. Dios se acordará de este creyente cuando caiga en faltas, en enfermedad u otra situación angustiante, que por cierto nunca está libre. Dios mismo lo rescatará. Pero también, según el Salmo 23, el creyente debe tener la seguridad de que Dios lo confortará, protegerá y proveerá, como si fuera un pastor. El bienestar (*shalom*) que encuentra el creyente en Dios va más allá de todo interés monetario: la presencia de Dios llena toda expectativa humana, sea física-corporal, emocional o espiritual.

Después de David se posesionó del trono su hijo Salomón, quien inició su gobierno lleno de sabiduría y del temor de Jehová. Pronto fue conocido por su trato justo y generoso. Dios lo bendijo más allá de lo que Salomón necesitaba (1R 3.11–15). Dios le dio riquezas y le exigió que guardara el pacto. Pero, con el transcurrir del tiempo, se alejó de Dios y de su pueblo. Se ensoberbeció por la riqueza acumulada y se comportó con sus súbditos de una manera contraria a la voluntad de Dios: hizo una purga de sus rivales políticos, mandó al exilio a los enemigos, introdujo tributos nunca antes visto, fortaleció el ejército profesional iniciado por David, y entabló vínculos comerciales-religiosos-políticos con naciones diversas. Estos vínculos tuvieron un alto precio: la idolatría, que con el tiempo llegó a convertir a Israel en una nación pagana aunque paradójicamente a la vez confesara su fe en "Jehová". La prosperidad de Salomón se trastocó en maldición.

De este periodo la Biblia conserva dos textos que subrayan la "neutralidad" de las riquezas, ya que provienen de Dios: *Las riquezas y la gloria proceden de ti, y tú dominas sobre todo; en tu mano está la fuerza y el poder, y en tu mano el hacer grande y el dar poder a todos* (1Cr 29.12) y *El rico y el pobre se encuentran; a ambos los hizo Jehová* (Pr 22.2). Es también durante esta época cuando se escribe gran parte de la literatura sapiencial. Juan Kessler lo resume así:

> El problema con las riquezas es que no duran para siempre (Pr 27.24), ocasionan críticas contra los poseedores (Pr 13:8), no ofrecen ninguna protección en el día del juicio (Pr 11.4) y dan una popularidad falsa (Pr 19.4). Hay el peligro de que las riquezas desparezcan de un momento a otro (Job 27.19) y que otros gocen de ellas (Ec 6.2). Por

esto hay amonestaciones contra el deseo de enriquecerse (Pr 23.4 y 30.8–9) y sobre todo contra el deseo de enriquecerse rápidamente (Pr 28.20, 22) y por medio de la injusticia[29].

A la muerte de Salomón, Israel se dividió en dos reinos antagónicos: Judá (sur) e Israel (norte). La razón de la separación fue eminentemente de carácter político: Israel ya no quería servir a Jerusalén y su templo, es decir, ya no quería pagar tributos altos ni someterse a trabajos forzados. Ambos reinos (según 1 y 2 Reyes) llegarían a tener monarcas justos e injustos, idolatría y tiempos de renovación espiritual, prosperidad y miseria, guerras y presiones externas e internas para anexarse a las potencias mundiales (Asiria y Babilonia). El bienestar individual y social, como derecho y proyecto popular desapareció en la época de los reyes, pues cada quien se creía constructor de la paz y la prosperidad nacional. La pregunta es, sin embargo, ¿qué tipo de *shalom* propugnaban?.

Definitivamente los monarcas buscaban un bienestar para la clase gobernante y con ello la miseria para el pueblo. Es en ese contexto en el cual Dios levantó a sus voceros: los profetas. Éstos alzaron su voz de crítica social y política buscando conversión y justicia. El bienestar que Dios quería era para todos y no para una minoría, además de que no debía estar fundada en la mentira, el abuso, la opresión y el robo. La ingobernabilidad, la miseria generalizada y la descomposición social a la que habían llevado los reyes no pueden ser llamadas de ninguna manera *shalom*, aunque había quienes lo hacían (los falsos profetas y sacerdotes al servicio del poder político).

El profeta Jeremías dirá: *Y desde el profeta hasta el sacerdote, todos son engañadores. Y curan la herida de mi pueblo con liviandad, diciendo: Paz, paz; y no hay paz* (Jer 6.14). Además, señala con firmeza que unos pocos se enriquecían a costa de las mayorías: *Como jaula llena de pájaros, así están sus casas llenas de engaño; así se hicieron grandes y ricos. Se engordaron y se pusieron lustrosos, y sobrepasaron los hechos del malo; no juzgaron la causa, la causa del*

29 *El dinero a la luz de la Biblia*. Separata. Lima: Instituto Bíblico de Lima (Iglesia Evangélica Peruana) - La Casona, 1992, p. 2.

huérfano; con todo se hicieron prósperos, y la causa de los pobres no juzgaron (Jer 5.27–28). Para el profeta, las cosas están bien claras: no toda prosperidad viene de Dios. A veces tiene su origen en el pecado social de unos pocos que controlan el poder.

Esa lectura de la realidad incomodó tanto al poder político que buscó la muerte inmediata de Jeremías (Jer 38.4). No cabe duda que el concepto de prosperidad (*shalom*) que tenía la clase gobernante era un concepto que rechaza tajantemente Jehová. La prosperidad que beneficia a unos pocos, y que se erige sobre las amenazas, el asesinato político, el militarismo, la maldad y la desarticulación popular, no es bienestar. Otro profeta, Miqueas, anunció el *shalom* futuro (la época mesiánica), señalando que ésta no es sólo ausencia de conflictos o de armas de guerra, sino ante todo alimento para el pueblo y gozo del trabajo (Mi 4.4).

Lamentablemente los profetas no tuvieron éxito, es decir, no lograron que los reyes cambiaran de actitud. Ebrios de poder condujeron al pueblo al abismo, luego de esquilmarlos. Sus políticas externas también fracasaron. Israel y Judá fueron invadidos, destruidos. Ambas naciones fueron al exilio. Sin embargo, el sueño de Miqueas y otros tantos profetas quedó en la memoria del pueblo: un día muy cercano, el *shalom* se haría realidad. Jehová reinaría (teocracia) como en tiempos cuando no eran más que tribus organizadas. El reino de Dios se aproximaba.

El Israel en el exilio nos remite no sólo a diversas experiencias traumáticas para el pueblo, sino también para las élites gobernantes. En ese contexto, Dios se reveló al sacerdote Ezequiel y le aseguró lo siguiente:

> *Y estableceré con ellos un pacto de paz, y quitaré de ella las fieras; y habitarán en el desierto con seguridad, y dormirán en los bosques. Ya daré bendición a ellas y a los alrededores de mi collado, y haré descender la lluvia en su tiempo; lluvias de bendición serán. [...] Y sabrán que yo Jehová su Dios estoy con ellos, y ellos son mi pueblo, la casa de Israel, dice Jehová el Señor* (Ez 34.25–26, 30).

En esta promesa Dios se compromete a establecer el *shalom* con su pueblo mediante un pacto. Dios garantiza que la miseria, la humillación y el caos serían trastocados. ¿Quiénes serían los privilegiados en participar en este plan de Dios? ¿El pueblo que quedó en Jerusalén y alrededores? ¿Las élites en el exilio? ¿Ambos? ¿Otros? El fin del exilio evidenciará nuevamente las aspiraciones políticas de diversos grupos sociales. Surgirán nuevas esperanzas y nuevos actores políticos.

EL ISRAEL DEL POSEXILIO conoció varios proyectos de reconstrucción del país (*shalom*), de los que mencionaremos sólo tres. Los libros de Esdras-Nehemías, Rut y Daniel dan testimonio de dichos proyectos. Así, Esdras y Nehemías se insertan en la línea de reconstrucción y pacificación interna del país, a partir de la cobertura política de Persia. Nehemías, concretamente, tenía fe en que Dios obraría a su favor: *El Dios de los cielos, Él nos prosperará y nosotros sus siervos nos levantaremos y edificaremos* (Neh 2.20). Creía, además, que la Ley debía aplicarse rigurosamente a todos. Esto explica por qué Nehemías hizo reformas profundas, como el pequeño Jubileo (Neh 5.9–12) y por qué tomó medidas radicales, como la expulsión de los extranjeros, a quienes se consideraban culpables del exilio (Neh 13.1–3).

A modo de evaluación, se puede decir que Nehemías fue un gobernador que estuvo al lado de los pobres, pues impartió justicia y los levantó de su postración social. Creía que la política debía servir para construir comunidad y no para destruir la sociedad. El libro de Rut, por su parte, presenta la propuesta de los campesinos sin tierra. Estos, en el tiempo de Esdras y Nehemías, se habían casado con mujeres extranjeras y también creían en la Ley, pero pensaban que ésta, lejos de excluir a alguien, incluía a los extranjeros.

El *shalom* para el libro de Rut se puede resumir en la expresión de Booz, el rico hacendado de la historia: *Ven aquí, y come del pan, y moja tu bocado en el vinagre. Y ella (Rut) se sentó junto a los segadores, y él le dio del potaje, y comió hasta que se sació, y le sobró* (Rut 2.14). Aquí se trata de la comida entre gente de distintas culturas y religiones, tanto varones como mujeres. Es una comida donde hay abundancia, saciedad. El bienestar que Dios quiere no excluye a nadie. Y todo eso como producto del trabajo mancomunado. En este proyecto del campo, el buen uso de la ley y la convivencia entre distintos permite que la gente se alimente. Más adelante Rut acudirá a una ley (levirato) para casarse con Booz y tener descendencia (Rut 4.1–13). Para ella la ley está al servicio de la vida, y no al revés. En este proyecto el pueblo es protagonista de su historia: trabaja la tierra, no teme relacionarse con gente distinta (extranjeros), las mujeres demuestran sabiduría. El pueblo pobre, temeroso de Dios, se torna sujeto del *shalom*.

En tercer lugar se encuentra el libro de Daniel escrito en el siglo II a. C.[30]. Detrás de la historia del joven príncipe judío en el exilio, se encuentra la historia de un pueblo que lucha contra sus opresores que han traído muerte, miseria y blasfemia: Antíoco IV y su ejército invasor. La negativa a comer la comida del rey (Dn 1.8) es la negativa del pueblo a participar del proyecto cultural predominante (la helenización). La negativa a adorar la estatua (Dn 3.18) es la negativa a adorar la imagen de Apolo instalado en el templo de Jerusalén en el siglo II a. C. En un lenguaje apocalíptico, el libro de Daniel profetiza que los poderes de este mundo (las monarquías opresoras) caerán y triunfará Dios y su pueblo:

> *Y en los días de estos reyes el Dios del cielo levantará un reino que no será jamás destruido, ni será el reino dejado a otro pueblo; desmenuzará y consumirá a todos estos reinos, pero él permanecerá para siempre, de la manera que viste que del monte fue cortada una piedra, no con mano, la cual desmenuzó el hierro, el bronce, el barro, la plata y el oro.* (Dn 2.44–45)

La paz social —el objetivo final de todo poder político— en Israel sólo será posible en la perspectiva apocalíptica cuando los poderes opresores sean desmenuzados, destruidos. ¿Quién lo hará? Dios por medio de una piedra, que es el instrumento por el cual se pone fin al tiempo actual, que es el fin ya no sólo de la opresión monárquica, sino de las monarquías en tanto institución política humana en contra de la teocracia.

Si bien tempranamente en la tradición cristiana, la *piedra* fue interpretada como el Mesías (Jesucristo), los primeros lectores judíos

30 *Cf.* La introducción a "Daniel" en la Biblia citada anteriormente, p. 1075.

lo entendieron de una manera distinta, asumiendo que se trataba del movimiento popular de los macabeos y de los sabios asideos. Al margen de las diversas interpretaciones, lo que importa realmente es que estaba la convicción de que era Dios quien reinaría sobre todas las naciones. En esta perspectiva el reino de Dios es visto como el retorno al Israel tribal. Todos los reyes desaparecerán, sólo quedará Dios y su pueblo: la teocracia.

De esta manera, pues, al final del Antiguo Testamento encontramos diversos grupos buscando ser protagonistas en el escenario político y social. Todos ellos buscaban el *shalom* para Israel. Todos ellos querían gobernar con justicia. Sin embargo, esos proyectos quedarán como esperanzas por concretar, pues los anhelos de hacer de Israel "la luz de las naciones" (Is 60.3) quedarán truncados por la hegemonía del Imperio en ascenso: Roma.

Bienestar humano en el Nuevo Testamento

En el Nuevo Testamento la palabra griega *eirene* sustituyó a la hebrea *shalom*. Realmente tiene el mismo significado de bienestar integral, pues el concepto quedó determinado por el Antiguo Testamento[31]. Ahora, la novedad política respecto a éste es que en el contexto del primer siglo existía la creencia popular de que la guerra y el caos social eran el estado normal, y la paz social una interrupción de la guerra eterna[32]. Esta creencia venía desde los vulgarizadores de Sócrates y Platón. El *shalom* era el descanso, el cese momentáneo de las hostilidades bélicas, y no representaba ningún ideal político en muchos de los gobernantes del siglo I. Respecto a la prosperidad material, la creencia predominante era que se restringía a un grupo humano de la totalidad social[33].

31 Juan Driver. *El evangelio: mensaje de paz*. Guatemala: Semilla, 1987.

32 Joachim Gnilka. "Bienaventurados los que buscan la paz". *Communio*, n.° 2, año 11, 1989, p. 93.

33 Basta pensar en Aristóteles (La política) quien sostenía que todas las personas estaban llamadas a ser libres y gozar del bienestar material. Por supuesto que para él las "personas" eran los ciudadanos (varones) griegos y no los "bárbaros". Esta lógica estaba en la base del pensamiento romano y era repetido por sus magistrados y autoridades en las provincias del Imperio.

Pobres y ricos en el siglo I

Al igual que en la gran mayoría de las sociedades que se hallaban ubicadas en la provincia romana del Asia Menor, Palestina y las otras poblaciones que aparecen en el Nuevo Testamento estaban divididas en dos grupos: los ricos y los pobres. La sociedad se caracterizaba por ser piramidal, es decir, en la cúspide estaba la aristocracia, y en la base las masas de pobres. Según Eduardo Arens:

> La aristocracia estaba conformada por las familias del emperador y de los senadores, por los ecuestres y los decuriones, muchos de los cuales ocupaban cargos administrativos importantes. A estas categorías sociales romanas hay que añadir la nobleza local en las provincias romanas y su propia aristocracia. Por principio todos eran acaudalados, como se esperaba de ellos. Como siempre, la aristocracia era minoría en la población. R. MacMullen ha calculado que, de una población aproximada de cincuenta millones de habitantes en los territorios que constituían el Imperio romano hacia fines del siglo I d. C., el orden (ordo) senatorial ocupaba aproximadamente una milésima del uno por ciento, la mayoría de cuyos miembros vivía en Roma y alrededores. El orden ecuestre estaba formado por aproximadamente un décimo del uno por ciento de la población, lo cual, según J. Gagé, no representaba más que unas decenas de miles de personas. [...]. Los decuriones eran los miembros de los consejos y de la magistratura de una ciudad; eran ricos y con frecuencia estaban cubiertos de honores por sus éxitos. Solían ser terratenientes y grandes comerciantes. Generalmente eran los ricos de la ciudad y a su vez constituían una especie de aristocracia local[34].

Si estos eran los ricos, ¿quiénes eran los pobres? Todos aquellos que no poseían suficientes recursos como para poder vivir sin tener que trabajar *(penes, pauper),* y también todos los que no podían sobrevivir sin mendigar *(ptojos, indigens, fames* y *mendicitas).* Ese era el panorama económico en que Jesús y las primeras comunidades cristianas actuaron.

---

34 *Asia Menor en tiempos de Pablo, Lucas y Juan*. Córdova, España: El Almendro, 1995, pp. 59, 61.

Paz romana y shalom de Dios

Es ampliamente sabido que la época en que vivió nuestro Señor Jesucristo fue política y socialmente muy convulsionada. El Imperio romano era la potencia dominante y como tal imponía sus condiciones, generalmente por la fuerza de las armas, a las pequeñas naciones anexadas, entre ellas Palestina. Cuando Roma conquistaba un territorio se decía eufemísticamente que lo "pacificaba", aunque en el fondo esto era más jurídico que real. Al emperador se lo llamaba *pacifer* (pacificador), ¡el hacedor de paz! Incluso un lema político del Imperio, cuestionado por el apóstol Pablo, era "Paz y Seguridad" (1Ts 5.3). Frente a este poder y su modelo de paz *(pax romana)* se levantaron en armas diversos grupos apocalípticos con la esperanza de derrotarlos y de imponer en la nación la teocracia. Eran grupos que no soportaban el abuso, la explotación y el ver que los gentiles dominaran al pueblo de Dios.

Es en ese contexto en el cual Jesús de Nazaret, el Hijo de Dios, apareció anunciando que había llegado el reino de Dios (Mr 1.14–15). ¡Por fin las viejas profecías se harían realidad! ¡Dios había llegado a su pueblo! Según el Antiguo Testamento, llegaría el tiempo en que Dios traería su reino. Éste consistiría en "justicia, paz y gozo en el Espíritu Santo" (Ro 14.17). Este texto, que se halla en sintonía con la enseñanza respecto al *shalom*, muestra un camino ascendente: la práctica de la justicia antecede al bienestar humano, y el resultado de ella es el gozo, la alegría espiritual. Que es una exigencia a los cristianos no cabe duda (Ro 14.19). Dios realmente quiere la paz social, el *shalom*, porque él mismo es "Dios de paz" (Ro 16.20). Un mensaje como éste definitivamente incomodaba al Imperio romano, no sólo porque cuestionaba su "paz y seguridad", sino debido a que relativizaba el poder que detentaba el emperador: Dios era el rey de la creación y, en tanto rey, exigía relaciones de justicia a todos y en todo orden de cosas.

La vida material de Jesús y su enseñanza del shalom

Muchas páginas se han escrito acerca de la condición económica de nuestro Señor Jesús. Resumidamente diremos que mientras por un lado están quienes lo describen como un pobre y oprimido, por otro lado se encuentran aquellos que lo ven como un hombre próspero que tenía hasta tesorero y vestía ropas caras). Sin embargo, la exégesis actual —a partir de los aportes de la antropología cultural— no cae en estereotipos, sino que ve que el asunto es más complejo y que se deben considerar las coordenadas socioculturales del mediterráneo para una evaluación seria. Jesús, pues, no era ni pobre ni rico, según nuestras categorías modernas occidentales. Tal vez lo más importante en este punto no sea ese asunto, sino con quiénes se relacionaba y cómo anunciaba el reino de Dios (*shalom*).

Nadie pondrá en tela de juicio que el mensaje del reino de Dios tiene enormes implicancias terrenales, aunque no se limite a éste. Como tal, el mensaje de Jesús toca los diversos aspectos de la vida humana. En su enseñanza encontramos un texto clave y que forma parte del Sermón del Monte:

> *No os hagáis tesoros en la tierra, donde la polilla y el orín corrompen, y donde ladrones minan y hurtan, sino haceos tesoros en el cielo, donde ni la polilla ni el orín corrompen, y donde ladrones no minan ni hurtan. Porque donde esté vuestro tesoro allí estará también vuestro corazón. [...] Ninguno puede servir a dos señores; porque o aborrecerá al uno y amará al otro, o estimará al uno y menospreciará al otro. No podéis servir a Dios y a las riquezas. Por tanto os digo: no os afanéis por vuestra vida, qué habéis de comer o qué habéis de beber; ni por vuestro cuerpo, qué habéis de vestir. ¿No es la vida más que el alimento, y el cuerpo más que el vestido? Mirad las aves del cielo, que no siembran, ni siegan, ni recogen en graneros; y vuestro Padre celestial las alimenta. ¿No valéis vosotros mucho más que ellas? ¿Y quién de vosotros podrá, por mucho que se afane, añadir a su estatura un codo? Y por el vestido, ¿por qué os afanáis? Considerad los lirios del campo, cómo crecen: no trabajan ni hilan; pero os digo, que ni aun Salomón con toda su gloria se vistió así como uno de ellos. Y si la hierba del campo que hoy es, y mañana se echa en el horno, Dios la viste así, ¿no hará mucho más a vosotros, hombres de poca fe? No os afanéis, pues, diciendo: ¿qué comeremos, o qué beberemos, o qué vestiremos? Porque los gentiles buscan todas estas cosas; pero vuestro Padre celestial sabe que tenéis necesidad de todas estas cosas. Más buscad continuamente que reine*

> *la justicia de Dios, y todo esto os será añadido*[35]. *Así que, no os afanéis por el día de mañana, porque el día de mañana traerá su afán. Basta a cada día su propio mal* (Mt 6.19–21, 25–34).

El mensaje de Jesús es un llamado a la confianza en Dios, a la búsqueda del *shalom* y a la renuncia de la riqueza material y sus afanes propios. ¿O es que es muy difícil entender que *la vida del hombre no consiste en la abundancia de los bienes que posee*? (Lc 12.15). Pero, a su vez, el texto revela que el bienestar humano sólo es posible si hay satisfacción de las necesidades materiales, antes no.

La iglesia, una comunidad irénica

El libro de Hechos de los Apóstoles muestra cómo se organizó la primera comunidad cristiana de Jerusalén. La iglesia hizo un experimento de administración comunal de los bienes (Hch 2.44–45; 4.32–35). Esto, al parecer, condujo a la eliminación momentánea de la pobreza. ¿Por qué querían erradicar la pobreza? Porque creían que no era compatible con la nueva vida en Cristo. Si Cristo está en la base del *shalom*, entonces no hay lugar para mezquindades económicas[36]. Pero cuando el movimiento de Jesús comenzó a crecer tuvieron que confrontar algunas situaciones difíciles que probarían su vocación por la justicia y el bienestar integral.

En Hechos 6.1–7 se encuentra un ejemplo de cómo se organizaron para resolver sus problemas y mejorar la administración de los recursos. Por cuestiones de carácter cultural habían sido marginadas las viudas judías de idioma griego de las viudas judías de idioma hebreo en la repartición de alimentos. Esta injusticia provocó críticas y murmuraciones. ¿Cómo se resolvió el problema? Los apóstoles

---

35 He optado por hacer una traducción literal del versículo 33, ya que ninguna que conozco en español se ajusta al texto griego.

36 Esa misma convicción la compartieron los primeros cristianos. No asombra, por eso, que el anciano Juan al referirse en su carta a Gayo, le desee prosperidad en todo ámbito de la vida humana (3Jn 2). Su deseo (shalom) es el de un cristiano de origen judío. Lamentablemente, y sin respetar el texto bíblico, los predicadores neopentecostales han convertido este texto —al igual que el de Salmos 37.25— en una promesa de Dios. Y, peor aún, en promesa de riquezas materiales.

judíos (hebreos) convocaron a una asamblea, la cual eligió a siete varones de idioma griego para que administrasen los recursos con justicia. Eran personas probas, que cumplieron con los requisitos necesarios para tan delicada labor. Aquí encontramos un principio en la organización eclesial: los conflictos sólo se solucionan cuando hay una verdadera voluntad de buscar el bien común. Lo justo era que nadie sufriese hambre, pues no puede haber *shalom* si alguien carece de alimentos.

Este "experimento" de carácter social, como era de esperar, produjo colateralmente una serie de cuestionamientos al poder político y sus representantes religiosos. Esteban, uno de los siete administradores, se enfrentó al Concilio (Hch 6.8–7.60) por unos cargos falsos que le habían levantado. Finalmente le dieron muerte. Esto sirvió de pretexto para perseguir a los cristianos (Hch 8.1–3), lo que acabó con esa experiencia primitiva de vida en comunidad. Nunca sabremos qué consecuencias para el Imperio —y su *pax* romana— pudo haber tenido este cristianismo comunitario. Lo que sí sabemos es que la iglesia involuntariamente tuvo que terminar ese experimento social que había sido parte de su vocación irénica[37].

Comunidades cristianas y propuestas de shalom

El gran mensaje del Nuevo Testamento es el reino de Dios proclamado y vivido por Jesucristo. En conformidad con este nuevo orden de Dios, Lucas cuenta cómo la Iglesia creció y se expandió por diversos lugares geográficos según la guía del Espíritu Santo (Hch 1.8). Pronto la iglesia conoció diversas experiencias de fe en distintos lugares. Así, para mediados del siglo I la Iglesia se encontraba en lugares tan distintos culturalmente como el norte de África, Siria y, posiblemente, España y Etiopía, además de la "iglesia madre" de Jerusalén. Es la época en que también comienzan a escribirse diversos textos que hoy conforman el Nuevo Testamento.

Si bien los textos reflejan diversas experiencias eclesiales, todas ellas tenían problemas internos y externos: las herejías habían

37 John Yoder. *Jesús y la realidad política*. Buenos Aires: Certeza, 1985, p. 117.

entrado a las comunidades, se producían peleas entre líderes, diversas inmoralidades manchaban el honor del Cuerpo de Cristo y, por si fuera poco, comenzaron a ser perseguidos tanto por los judíos como por las autoridades romanas. Parecía que el *shalom* estaba lejos de la vida de la iglesia. En esas circunstancias volvieron a enfatizar en su predicación, liturgia y práctica comunitaria el reino del *shalom*. Ésa es la historia del Nuevo Testamento.

En la comunidad de Mateo, donde había una fuerte influencia del judaísmo, muy pronto se presentaron problemas de orden ético y legal (legalismo del Antiguo Testamento). Los cristianos fueron desafiados a tener una ética de justicia y paz. Tenían que ser constructores del *shalom* en este mundo para ser reconocidos como hijos de Dios. Los escribas y fariseos —líderes religiosos judíos— con su práctica enseñaban que las personas podían ser halladas justas ante Dios siendo, a la vez, cumplidores de las tradiciones religiosas así como espectadores de la *pax* romana. Mateo corregirá esa pretendida neutralidad política y recordará las siguientes palabras de Jesús:

> *Bienaventurados los pacificadores, porque ellos serán llamados hijos de Dios. Bienaventurados los que padecen persecución por causa de la justicia, porque de ellos es el reino de los cielos* (Mat 5.9–10). *Porque os digo que si vuestra justicia no fuere mayor que la de los escribas y fariseos, no entraréis en el reino de los cielos* (Mat 5.20).

El adjetivo "pacificadores" (literalmente 'hacedores de paz') indica tanto el comportamiento cristiano como su vocación. En el tiempo de Mateo, el "pacificador" eran, como dijimos antes, el emperador y sus legiones, así que la adopción de ese calificativo para designar al cristiano equivalía a desautorizar a todos los falsos "hacedores de *shalom*" y a reivindicar para el cristianismo una misión de paz y bienestar humano fundado en Dios, arraigado en el corazón de la persona y construido a partir de una nueva forma de relación entre los hombres.

En la comunidad de Pedro se experimentaron desde muy temprano fuertes pruebas y persecuciones. Incluso fueron dispersados por varias provincias (1P 1.1). Judíos, y algunas autoridades locales romanas, habían dividido a la iglesia causando estragos. La comunidad necesitaba ser reconstruida "desde dentro" y "desde abajo". Si la iglesia es sal y luz del mundo, está llamada, en consecuencia, a ser primero señal del *shalom* que Dios quiere para la humanidad entera. Por ello, Pedro escribe lo siguiente:

> *El que quiere amar la vida y ver días buenos, refrene su lengua de mal, y sus labios no hablen engaño; apártese del mal, y haga el bien; busque la paz, y sígala. Porque los ojos del Señor están sobre los justos, y sus oídos atentos a sus oraciones; pero el rostro del Señor está contra aquellos que hacen el mal.* (1P 3.10–12)

Y aunque la carta se dirige a los cristianos, no por ello se encuentra restringida a este círculo. Todos los hombres y mujeres están llamados a vivir en bienestar integral. En esa misma perspectiva, el autor de la Carta a los Hebreos escribirá: *Seguid la paz con todos, y la santidad, sin la cual nadie verá al Señor* (Heb 12.14). Se trata, sin duda, de una exigencia espiritual, comunitaria, cuyo propósito es alertar a las iglesias a la construcción del *shalom*. Son imperativos que buscan crear una cultura de paz, es decir, que el *shalom* fluya en cada aspecto de la vida social, tocando a individuos, grupos sociales e instituciones. El *shalom* de Dios no se puede esperar pasivamente, sino aceptarla interiormente y, desde ahí, esforzarse por proclamarla y construirla en todos los ámbitos de la vida humana y del cosmos.

Por su parte Pablo, a partir de su experiencia misionera y su clara vocación en favor de los pobres, sentaría las bases bíblicas para una "teología del *shalom*". Sus cartas, dirigidas a líderes e iglesias de distintas localidades, darán testimonio y exhortarán a construir relaciones fraternas. Veamos algunos textos:

> *Mas el fruto del Espíritu es amor, gozo, paz, paciencia, benignidad, bondad, fe, mansedumbre, templanza. (Gá 5.22–23)*

> *Por lo demás, hermanos, tened gozo, perfeccionaos, consolaos, sed de un mismo sentir, y vivid en paz; y el Dios de paz y de amor estará con vosotros.* (2Co 13.11)

> *Justificados, pues, por la fe, tenemos paz para con Dios por medio de nuestro Señor Jesucristo.* (Ro 5.1)

> *El ocuparse del Espíritu es vida y paz.* (Ro 8.6)
>
> *Si es posible, en cuanto dependa de vosotros, estad en paz con todos los hombres.* (Ro 12.18)
>
> *Porque él (Cristo) es nuestra paz, que de ambos pueblos (judíos y gentiles) hizo uno, derribando la pared intermedia de separación.* (Ef 2.14)
>
> *Huye también de las pasiones juveniles, y sigue la justicia, la fe, el amor y la paz, con los que de corazón limpio invocan al Señor.* (2Ti 2.22)

Los textos intencionalmente han sido colocados en orden cronológico. Como observamos, desde un inicio Pablo exhorta a los cristianos a vivir una espiritualidad, una vida inundada del Espíritu cuyo fruto sea —entre otros— la paz o bienestar integral. Y es que una auténtica vida en el Espíritu no está reñida con los asuntos sociales; por el contrario, lo requiere, para de esa manera ser un canal por el cual fluya el Espíritu de Dios en toda la tierra habitada. Jesucristo está en el origen del *shalom* que los cristianos tienen ante Dios. Finalmente, los pueblos y las naciones, por más conflictos que tengan, pueden rehacer sus vidas gracias a Jesucristo, quien derriba todo obstáculo que impide la unidad y la paz.

Pablo, además, se refirió más de una vez al tema del dinero. Heredero de la doctrina apostólica y en consonancia con la predicación de nuestro Señor Jesús, no dudó en enseñar que *El que siembra escasamente, también segará escasamente, y el que siembra generosamente, generosamente también segará* (2Co 9.6). Este versículo, citado profusamente por los teólogos de la prosperidad, ha sido convertido en una "ley de prosperidad". Sin embargo, se olvidan con frecuencia que el apóstol Pablo dice algo más: *Y el que da semilla al que siembra, y pan al que come, proveerá y multiplicará vuestra sementera, y aumentará los* frutos de vuestra justicia, *para que estéis enriquecidos en todo para toda liberalidad, la cual produce por medio de nosotros acción de gracias a Dios* (2Co 9.10–11). *Los frutos que se siegan no es dinero o riquezas ilimitadas. ¡Es amor! ¡Es liberalidad para seguir ayudando a los pobres!* (2Co 8.14–15).

Respecto al deseo de algunos cristianos que deseaban vivir como las minorías privilegiadas del primer siglo, Pablo les advierte con un espíritu pastoral:

> *Nada hemos traído a este mundo, y sin duda nada podremos sacar. Así que, teniendo sustento y abrigo, estemos contentos con esto. Porque* los que quieren enriquecerse caen en tentación y lazo, y en muchas codicias necias y dañosas, *que hunden a los hombres en destrucción y perdición; porque raíz de todos los males es el amor al dinero, el cual codiciando algunos, se extraviaron de la fe, y fueron traspasados de muchos dolores.* (1Ti 6.7–10)

Un poco más adelante, hablando a los que ya son ricos les dice:

> *A los ricos de este siglo manda que no sean altivos, ni pongan la esperanza en las riquezas, las cuales son inciertas, sino en el Dios vivo, que nos da todas las cosas en abundancia para que las disfrutemos. Que hagan bien*, que sean ricos en buenas obras, dadivosos, generosos, atesorando para sí buen fundamento *para lo por venir, que echen mano de la vida eterna.* (1Ti 6.17–19)

El apóstol Pablo, sin duda alguna, se encuentra en línea con Mateo 6.19–21, 24. El corazón del cristiano debe estar puesto en el Señor, no en las riquezas materiales. Éstas desvían con mucha frecuencia a las personas de la Palabra de verdad (Mr 4.19) y del camino de salvación (Mr 10.17–25). Y los creyentes se alejan, no pocas veces por las mismas razones, de la comunidad eclesial y las bendiciones del Señor (Hch 5.1–10). Por eso es correcta la observación de D. Knox cuando afirma que la Palabra de Dios reconoce que la posesión de riquezas materiales, o la búsqueda incesante de ellas, trae consigo grandes peligros[38].

Finalmente, en la tradición profética del Nuevo Testamento encontramos dos escritos: la Parénesis de Santiago y el Apocalipsis de Juan. El primero corresponde a un autor que con mucha razón ha sido llamado "el Amós cristiano". Su prédica fustiga a los cristianos,

---

38 "Riqueza". En J. Douglas (editor). *Nuevo diccionario bíblico*. Buenos Aires: Certeza, 1991, p. 1178.

mayoritariamente de origen judío, porque admitían en su seno la falta de solidaridad con los pobres, la discriminación, el mal uso de la lengua, la doble vida o doble moral y el abuso del fuerte contra el débil (Stg 1.19–27; 2.1–13; 3.1–12; 4.1–12; 4.13–5.6). Ampliamos esto último.

En el tiempo cuando escribe Santiago, algunos cristianos se dedicaban a grandes negocios (Stg 4.13), además de poseer fincas (Stg 5.4), los cuales les reportaban suculentas ganancias (Stg 5.1–3). El problema con estos cristianos no radicaba en que eran ricos, sino en que su riqueza no era producto de la bendición de Dios, sino del despojo sistemático e indiscriminado a sus peones. Incluso habían llegado a dar muerte a algunos de ellos (Stg 5.6). Junto con esa explotación (Stg 5.4), estos ricos se caracterizaban por llevar una vida disoluta, de pecado y vicios (Stg 5.5). ¿Qué iba a pasar con ellos? El juicio de Dios les aguardaba:

> *¡Vamos ahora, ricos! Llorad y aullad por las miserias que os vendrán. Vuestras riquezas están podridas, y vuestras ropas están comidas de polilla. Vuestro oro y plata están enmohecidos, y su moho testificará contra vosotros, y devorará del todo vuestras carnes como fuego. Habéis acumulado tesoros para los días postreros.* (Stg 5.1–3)

Para Santiago el *shalom* se manifiesta en la construcción de una fraternidad basada en la fe en acción, en la práctica de la justicia (Stg 2.14; 3.18). Ésta debe incluir a todos: huérfanos, viudas, pobres, afligidos y enfermos (Stg 1.27; 2.14–16; 5.13–15). La bendición, el bienestar que viene de Dios, es integral, ya que ningún aspecto de la vida humana queda fuera. Dios está preocupado por la vida espiritual y corporal de sus hijos; por eso levantó a Santiago a que proclamara un mensaje que hoy parecería a algunos "social", cuando en el fondo no es más que evangelio del reino de Dios.

El segundo escrito profético es el Apocalipsis de Juan. El último libro de la Biblia describe vívidamente la destrucción de los poderes de este mundo, y la instauración de su reino. El caos, el hambre, las guerras, la persecución y la muerte tienen las horas contadas, a las cuales le sucede la plenitud de vida, el *shalom* irrestricto. Juan lo describe de la siguiente manera:

> *Vi un cielo nuevo y una tierra nueva; porque el primer cielo y la primera tierra pasaron, y el mar ya no existía más. Y yo Juan vi la santa ciudad, la nueva Jerusalén, descender del cielo, de Dios, dispuesta como una esposa ataviada para su marido. Y oí una gran voz del cielo que decía: He aquí el tabernáculo de Dios con los hombres, y él morará con ellos; y ellos serán su pueblo, y Dios mismo estará con ellos como su Dios. Enjugará Dios toda lágrima de los ojos de ellos; y ya no habrá muerte, ni habrá más llanto, ni clamor, ni dolor; porque las primeras cosas pasaron.* (Ap 21.1–4)

Posiblemente, éste sea el cuadro más completo que existe en la Biblia para describir la plenitud de vida (*shalom*) que Dios traerá sobre su nueva creación. La plenitud de la creación se realiza en la morada con Dios. Dios hará su tabernáculo en medio de los hombres, pero esta vez para siempre. Y Él será el Pastor del rebaño (como anticipa el Salmo 23), el Príncipe de los pastores (1P 5.4). Ya no habrá en la nueva creación nada que atente contra el bienestar humano. Si al inicio de la historia Adán rechazó el proyecto de Dios (*shalom*), en Cristo Jesús obtendremos vida plena. Ésa es la esperanza cristiana.

Apéndice

Teología de la prosperidad y misiología en América Latina

Si revisáramos la bibliografía que aparece cada año sobre el tema de la iglesia y su misión, quedaríamos asombrados por la extensa producción en el ámbito evangélico. Pero ¿cuál es la misión de la iglesia? Parece que cada generación debe responder a esa pregunta tomando en cuenta el contexto en el que le toca servir al Señor, anunciando su Palabra y encarnando el evangelio del Reino.

Ciertamente, a inicios del siglo XXI, como dice Harold Segura, el movimiento evangélico en América Latina es una minoría en ascenso, mientras que el catolicismo se está convirtiendo en una mayoría en transición[1]. David Stoll se preguntaba, años atrás si acaso América Latina se estaría volviendo protestante[2], pregunta que pronto fue corregida en el sentido de que si más bien no se estaría pentecostalizando e, incluso, neopentecostalizando.

Todos estos comentarios los hago por una sencilla razón. Cuando me refiero a la misión de la iglesia, no estoy hablando en el aire, sino con los pies bien puestos en la tierra. Y esto me lleva a profundizar en mi análisis y revisar mis propias agendas misiológicas. Las cinco entrevistas a destacados pastores-teólogos del continente que

---

1 Iglesia y fe cristiana en América Latina y el Caribe. Texto tomado de Internet. Algunos estudiosos católicos interpretan el ascenso evangélico —y de otras religiones también— como una respuesta a la sociedad moderna. *Cf.* Luis Wanderley y Clodovis Boff. "Los nuevos movimientos eclesiales". En O. Beozzo (editor). *Vida, clamor y esperanza*. Bogotá: Paulinas, 1992, pp. 295-301.

2 David Stoll. *¿América Latina se vuelve protestante?* Cayambe: Abya-Yala, 1990.

aparecen en este apéndice intentan explorar este tema, además de responder a preguntas apremiantes e ineludibles[3].

Viviendo el discipulado radical

Dr. Juan Stam (Costa Rica)

Martín: Juan, esta pregunta parte del hecho concreto de que un sector de la iglesia en América Latina considera que basta identificarnos como "cristianos", a secas, sin apellido alguno. ¿Cree usted que realmente importa reconocerse como "evangélico"? ¿Existiría algún peligro en no reconocernos como tales?

Juan: Creo que el legado de la Reforma (luterana, calvinista y anabautista) y del movimiento wesleyano tiene mucho que aportar a la comunidad creyente, como una modalidad específica de ser cristiano. "Evangélico" es la categoría más definida de los dos términos; no se puede ser evangélico sin ser cristiano, pero me parece que se puede ser cristiano sin ser portador de la gran tradición evangélica, de la que debemos sentirnos orgullosos y la que debemos confesar con confianza y alegría. (Es importante aclarar, sin embargo, que este sentido del término "evangélico" no es de ninguna manera idéntico al de los "evangelicals" de los Estados Unidos, a los que en algunos casos hay que cuestionarles cuán evangélicos realmente son). Tampoco basta con sólo llamarse evangélico; de lo que se trata es de vivir las buenas nuevas de la gracia de Dios, fieles a las exigencias del discipulado radical.

Martín: Las estadísticas actuales muestran el enorme crecimiento, sobre todo en América Latina, de las iglesias pentecostales y de las llamadas iglesias "neopentecostales". ¿Cuáles serían las diferencias más marcadas entre ellas?

Juan: Creo que debemos rescatar la palabra "pentecostal" (o la "pentecostalidad"). Según el capítulo 2 de Hechos, una comunidad

3 Las cinco entrevistas aparecieron en la revista *Signos de Vida* (Ecuador: CLAI) durante los años 2004–2007.

es pentecostal cuando experimenta (1) la vivencia de los dones, el poder y el fruto del Espíritu (Hch 2.1–13), (2) la exposición fiel y cristocéntrica de la Palabra (2.14–41), y la práctica radical del Jubileo (2.42–47). Sin esos tres requisitos, ninguna comunidad tiene derecho de llamarse pentecostal.

En cuanto a los dones carismáticos, la iglesia primitiva se movía entre los dos extremos del antipentecostalismo de Tesalónica (1Ts 5.19–21) y el ultrapentecostalismo de Corinto (1Co 12–14). Ambos son nocivos. El antipentecostalismo es estéril y, por su mucho temor, apaga al Espíritu. El ultrapentecostalismo pierde el equilibrio bíblico, descuida la enseñanza cuidadosa y coherente de la Palabra (1Co 14.15), y con su sensacionalismo emociona pero no edifica.

No conozco definiciones precisas y fijas entre pentecostalismo y neopentecostalismo. En parte, el neopentecostalismo puede verse como ultrapentecostalismo, sin cierta disciplina y sensatez que la experiencia ha enseñado a los pentecostales clásicos. Pone un énfasis exagerado en los demonios y exorcismos, da gran importancia a las unciones (por ejemplo, de las paredes de un nuevo local de cultos), a menudo tiene líderes autoritarios (que a veces se declaran apóstoles) y suele dar un énfasis desproporcionado a la guerra espiritual, la prosperidad y otras modas pasajeras.

Martín: Muchos líderes sostienen que actualmente las iglesias evangélicas en América Latina están experimentando un gran "avivamiento" espiritual. ¿Cree que es así? ¿Cuáles son los criterios bíblicos de un verdadero avivamiento?

Juan: Lo que las iglesias evangélicas latinoamericanas están experimentando es un crecimiento numérico fenomenal, lo cual no es igual a un avivamiento. Mucho del crecimiento está concentrado en los sectores menos bíblicos y fieles del neopentecostalismo. Muchas veces el crecimiento tiene más de ambiciones de poder y privilegio que de obediencia radical a los mandatos éticos del evangelio. Nuestra iglesia, más bien, necesita urgentemente un avivamiento, un mover del Espíritu de Dios; de lo contrario, podemos terminar siendo la religiosidad popular del siglo xxi, como lo ha sido el catolicismo en el pasado.

Martín: En las iglesias evangélicas, hasta donde recuerdo, siempre se predicó acerca del conflicto espiritual, así como de la bendición material de Dios. Estos dos temas —como es evidente— hoy se sobredimensionan tanto en el púlpito como en todo aspecto de la vida cristiana. ¿A qué cree que se deben esos énfasis?

Juan: En el fondo, creo que son productos atractivos en el mercado religioso y ello se debe sobre todo al "evangelio de ofertas" de la gracia barata. La teología de la prosperidad ofrece riqueza sin las demandas éticas del evangelio; la guerra espiritual ofrece poder, victoria y explicaciones simplistas de todas las manifestaciones de maldad. Tiene un poco del deporte y del placer o emoción que muchas personas sienten en los conflictos bélicos. Más de una persona me ha dicho que le gusta la guerra espiritual; ¡la disfrutan! Son victorias de batalla fácil, que cuesta poco, pero a ellos no se les ocurre o no se atreven a confrontar a las potestades y fuerzas malignas dentro del sistema y en los centros de poder político y económico, como fue el Imperio romano para Juan de Patmos.

Hace varias décadas gran parte de los evangélicos ha estado viviendo de modas pasajeras, como fiebres que vienen y se van. La mayoría vienen del norte, por libros, revistas, o muchas veces por casetes y audífonos pegados al oído. Comenzó con "Health and Wealth" (Salud y riqueza), después vino "Name it, Claim it" (Nómbralo, reclámalo, que era bastante fuerte por ejemplo en Guatemala), después llegaron la teología de la prosperidad, la guerra espiritual, los espíritus territoriales, la tumbada de gente y el movimiento de nuevos apóstoles. Todas esas modas pierden el equilibrio global de la enseñanza bíblica, y algunas son claramente antibíblicas y hasta heréticas. Emocionan a sus adeptos pero no edifican a la iglesia. Para mí, son síntomas no sólo de inmadurez sino también de enfermedad bíblico-teológica y espiritual.

Martín: Usted, que es un estudioso del Apocalipsis, ¿considera que en este libro se encuentran —como sostienen algunos predicadores— las claves para derrotar al diablo y la visión perfecta de la prosperidad que Dios quiere para sus hijos?

Juan: De prosperidad ¡no encuentro nada! Para Cristo, la iglesia pobre de Esmirna era muy rica, y la iglesia rica de Laodicea, miserable. La Nueva Jerusalén es una visión de abundancia, pero para todos; no la riqueza egoísta de unos pocos a expensas de otros e indiferente a la miseria de los demás. Y, según el Apocalipsis, el dragón ya está derrotado, y volvemos a derrotarlo sobre todo entregando nuestras vidas aun hasta el martirio.

Martín: La predicación y la práctica de lo que se conoce como "guerra espiritual", así como de las "leyes de la prosperidad", ¿qué aportes estarían dando a la reflexión teológica en América Latina?

Juan: ¡Muy poco! La "guerra espiritual" nos hace recordar que existe un enemigo y estamos en lucha, pero lo plantea en forma desenfocada. Para el Apocalipsis, tiene carácter predominantemente político y antiimperialista. Lo mismo se puede decir de la teología de la prosperidad. Su pequeño aporte es hacernos pensar en lo económico, pero igual, todo lo tiene desenfocado. Sacraliza el egoísmo, la ambición personal frente a los demás. Olvida el principio bíblico de la igualdad económica, repetido por Pablo dos veces en un solo versículo (2Co 8.14) y practicado en la comunidad pentecostal (Hch 2.44–45; 4.32: *nadie decía ser suyo propio nada de lo que poseía*). La teología de la prosperidad es la de la prosperidad capitalista, de la propiedad privada, no de la prosperidad bíblica de la igualdad, donde no deben haber menesterosos.

Martín: Es interesante observar cómo en los últimos años se ha estado abordando el tema de la cultura desde la perspectiva de la misión. ¿Cree usted que los cambios culturales en América Latina, particularmente la globalización del mercado, afectan los criterios del quehacer misionero?

Juan: Sí, sin duda afectan, y deben afectar. Pero ¿cómo deben afectar? Por una parte, debemos apoyar la globalización de la justicia (caso Pinochet, Corte Internacional de la Justicia), del amor y la igualdad, y del evangelio mismo. Mas, debemos luchar contra la abrumadora concentración del poder en unos pocos países, y en pocas manos dentro de esos países, lo cual es realmente una antiglobalización. Debemos luchar también contra el neoliberalismo, con su "No hay alternativa". Estos cambios culturales, sociales y económicos nos llaman a la misión integral hoy más que nunca.

Martín: En América Latina tiene mucha influencia la bibliografía estadounidense de iglecrecimiento, así como sus más destacados oradores. Incluso, ya en esta parte del continente existen expertos en crecimiento de iglesia con base en técnicas de mercadeo. ¿Encuentra algún tipo de relación entre la teología de la prosperidad y el iglecrecimiento?

Juan: Los veo distintos pero a menudo se juntan, por una razón sencilla: el mensaje de prosperidad es popular y llena los templos.
Martín: Finalmente, ¿a qué nos está desafiando en el campo de la misión, en términos generales, el actual panorama religioso de América Latina?
Juan: Nos reta al discipulado radical y costoso, hasta dar la vida si es necesario (1Jn 2.28–3.18). Nos reta a la misión integral, "el evangelio completo", como enseñan las Escrituras. Nos reta a entender claramente y a fondo los tiempos que vivimos y sus cambios rápidos y radicales. Nos reta a entregar la vida entera a Jesucristo como Señor de nuestra existencia y Señor de la historia. "¡Qué tremendos, decisivos, son los presentes tiempos!". Estos tiempos demandan de la iglesia una presencia profética en medio de la historia.
Martín: Muchas gracias, Juan.

Mirando críticamente al neopentecostalismo

Dr. Juan Sepúlveda (Chile)

Martín: Juan, quiero comenzar esta entrevista partiendo del hecho concreto de que un sector de la iglesia en América Latina considera que basta identificarnos como "cristianos", a secas, sin apellido alguno. Usted, como teólogo pentecostal, ¿cree que realmente importa reconocerse como "evangélico"? ¿Cuáles serían las razones?
Juan: En realidad no tengo una opinión definida respecto a cuál sea la mejor forma de identificarse. Tal vez todo depende de quién sea el interlocutor. Pero en todo caso me parece interesante preguntarse acerca del significado de esta nueva tendencia a identificarse como "cristianos" a secas.

Entre los sectores del mundo evangélico chileno que han puesto en boga este nuevo uso —en su mayoría muy vinculados a la radiodifusión evangélica— pareciera significar lo siguiente: "los verdaderos cristianos somos nosotros", con una evidente connotación crítica hacia la mayoría católica (tradicionalmente considerada como la "gente cristiana" del país).

Entre los sectores vinculados más estrechamente a las corrientes (así llamadas) neopentecostales, este uso parece significar: "las estructuras denominacionales ya no importan, porque el Espíritu Santo ahora está soplando en los nuevos movimientos y ministerios". Uno no encuentra mucha gente para la cual el uso del término "cristiano" como identificación religiosa signifique, verdaderamente, una expresión de inclusividad ecuménica.

Martín: Las estadísticas actuales muestran el enorme crecimiento, sobre todo en América Latina, de las iglesias pentecostales y de las llamadas iglesias "neopentecostales". ¿Cuáles serían las diferencias más marcadas entre ellas? ¿O se trata del mismo pentecostalismo pero en un nuevo contexto?

Juan: Aunque no resulta fácil establecer distinciones, debido principalmente a la poderosa influencia que el segundo movimiento está teniendo en los adherentes del primero (a través del uso y abuso de los medios de comunicación, y especialmente mediante los "ministerios de alabanza"), a mí me parece necesario hacer una clara distinción entre ambos movimientos.

Si abordamos la pregunta desde un punto de vista histórico, el llamado "neopentecostalismo" no es una derivación o desarrollo del pentecostalismo clásico. Si la información a la que he tenido acceso es correcta, la mayoría de los movimientos neopentecostales han derivado de movimientos carismáticos de iglesias tradicionales o de iglesias "evangelicales". Tampoco sus teóricos provienen del mundo pentecostal, sino de las corrientes recién indicadas (varios parecen provenir de la misiología "evangelical").

Si vemos la pregunta desde la perspectiva de las autodefiniciones, resulta bastante claro que muchos líderes y teólogos del pentecostalismo clásico están muy lejos de sentirse identificados con el pensamiento y las prácticas neopentecostales, a lo que más bien perciben como una amenaza. No es raro encontrar entre ellos a los más agudos críticos del así llamado neopentecostalismo.

En cuanto a las diferencias concretas que se pueden señalar entre ambos movimientos, me parece que habría que prestar atención, entre otros, a los siguientes aspectos:

- Las corrientes neopentecostales tienden a profesionalizar el rol de los ministros de culto, reduciendo a los adherentes a un papel más bien pasivo (más que de una congregación, se trata de seguidores de un líder cuyo aporte se expresa principalmente en lo económico). El pentecostalismo, al menos como éste se ha manifestado en Chile, se acerca mucho más a la idea del sacerdocio universal de todos los creyentes.
- Algo similar se expresa en el desarrollo del culto: en el neopentecostalismo, la congregación tiende a asimilarse al público de un espectáculo, mientras que en el pentecostalismo el culto depende mucho más de la congregación.
- Si bien en ambos movimientos se le da gran importancia a la expresividad y manifestación de emociones, en el pentecostalismo éstas tienen sentido en tanto facilitan un cambio de vida de la persona, cambio que se tendrá que expresar en el testimonio cotidiano. En el neopentecostalismo, la expresión de las emociones está al servicio de un resultado inmediato: generalmente, motivar las dádivas materiales del público, sin importar mucho el modo en que vivan su vida cotidiana.
- Si bien el pentecostalismo clásico ha producido también líderes y figuras importantes, la organización eclesiástica suele ser más institucionalizada y, por lo tanto, más despersonalizada. En cambio, el modelo empresarial de las organizaciones neopentecostales gira completamente en torno al líder.
- Parece que otra diferencia relevante puede ser el lugar que la Biblia, su lectura e interpretación, tiene para la vida del creyente y de la comunidad de fe. Me parece que en este sentido la Biblia es de lejos más importante para los pentecostales que para los neopentecostales.

Martín: Muchos líderes sostienen que actualmente las iglesias evangélicas en América Latina están experimentando un gran "avivamiento" espiritual. ¿Está sucediendo un avivamiento en Chile? ¿Cuáles serían los criterios para evaluar un avivamiento?

Juan: El término "avivamiento" da cuenta de un tipo de espiritualidad que es muy típico del movimiento pentecostal chileno, e incluso del mundo evangélico más amplio. La mayoría de las iglesias están más o menos en constante búsqueda de avivamiento. Pero si hablamos de "avivamiento" como de un gran despertar religioso que tenga un alcance nacional, con gran impacto en la vida pública, en Chile solamente podría reconocerse como tal el "avivamiento" de comienzos del siglo xx, que tuvo como su principal resultado el nacimiento del pentecostalismo chileno.

El impacto que las corrientes neopentecostales tienen actualmente es sin lugar a dudas significativo, pero éste se expresa en cambios o "renovación" de las formas tradicionales de culto, es decir, en dimensiones endógenas del mundo evangélico, con escaso impacto y visibilidad en la sociedad global. El Censo de 2002 mostró que ni siquiera puede decirse que estas nuevas corrientes estén produciendo un crecimiento espectacular de la población evangélica. Lo que si es cierto es que están produciendo una gran movilidad al interior del mundo evangélico.

Martín: En las iglesias evangélicas, hasta donde recuerdo, siempre se predicó acerca del conflicto espiritual, así como de la bendición material de Dios. Estos dos temas —como es evidente— hoy se sobredimensionan tanto en el púlpito como en todo aspecto de la vida cristiana. ¿A qué cree que se deben esos énfasis? ¿Se han redescubierto estos temas de la Biblia o vienen de otras matrices?

Juan: En efecto, los temas de la bendición material y de la lucha espiritual a la que está expuesto el creyente, son temas tradicionales de la predicación y enseñanza evangélica, y ciertamente también pentecostal. Pero la centralidad que estos temas han adquirido para las "doctrinas" de la prosperidad y de la guerra espiritual, para nada parece provenir de un redescubrimiento de las enseñanzas bíblicas al respecto. Las bases bíblicas de ambas nuevas corrientes parecen bastante precarias como para sugerir que se derivan de ellas.

Todo parece indicar que las "doctrinas" de la prosperidad y de la guerra espiritual derivan de una "contextualización" acrítica del mensaje cristiano en ciertas manifestaciones de la cultura (así llamada) posmoderna: la mercantilización de todas las dimensiones de la vida y del (así denominado) "reencantamiento del mundo".

Martín: La predicación y la práctica de lo que se conoce como "guerra espiritual", así como de las "leyes de la prosperidad", ¿qué aportes significativos estarían dando a la reflexión teológica en América Latina, concretamente a la teología en la perspectiva pentecostal?

Juan: He participado en algunos grupos de reflexión con pastores y líderes evangélicos en los cuales, con mucha buena voluntad, se ha tratado de reconocer los aportes positivos de estas corrientes.

Con respecto a las "leyes de la prosperidad", reconocen como aporte el desafío a superar cierto conformismo social característico del mundo pentecostal. La nueva idea sería: "No por ser evangélicos tenemos que ser pobres, sino más bien lo contrario".

En relación con la "guerra espiritual", ayudaría a recuperar la conciencia de que el mal no se reduce a estructuras sociales injustas o a voluntades humanas perversas, sino que existen "poderes y potestades" malignas con las cuales hay que lidiar. Esta idea de un mundo de poderes espirituales se habría perdido por el predominio de una mentalidad secular que tiende a atribuir todo a causas naturales o humanas.

Respeto este esfuerzo, sobre todo en cuanto expresa el intento de tender posibles "puentes" para el diálogo y la reflexión. Pero honestamente no estoy muy convencido de estas conclusiones. Si de promover el "no conformismo" se trata, me inclinaría más por una línea de reflexión cercana a la teología de la liberación. Por otra parte, no creo que la gente de nuestras iglesias se haya secularizado tanto en su cosmovisión como para que necesite de la ayuda de la guerra espiritual para volver a creer en la existencia de un mundo espiritual. Al contrario, si la idea de guerra espiritual ha calado tan hondo en muchos evangélicos, es porque siempre predominó esa visión espiritualista.

Debo ser sincero y reconocer que no visualizo, al menos por ahora, aporte alguno de estas corrientes a la reflexión teológica, salvo en el sentido negativo de ser un síntoma de la falta de esta.

Martín: En uno de sus escritos sostiene que mejor que referirse a una teología pentecostal, sería hacerlo al *ethos* o espiritualidad pentecostal. ¿Puede ampliar esta afirmación?

Juan: En realidad, en el mencionado artículo me adhiero a lo ya sostenido por otros autores allí citados. Por lo tanto, no se trata de una afirmación original. Lo que he querido decir al adoptar ese enfoque, es que la originalidad del pentecostalismo no está primariamente en su teología. A menos que adoptáramos la visión de que lo característico del pentecostalismo es su identificación del Bautismo en el Espíritu Santo con la experiencia de hablar en lenguas (lo que es verdad solamente para un sector del pentecostalismo), en realidad nos encontramos con que la totalidad de los temas pentecostales fueron anticipados por movimientos precedentes, especialmente por el movimiento wesleyano de santidad. Esto ha sido muy bien documentado por Donald Dayton en su obra *Las raíces teológicas del pentecostalismo.*

Por lo tanto, lo específico que aporta el pentecostalismo, más que una doctrina, es un contexto eclesial y litúrgico apropiado para que se exprese y desarrolle una espiritualidad (experiencia cristiana) que da espacio a la diversidad cultural. De esta manera, permite que la tradición wesleyana de santidad se encarne en nuevos contextos culturales, recreándose en cada nueva situación.

Martín: Es interesante observar cómo en los últimos años se ha estado abordando el tema de la cultura desde la perspectiva de la misión. ¿Cree usted que los cambios culturales en América Latina, particularmente la globalización del mercado, afectan los criterios del quehacer misionero?

Juan: Creo que efectivamente los cambios culturales influyen, no solamente en América Latina sino en todas partes, en los modos en que se entiende la misión. En la medida en que los cambios más notables en la historia reciente de América Latina parecen ir en la línea de la globalización, no solo del mercado, sino también de la cultura, lo que observamos en la misiología es una menor preocupación por comprender lo específico de la (o las) cultura(s) latinoamericana(s), ya que pareciera bastar con aplicar las mismas fórmulas pensadas para el "iglecrecimiento" en un nivel mundial. Parece fuera de época, por ejemplo, pensar en desarrollar una liturgia latinoamericana. Basta con reproducir los "hits latinos" de Miami. La pregunta es si acaso esta tendencia es irreversible, o si surgirán entre nosotros nuevos intentos de afirmar especificidades culturales.

MARTÍN: ¿Cuál sería el aporte específico de la práctica de la misión de las iglesias pentecostales a la elaboración de una teología de la misión en América Latina?

JUAN: Si uno piensa en el pentecostalismo más propiamente "latinoamericano", es decir, en aquellas iglesias pentecostales de desarrollo local ("nativo" o "indígena") o que, teniendo origen misionero extranjero se autonomizaron tempranamente, puede decirse que el aporte de estas iglesias a las prácticas misioneras radica precisamente en su capacidad "encarnacional", es decir, de valorar, aun cuando sea inconscientemente, la cultura local como vehículo legítimo de propagación del evangelio. Con este aporte se relaciona otro igualmente importante: el papel activo de los laicos, varones y mujeres de diversas edades, en el desarrollo de la misión local. Son precisamente estos últimos los sujetos de un proceso no planificado de "inculturación" del evangelio.

Lamentablemente, son precisamente estos aspectos de la práctica misionera pentecostal los que son subvalorados en los nuevos modelos en boga, que apuestan ciegamente a la globalización cultural.

MARTÍN: Finalmente, en el plano de la misión, ¿a qué nos está desafiando, en términos generales, el actual panorama religioso de América Latina?

JUAN: Mirado desde el punto de vista de la misiología, creo que el mayor desafío que nos plantea el actual panorama religioso latinoamericano es la necesidad de una reflexión profunda sobre los criterios con los cuales es pertinente evaluar las prácticas misioneras. La idea de "éxito" se ha impuesto como el criterio único de evaluación. Cabe preguntarse por los fundamentos bíblico-teológicos de esta noción de "éxito" y —si tiene alguna validez teológica— qué significa específicamente a la hora de analizar las prácticas misioneras de los cristianos y de las iglesias.

MARTÍN: Muchas gracias, Juan.

Las iglesias como comunidades sanadoras

Rvdo. Israel Batista (Cuba - Ecuador)

Israel: Martín, me siento estimulado a no responderte con estereotipos o terminologías conocidas del "catecismo evangélico" que debemos sostener para ser "políticamente correctos". Voy a arriesgar respuestas con temor y temblor. En tiempos de desafíos y grandes transformaciones no podemos "domesticar" al Espíritu ni "rutinizar" al carisma. Vivimos esos raros intervalos históricos en los cuales se precipitan los hechos como heraldos de nuevas etapas con sus aspectos positivos y negativos. Vivimos y sufrimos una historia que no la imaginábamos hace unos años atrás. Esta realidad de una historia que nos sorprende es aplicable de manera interesante al mundo religioso en América Latina y, en especial, al desarrollo de las iglesias cristianas en los últimos tiempos.

No tengo complejo de "Don Quijote" luchando contra molinos de viento. Los tiempos que corren conspiran contra racionalismos que creíamos bien fundados. Debemos confesar que en el pasado reciente nos creíamos "iluminados ecuménicos". Creíamos saber las respuestas aun antes de formular las preguntas. Al responder tus interrogantes, me revisto de la humildad de mi experiencia fragmentada, mis limitaciones para comprender las complejidades de la realidad actual. Es la humildad de reconocer que mi conocimiento necesita ser completado con la sabiduría del otro o de la otra y de la dirección del Espíritu. Vivimos en contextos de pluralidades. Hay que ir más allá del pensamiento único a fin de impulsar los pensamientos diversos. A los evangélicos, aunque nos reconocemos diversos, nos cuesta trabajo aceptar la verdad del otro. Las pluralidades que experimenta el mundo religioso confrontan nuestras racionalidades. No es difícil reconocer la riqueza de las pluralidades. Con esta mezcla de sentimientos quiero responder a tus complejas y pertinentes preguntas. Quiero leerlas como desafíos que nos alientan en la búsqueda de nuevos caminos, en los cuales el Señor marcha adelante.

Martín: Israel, quiero comenzar esta entrevista partiendo del hecho concreto de que un sector de la iglesia en América Latina considera que basta identificarnos como "cristianos", a secas, sin apellido alguno. Usted, que desde hace años ha trabajado acerca del significado de "ser evangélico", ¿cree que realmente importa reconocerse como "evangélico"?

Israel: El mundo occidental ha incluido en sus características el "ethos" cristiano. Hoy contemplamos la realidad de un mundo occidental desarrollado que se seculariza y se hace plural en lo religioso. Por su parte, los países subdesarrollados viven un crecimiento espiritual y religioso. El sentimiento religioso se desplaza hacia las "periferias". Es lo que algunos han dado en llamar "nueva cristiandad tercermundista". Mientras que el mundo occidental se seculariza, en América Latina se conforma un mosaico religioso altamente complejo, constituido por síntesis inusitadas y búsqueda de sentido ante incertidumbres. Encontramos una matriz religiosa en América Latina de mucha riqueza, complejidad y confusión. En nuestro mundo cristiano, vemos que las formas tradicionales de ser iglesia, en cierto sentido se estancan o viven un crecimiento limitado; mientras que propuestas novedosas se proyectan con una fuerza grande y un crecimiento a veces frenético. Verificamos una efervescencia tal de lo religioso y de lo cristiano que nuestras terminologías, nuestro arsenal teórico y nuestros esquemas teológicos no son suficientes para interpretar esos fenómenos. En ese cuadro, te diría que "sí" y "no" al tema de la suficiencia o no de llamarnos, como tú dices, cristianos a "secas". Hay varias posibilidades de acercarnos a este asunto.

Una, sobre la cual no quiero entrar en detalles, es el uso exclusivo, excluyente y sectario de lo cristiano. Algunas iglesias utilizan este término como propiedad privada y señal de que ellas son las verdaderamente legítimas. Este sentido sectario del uso del término cristiano afecta no solamente a los evangélicos, sino también a la propia Iglesia Católica Romana. Por otra parte, en un cuadro de tantas diversidades y hasta confusiones, creo que hay que clarificar lo cristiano. El debate que animó al Congreso de Panamá en 1916 y que permitió declarar a nuestra región como "tierra de misión", fue precisamente el hecho de que América Latina no podía ser declarada como zona ya cristianizada. El argumento que prevaleció es que frente a un catolicismo que había "adulterado" muchas verdades del evangelio, era necesario predicar la fe cristiana evangélica.

Es interesante que ese debate ahora se lo deba aplicar a un mundo evangélico en expansión, que se ve atravesado por la riqueza de sus diversidades, pero también por las confusiones de prácticas que hacen de la fe un producto del mercado. Lamentablemente, vivimos serias adulteraciones de nuestros principios de fe evangélicos en algunas de las expresiones que adoptan los *nuevos* movimientos religiosos y también algunas de nuestras iglesias. No me das tiempo para desarrollar este tema, pero hoy lo cristiano a secas, en cierto sentido, no es suficiente para afirmar el valor de nuestra fe evangélica.

Otra perspectiva de acercamiento a tu pregunta. Si vamos al pensamiento paulino, su imagen genial de la iglesia como Cuerpo de Cristo, nos hace reconocer la diversidad de nuestras funciones y realidades, pero a partir de lo más importante: la unidad de ese Cuerpo. Es decir, lo cristiano como señal de pertenencia al Cuerpo de Cristo es importante que nos una como iglesias diversas que adoran a un mismo Señor. Es el testimonio de unidad ante un mundo que a pesar de la globalización se fragmenta y excluye.

Igualmente, frente a la realidad de otras religiones, es el sello, la marca que nos hace proyectar un sentido de vida diferente asentado en nuestra fe en Cristo. No exclusiva, pero sí esencial para la salvación. Es decir, llamarnos cristianos es un testimonio de unidad en medio de diversidades. Voy a ser provocativo, esto incluye a la Iglesia Católica Romana. Yo jamás podría ser católico. Me siento muy realizado y humildemente orgulloso de ser evangélico. Pero ya debemos cesar "la guerra de guerrillas" contra lo católico. Un evangélico no es un no católico, sino un creyente que afirma su fe en un Señor, un Libro y un Bautismo del Espíritu. Pero no podemos ignorar el diálogo con el católico, aunque seamos profundamente no católicos. Dialogar no significa perder mi identidad. Precisamente dialogo porque estoy seguro en lo que creo. En un momento de pérdida de valores, de sentido de vida, de injusticias profundas, afirmemos una identidad cristiana para que el mundo crea. Esto no es nuevo, es Juan 17.21: "Que seamos uno para que el mundo crea". Es la unidad con sentido de misión, sin perder la riqueza de nuestras diversidades. Hay un paradigma profético y misionero de afirmar lo cristiano como sello de la unidad que se no es dada por la gracia de Dios en Cristo Jesús.

Aún más, la globalización nos impone un "pensamiento único", una cultura de masas repetitiva sin identidades propias, una economía hegemónica que no admite otras posibilidades. Luego, lo cristiano que acepta las diversidades, es decir, lo cristiano que se cualifica de maneras distintas, es un testimonio doble frente a las imposiciones de la globalización: por una parte, es una proclamación de libertad que no se conforma a los estereotipos de este mundo. Es una unidad en diversidad. Por otra parte, es una afirmación de identidad en un momento en que se diluyen las identidades para manipular "masas amorfas", sentimientos simplistas unitarios y estilos de vida conformistas. Afirmar lo cristiano evangélico es una identidad que proclama nuestra libertad.

De ahí comento la segunda parte de tu pregunta: es importante lo evangélico, como identidad y afirmación de diversidades, dentro de la visión de lo cristiano como unidad del Cuerpo de Cristo. De nuevo, por la brevedad, creo que lo evangélico aporta varios aspectos importantes al quehacer cristiano en América Latina. Repito aquí lo que dije en mi libro *Comunidades de jubileo*: "Hablamos de lo evangélico en sentido inclusivo y no desde una exclusividad confesional. Lo evangélico tiene que ver con el evangelio, es decir, esa verdad y raíz que atraviesan todas nuestras tradiciones eclesiales: protestante, santidad, pentecostal, neopentecostal, anglicana. Las iglesias que comienzan con la Reforma y sus posteriores movimientos reformadores hasta hoy". Desde este pensamiento, quiero decir lo siguiente:

1. Lo evangélico es un aporte ecuménico a la iglesia cristiana latinoamericana, incluyendo a la propia Iglesia Católica Romana. Esta última vive expresiones de renovación carismática, como parte de una cierta renovación que afirma lo evangélico como herencia de fe. Así, pues, lo evangélico es una contribución ecuménica de unidad que atraviesa a todas nuestras iglesias. Es un tema para debatir.

2. Lo evangélico con sus diversidades es parte de nuestro paisaje latinoamericano. Tenemos una liturgia, valores, comportamientos, estilos de vida, expresiones culturales, vivencias comunitarias, sentido de pertenencia, visión de futuro y convicciones de fe que nos dan una identidad propia enraizada en nuestra cultura latinoamericana.
3. Lo evangélico ha significado para nuestras iglesias una práctica de la diaconía y la proclamación del evangelio desde los pobres. Hemos contribuido a marcar a nuestras sociedades con los valores del Reino al fomentar comunidades sin exclusiones y con una fuerte presencia entre los pobres. Nuestras iglesias han crecido y se han expandido como testimonio de esperanza entre los pobres. Lo evangélico ha significado prácticas de fe basadas en el amor y la solidaridad, matrices de comportamientos éticos y morales auténticamente humanos y humanizantes.
4. Lo evangélico es fundamentalmente una propuesta de identidad, una búsqueda de sentido de vida. Esa búsqueda surge de la insuficiencia del mundo político, de la exclusión económica, de las tensiones no resueltas que se encuentran en las culturas populares, de la insuficiencia de los esquemas ideológicos, de la falta de credibilidad en las instituciones de la sociedad, de la falta de participación en esquemas jerárquicos y dogmáticos de las estructuras eclesiásticas, de las exclusiones que nos marginan de la vida social. Citando a Bernardo Campos: "[lo evangélico] aparece como una respuesta a la necesidad del pueblo por crear y ordenar contextos simbólicos propios, para dar sentido a la realidad y ordenar la conducta de la vida cotidiana".

Martín: Las estadísticas actuales muestran el enorme crecimiento en América Latina de las iglesias "pentecostales" y de las llamadas iglesias "neopentecostales". ¿Usted encuentra diferencias entre ambas?

Israel: La pregunta en sí da la idea de que el movimiento neopentecostal surge de las iglesias pentecostales. Esa interpretación no es correcta y el propio término "neopentecostal" no es apropiado. En su mayoría provienen de iglesias históricas. Creo que te refieres a ciertos movimientos religiosos que han tratado de responder, más equivocada que acertadamente, a los desafíos y necesidades actuales de una época que genera muchas inseguridades. Las respuestas de estos grupos, y que también están presentes en algunas de nuestras iglesias, mezclan prácticas de religiosidad popular, se vinculan con estructuras de poder, se centran en el éxito y el individualismo, utilizan ampliamente los medios de comunicación, enfatizan pensamientos teológicos que se ajustan a la visión del mercado y muchas de sus prácticas vuelven a estos grupos e iglesias en una especie de supermercados religiosos. Estos rasgos no tienen nada que ver con la vida comunitaria, bajo el poder del Espíritu, de las iglesias pentecostales

Esta comparación merecería una larga reflexión. Llamaría la atención a los siguientes aspectos tratando de moverme en una interpretación más proactiva:

1. Hoy las fronteras entre las iglesias se tornan complejas. En una misma congregación, se encuentran diversas expresiones teológicas y eclesiológicas. Al mismo tiempo que en algunas iglesias hay una búsqueda de identidad confesional, se vive en nuestra región un cierto "posdenominacionalismo". Este cuadro puede ser confuso, pero también una señal del Espíritu Santo que nos hace avanzar en la búsqueda de una iglesia con rostro latinoamericano, quedando atrás elementos que nos dividían. Esto es un tema subyugante para reflexionar. Soy de los que creen que necesitamos investigaciones "frescas", más cercanas a lo que acontece en nuestras congregaciones locales.
2. Un fenómeno en crecimiento son las llamadas iglesias independientes. Éstas pueden provenir tanto de las iglesias históricas como de las pentecostales, y hasta de algunas neopentecostales con transformaciones profundas. En algunos lugares, estas iglesias constituyen casi un cincuenta por ciento del mundo evangélico. Es un desafío nuevo para el denominacionalismo, la pluralidad y la unidad de la iglesia de Cristo.
3. La historia de la iglesia evangélica en América Latina hay que verla bajo el principio reformador de "iglesia siempre en reforma". Hemos ido constituyendo nuestro "ethos" por olas sucesivas de

> influencias y renovaciones de vida eclesial que han contribuido a revitalizar a nuestras iglesias: las iglesias históricas; el movimiento de santidad, el pentecostal, etcétera; y ahora el neopentecostalismo. Hemos experimentado "olas" de expresiones de ser iglesia que han contribuido a no estancarnos y renovarnos como comunidades de fe. Al mismo tiempo, cada una de esas olas han traído sus aportes y también sus equivocaciones, pero paulatinamente va consolidándose lo positivo y quedando atrás lo negativo. Es ésa la forma como las iglesias evangélicas nos hemos ido renovando e integrando elementos diversos en nuestras fisonomías eclesiales. Se avanza en una iglesia latinoamericana que se renueva. En ese sentido positivo coloco al movimiento neopentecostal, sin ignorar sus equivocaciones: desafío para nuestra propia renovación y, al final, lo negativo queda atrás.

Lo que tú llamas "neopentecostal" es una forma herética de adaptar la fe a los patrones del mercado. Pero el Espíritu Santo nos desafía a ver estos momentos como búsqueda para ser verdaderamente iglesias fieles a nuestro Señor, a transformar lo negativo en bendición. Vivimos en América latina una búsqueda muy intensa y genuina por "ser iglesia". No quiero ser "romántico" ni ingenuo, pero creo que el Espíritu permite reencuentros en el camino.

Martín: Muchos líderes sostienen que actualmente las iglesias evangélicas en América Latina están experimentando un gran "avivamiento" espiritual. ¿Cree que es así? ¿Cuáles serían los criterios para evaluar un "avivamiento"?

Israel: No quiero hablar de estadísticas, pero es evidente el crecimiento de nuestras iglesias evangélicas. Evidentemente, en ese crecimiento hay contradicciones, pero hemos ido avanzando de ser una minoría insignificante a una minoría significativa en crecimiento. Somos iglesias evangélicas que se constituyen en un movimiento sociocultural y de fe con un fuerte dinamismo en la sociedad. Nuestras iglesias, a pesar de sus debilidades, se encuentran en un estadio de crecimiento, desarrollo y madurez.

A veces nos movemos entre dos "síndromes" erróneos: (1) Criticar el crecimiento y paralizarnos a nosotros mismos en la tarea evangelística. Tras los números hay personas que cambian y buscan un nuevo sentido de vida. Se crece porque existen profundas necesidades humanas. (2) Volver la evangelización una práctica de mercado y la predicación del evangelio una oferta de supermercado. Se habla de números como si las iglesias fueran filiales de la bolsa de valores. Debemos ir más allá de esos "síndromes" y retomar con pasión la Gran Comisión a la cual hemos sido llamados: *Id y haced discípulos a todas las naciones, bautizándolas en el nombre del Padre, y del Hijo, y del Espíritu Santo* (Mt 28.19).

La religión, la fe y la espiritualidad han retornado al "escenario central" en la historia actual. En la vida cotidiana se revela con mucha fuerza la búsqueda de espiritualidades distintas. El empresario que busca una espiritualidad que le permita seguir ganando dinero con tranquilidad de conciencia; la clase media empobrecida que busca la prosperidad como evasión a su realidad; el pobre que busca el milagro de la sobrevivencia.

Nuestras iglesias viven señales de "avivamiento", y aún esperamos por uno mayor que creo la gracia de Dios nos está preparando para vivirlo. Esto nos lleva a cualificar con responsabilidad nuestra proclamación del evangelio. No quiero ser abstracto; el mensaje de Dios debe tornarse en una respuesta de sentido en lo personal y una afirmación de la vida en lo social. El desafío de nuestras iglesias es orar por ese avivamiento que transforme la cotidianidad de nuestras vidas y el sentido de nuestras sociedades. Luego, como iglesias evangélicas, estamos llamados a profundizar nuestra identidad, potenciar nuestro crecimiento, en el nombre de Cristo buscar respuestas a los problemas comunes que enfrentan nuestra gente, y a partir de ellos, proyectarse con dinamismo creativo a la comunidad. El crecimiento nos hace más responsables ante Dios para ser una iglesia propositiva, facilitadora y motivadora de cambios en lo personal y lo social. Eso es la conversión.

Las iglesias evangélicas estamos en un crecimiento que debe centrarse en estos elementos:

1. *Guardar la unidad del Espíritu en el vínculo de la paz* (Ef 4.3).
2. *El fruto de justicia se siembra en paz para aquellos que hacen la paz* (Stg 3.18).

3. *Por gracia sois salvos por medio de la fe* (Ef 2.8).
4. *Id y haced discípulos a todas las naciones* (Mt 28.19).

Martín: En las iglesias evangélicas, hasta donde yo recuerdo, siempre se predicó acerca del conflicto espiritual, así como de la bendición material de Dios. Estos dos temas —como es evidente— hoy se sobredimensionan tanto en el púlpito como en todo aspecto de la vida cristiana. ¿A qué cree que se deben esos énfasis? Por otro lado, la predicación y la práctica de lo que se conoce como "guerra espiritual", así como de las "leyes de la prosperidad", ¿qué aportes estarían dando a la reflexión teológica en América Latina? ¿O más bien representa un retroceso en el quehacer teológico?

Israel: Permíteme, Martín, tomar estas dos preguntas en conjunto. Tú has escrito bastante sobre estos temas y ya existe una bibliografía que caracteriza el carácter perverso de quehaceres teológicos que al final pretenden "amoldarnos al mundo actual y no transformarlo mediante la renovación del Espíritu" (Ro 12.2). El hacer de la teología una manipulación de las necesidades humanas es perverso y herético. El tema de la prosperidad es una manipulación terrible ante el empobrecimiento creciente de la clase media, la pobreza que enfrentan grandes masas de la población y la desesperación por la seguridad. Ante ese cuadro, se vende un evangelio barato de la prosperidad y se "viste", con el ropaje de la eficiencia, el individualismo y el éxito. La teología de la prosperidad es la expresión más palpable de una iglesia que pierde su vocación profética y su sentido pastoral de vivir bajo la gracia de Dios.

Sobre la "guerra espiritual" existe una bibliografía abundante. Wolfgang Bühne afirma (en su libro *Explosión carismática*) que esta práctica conduce a una autoestima jactanciosa y a una desviación del Señorío de Jesucristo. Además, supone un concepto desfigurado de Satanás al atribuirle un desmedido poder y una alta autoridad que no tiene. Se predica más de Satanás que de Jesucristo. Se atan tantos "diablos" que terminamos nosotros mismos "enredados". Yo he sido llamado a predicar a Jesucristo, quien con su cruz y su resurrección me ha liberado de la muerte y del pecado. Amén.

Un pastor pentecostal muy sencillo me decía: "A mí no me preocupa la teología de la prosperidad, ya que una persona pobre puede creer salir de su pobreza "mágicamente" sólo, y a lo sumo, por seis meses. La realidad de la pobreza es tan terrible que pronto despertamos a una pesadilla de la cual parece no podemos escapar". Este pensamiento me desafió, porque creo que somos llamados a transformar la prosperidad en gracia y la guerra espiritual en la proclamación del Señorío de Jesucristo. Es decir, creo que Dios escribe derecho lo que nosotros hacemos al revés. Esas "modas teológicas heréticas" serán transformadas por el poder del Espíritu Santo en bendición y gracia para su pueblo.

MARTÍN: Si toda teología implica un discurso sobre Dios, entonces se torna importante la forma y el contenido de nuestro discurso. ¿Cómo hablar de Dios en las actuales condiciones sociales y económicas de América Latina y el Caribe?

ISRAEL: Quiero citar un largo pensamiento muy pertinente de la Declaración del CLAI en su última Asamblea en Barranquilla, en enero de 2001:

"La vida diaria del latinoamericano se transforma profundamente, producto del impacto de este modo de vivir, en el cual las mejores energías humanas deben destinarse a la lucha por la sobrevivencia. Ante la pérdida de estabilidad económica, frente a la creciente precariedad e incertidumbre, ante un futuro cada vez más incierto y amenazante, crece la búsqueda desesperada de salida a la situación de crisis, aumentan las migraciones, la prostitución, la economía del rebusque, y también los negocios ilícitos y de alto riesgo como el narcotráfico, el tráfico de armas y la delincuencia. En este contexto creciente de guerra económica, de inseguridad, de violencia cotidiana, lo que se pierde día a día es la confianza entre los seres humanos, y se debilita la sociabilidad misma. La tendencia a constituir un mundo de sálvese el que pueda, en el que el ser humano se vuelve lobo del otro, en el que cada cual busca salidas propias sin importar lo que se tenga que hacer, y por encima de quien se tenga que pasar, o a quienes se deba olvidar".

En ese cuadro tan realista debemos hablar de Dios: (1) Con una profunda ternura. La misión de Dios se viste de compasión y amor en los tiempos que corren. (2) Lo pastoral y lo profético deben encontrarse. Una comprensión del papel del profeta en la cual se unan el juicio y la salvación, la resistencia y la ternura, lo profético y lo pastoral. (3) Haciendo análisis que nos permitan reorganizar la esperanza. Análisis que no solamente describan la realidad, sino que nos ayuden a discernir las potencialidades del pobre y del excluido en la vida diaria. (4) Animados de una espiritualidad misionera. Volver a una mística de la espiritualidad, que significa el plantearse la renovación de nuestras motivaciones. No es meramente un cambio institucional ni emociones transitorias. Hablamos de motivaciones profundas y vivificantes. Sentir que el "Espíritu da testimonio a nuestro espíritu de que somos hijos de Dios" (Ro 8.16). La mística de la espiritualidad no es una ciencia o un método, es la savia de nuestra vida y la pasión de nuestra esperanza.

Martín: Es interesante observar cómo en los últimos años se ha estado abordando el tema de la cultura desde la perspectiva de la misión. ¿Cree usted que los cambios culturales en América Latina, particularmente la globalización del mercado, afectan los criterios del quehacer misionero?

Israel: En las preguntas anteriores te he respondido parcialmente a esta interrogante. En el mundo actual la eficiencia reemplaza a la solidaridad y el amor. Los hombres y mujeres se clasifican en perdedores y ganadores y punto. Los pobres se vuelven parte del paisaje natural. Noan Chomski nos dice: "Es necesario eliminar los sentimientos humanos normales, sentimientos de simpatía, de cooperación y de cuidado del uno por el otro; ya que estos sentimientos son incompatibles con la ideología del mercado". Además, vivimos en un mundo de lo virtual. Emmanuel Todd explica que tenemos que admitir la existencia de un programa enraizado en el corazón humano, que rechaza la realidad y es capaz de generar una serie de ilusiones que se venden como necesarias, no siéndolo. *La misión de la iglesia, pues, debe revestirse de una profunda ternura.*

Como iglesia debemos reconocer lo que estamos haciendo mal, pero es justo decir que nos sentimos débiles para resistir los embates de las injusticias. A pesar de la pujanza de un fenómeno religioso y de las propias iglesias evangélicas, nos sentimos con pocas fuerzas para "resistir al mal". He escuchado un pensamiento, que quiero catalogarlo de ingenuo, no para decir que es mal intencionado, por el cual se dice que las iglesias evangélicas crecen y los males no decrecen. Es como si dijésemos que nuestra predicación es vana. Por favor, por la labor sencilla de nuestras iglesias se rescatan las vidas y se producen cambios, pero no seamos ingenuos: el poder del mal organizado es diabólico. La capacidad de destrucción de la vida, la naturaleza y del propio ser humano es superior a nuestras fuerzas. Estos son efectos de una globalización económica y financiera llena de injusticias que se nos impone con una fuerza arrolladora. No tenemos como iglesias, ni siquiera como movimientos sociales, respuestas ni a corto ni a mediano plazo. Es correcto reconocer nuestras limitaciones, pero es visionario no cejar en nuestra resistencia constructiva. No podemos ignorar esa globalización; sin embargo, tampoco podemos dejar de denunciar su carácter perverso.

El documento *Buscando Salidas...*, que el Consejo Latinoamericano de Iglesias (CLAI) ha producido con sus iglesias, llama a asumir un papel profético importante. Allí se declara sin ambigüedades que el presente orden económico y político no tiene respuestas para los grandes problemas de las grandes mayorías de nuestro continente. Hace un llamado a todos, sin excepciones, a buscar nuevos caminos de esperanza. Es un llamado visionario para la labor misionera de nuestras iglesias. Es importante que nos unamos como iglesias evangélicas en esa misión de denunciar un orden injusto buscando salidas.

Te diría que el quehacer misionero, en medio de un mundo de tantas transformaciones, está sujeto a cambios. Incluso la frase de "América Latina como tierra de misión", en el sentido estrecho en que algunos lo usan, como lugar para recibir misioneros, no es del todo aplicable. Siempre son bienvenidos los misioneros, pero hoy nuestra región también envía misioneros. Somos tierra misionera en cuanto a una responsabilidad misionera global. Se ha avanzado mucho en la interpretación de la misión integral. El asunto ya no es tanto el debate teórico, sino el vivir las implicaciones de esa misión integral, descubrir los nuevos desafíos que se nos plantean como iglesias en un mundo en mutaciones. En realidad, la gran mayoría de nuestras iglesias aceptan la realidad de una visión misionera en la que se combine lo evangelístico con la diaconía, la espiritualidad con la participación social, la unidad de la iglesia con la proclamación. Es una señal de crecimiento y madurez de nuestras iglesias.

Vivimos hoy un "imaginario eclesial" distinto en nuestra región al entrar el siglo XXI. El proyecto del protestantismo histórico, ligado al liberalismo y al modernismo, desempeñó su papel en nuestra historia latinoamericana. Es justo reconocer el papel que nuestras congregaciones y herencia protestante desempeñaron al promover modelos de participación y libertad en medio del autoritarismo de nuestras sociedades; contribuyeron a levantar la dignidad de las mujeres en medio de nuestros machismos; promovieron nuevos estilos educativos que nos prepararon mejor para enfrentar la modernidad; fomentaron valores humanos en cuanto a la ética del trabajo; crearon redes de salud que mejoraron las condiciones de vida; proyectaron visiones globales más allá de nuestros localismos. Esas contribuciones fueron cimentadas en la pasión por "sembrar la semilla" del evangelio en nuestras tierras. Ese protestantismo histórico nos hizo más educados, más libres, más saludables y más fieles a Jesucristo.

Por su parte, las iglesias evangélicas, con su fidelidad evangelística, han contribuido a la recuperación del ser humano, en la búsqueda de sentidos de vida y recuperación de la dignidad de mujeres y hombres. Han contribuido a afirmar la dignidad social, moral y espiritual de las personas. Las iglesias han ayudado a crear espacios de relaciones, intercambios, interacciones y comunicación entre personas, grupos y comunidades: nuestras iglesias operan como redes de encuentro, a través de las cuales se realiza un constante proceso de distribución de bienes espirituales, humanos y materiales. Estas iglesias han sido ejemplos de vida en comunidad; de proyectos de vida para los grupos sociales más vulnerables de la sociedad; han sido lugares que han promovido la vida y nuestra responsabilidad para con la naturaleza; espacios que se han identificado con los pobres y han contribuido a combatir la pobreza.

Hay toda una herencia muy rica en la cual debemos apoyarnos y construir un sentido de misión para el siglo XXI. Sin tiempo para explicar, mantengo la tesis de que la diversidad de nuestras iglesias y sus estructuras flexibles, cercanas a la comunidad y descentralizadas, permiten una adecuación más dinámica de la misión a los tiempos que vivimos. Si la Reforma Protestante marcó una respuesta fisiológica al mundo en cambios del siglo XVI, hoy nuestras iglesias evangélicas podrían tener dinámicas más eficaces para responder a los desafíos de las sociedades urbanas, posmodernas y secularizadas.

Martín: Al final de *Comunidades de Jubileo* usted plantea un desafío a las iglesias, con el que concordamos plenamente. Se trata de ir más allá de la cultura de la desesperación, de la complacencia y del estancamiento, para abrirnos camino en "el desierto", buscando la plenitud de vida, mirando al reino de Dios. ¿Puede profundizar un poco más este pensamiento?

Israel: Agregaría algo más. Esta cultura de la desesperación, de la complacencia y del estancamiento está llevando a nuestras sociedades a una "cultura del cinismo". Cuando uno lee obras como *La virgen de los sicarios*, se confronta con un cinismo que vacía nuestros sentimientos. Parece que detrás queda una literatura "mágico-real latinoamericana" que nos invitaba a buscar un mundo distinto. Cuando vivimos en sociedades en las cuales imperan la corrupción, la pérdida de valores, las aberraciones de una sexualidad que hace de la opción y no de la convicción el móvil del placer sexual, gobernantes que mienten para declarar guerras sin sentido como la de Irak, sistemas de justicia en los cuales la corrupción y la influencia priman sobre la verdad, sistemas políticos en los que no creemos pero con los cuales debemos convivir, instituciones sin credibilidad, familias desintegradas..., todo nos conduce a una vida llena de cinismo.

Ante este cuadro de una realidad patética, reafirmo lo que expresaba en mi libro *Comunidades de Jubileo*. Debemos revivir la experiencia del pueblo hebreo en el desierto: marchar hacia adelante en medio de la precariedad, la inhospitalidad y las señales de muerte de la vida diaria. Pero marchar con el sentido de que avanzamos hacia la "tierra prometida". Las realidades difíciles que vivimos pueden hacernos sentir impotentes o inhibirnos de toda esperanza hacia el futuro. Muchas personas no ven salidas para las crisis actuales. Otos hablan del "fin de la historia", como diciéndonos que no nos queda otra alternativa que aceptar el orden de injusticias del presente. Sin embargo, nuestra experiencia de fe nos dice que podemos tener esperanza. Reconstruir la esperanza, en medio de fragilidades, es un compromiso para mantenernos firmes en el ejercicio de nuestra fe y un llamado para despertar nuestra imaginación como iglesias fieles a Jesucristo.

De ahí que dos mensajes centrales que nuestras iglesias deben compartir en este momento con nuestros pueblos latinoamericanos son la gracia y la cruz como fundamentos de nuestra fe, y el transformar a nuestras iglesias en comunidades sanadoras de fe. Esto significa marchar por la historia confiando en la gracia de Dios, sin ignorar la cruz y enfatizando a nuestras congregaciones locales como espacios de vida y esperanza.

Martín: Finalmente, en el plano de la misión, ¿a qué nos está desafiando, en términos generales, el actual panorama religioso de América Latina?

Israel: Ya no me queda espacio para responderte esta última pregunta. Compartiría contigo lo que llamo "una agenda mínima para que las iglesias sean iglesias del siglo XXI":

1. ***Redoblar la pasión evangelística.*** Destacar la centralidad de la proclamación en la tarea misionera.
2. ***Ser reservas morales y éticas para nuestras sociedades.*** Vivimos no sólo una crisis económica, sino también de valores, una crisis acerca del futuro de nuestras sociedades. Lo que predicamos el domingo desde el púlpito, a veces se torna impracticable por la ferocidad de la vida diaria. Las sociedades nos reclaman que como iglesias recuperemos los valores en nuestras sociedades, familias y comunidades. No con actitudes magisteriales, sino desde la humildad del servicio.
3. ***El derecho a la vida.*** El derecho a la vida está por encima de cualquier otro derecho. Las necesidades básicas, el cuidado de la naturaleza y la seguridad ciudadana forman parte de la justicia por la vida que como iglesias debemos afirmar.
4. ***Construir con otros un consenso de resistencia y búsqueda de alternativas.*** La pobreza y las injusticias hacen de nuestras sociedades propuestas inviables. En nombre del Dios de la vida, nuestras iglesias deben contribuir a construir consensos y

soluciones distintas frente a una crisis estructural que nos puede conducir al caos.

5. ***Ser "comunidades de jubileo".*** Asumamos con sentido de futuro lo que significa ser una congregación local. Por su proximidad a la vida cotidiana del pueblo, sentimos sus ansias y necesidades. Ser "comunidades de jubileo" significa ser comunidades de esperanza, sanidad y salvación.
6. ***No dejar de soñar.*** Antes que los sueños se privaticen, no dejemos de imaginar, soñar en vidas transformadas por el poder del Espíritu Santo y en que por la gracia de Dios es posible formar sociedades distintas.
7. ***Ser comunidades reconciliadas.*** Somos llamados a ser hacedores de paz y contribuir a la solución de los conflictos. Frente a una subcultura de la violencia, que nos afecta a todos, en especial a la juventud, busquemos ser espacios de paz y reconciliación. "El fruto de la justicia se siembra en paz para los que hacen la paz" (Stg 3.18).
8. ***Desarrollar ministerios de la juventud pertinentes.*** Los menores de 25 años constituyen casi un cincuenta por ciento de nuestra población en muchos de nuestros países. Los jóvenes nos reclaman un ministerio que responda a sus necesidades. Uno de los desafíos más importantes que nuestras iglesias enfrentan en el campo misionero es el trabajo con la juventud. Estamos llamados a renovar estilos y a asumir desafíos diferentes.

En momentos de tanto mercado, violencia, privatizaciones y exclusiones, descubramos de nuevo el potencial de una "teología de la gracia y la cruz" para nuestros tiempos. Del texto *Gracia, cruz y esperanza en América Latina* de la Comisión Teológica Latinoamericana, de la cual tú formas parte, recojo estos pensamientos: "Porque Dios es gracia, porque su amor es permanente, siempre podemos volver a la raíz fundamental de nuestra existencia cristiana y desde allí obtener la fuerza necesaria para enfrentar las luchas de cada día. No hay resignación alguna contemplando la cruz, hay convocatoria al discipulado, hay anuncio gozoso de una gracia que perdona, de una gracia que libera, de una gracia que equipa y, más aún, de una gracia santificadora que nos envía a participar en la renovación de todas las cosas en la creación que Dios tanto ama".

Quiero concluir con un poema de don Hélder Cámara, que ha sido distribuido por la Red de Liturgia del CLAI. Es interesante que un obispo católico nos llame a una "Renuncia y Conversión", que es el título del poema:

> Señor, es bastante fácil sentir tu llamada
> en los acontecimientos de nuestro tiempo
> y de nuestro ambiente.
> Y es fácil también contentarse simplemente
> con respuestas emotivas,
> compasivas y de desagrado.
>
> Lo que nos resulta difícil
> es renunciar a nuestras comodidades,
> romper nuestras estructuras,
> dejarnos arrastrar por tu gracia,
> cambiar de vida, convertirnos.
> ¡Conviértenos, Señor!

Martín: Muchas gracias, Israel.

Teología evangélica a la luz de las Escrituras

Dr. Sergio Arce (Cuba)

Martín: En todos los países de América Latina y el Caribe se evidencia el enorme crecimiento de las iglesias "pentecostales", así como de las llamadas iglesias "neopentecostales". ¿A su juicio, cuáles serían las diferencias más marcadas entre ellas?

Sergio: Existen diferencias histórico-políticas y diferencias "litúrgicas". En cuanto a las primeras, se ha de considerar que el pentecostalismo contemporáneo, que nace en los Estados Unidos, fue una forma muy específica de "protesta" en contra de la sociedad en la cual estaba enclavado. El neopentecostalismo es, por el contrario, una manera de contemporizar muy sutilmente, si se quiere, con la sociedad en la que está emplazado. En cuanto a las segundas, se pueden señalar prácticas en el neopentecostalismo como "oler perfumes", "caerse de espaldas" y otras más que son totalmente extrañas en el pentecostalismo.

Las llamadas iglesias "históricas" de Cuba, ¿a qué se han visto desafiadas a partir de estos crecimientos? ¿O no le han prestado la suficiente atención todavía? En general, no le han prestado atención al fenómeno del crecimiento del pentecostalismo en sus diversas expresiones, porque ellas también están creciendo, aunque no con la misma intensidad.

Martín: Muchos líderes sostienen que actualmente las iglesias evangélicas en América Latina están experimentando un gran "avivamiento" espiritual. ¿Cree que es así? ¿Cuáles son los criterios bíblicos de un verdadero avivamiento?

Sergio: Para tener un verdadero avivamiento, habría que ir a la experiencia de la primera comunidad cristiana, tal como aparece descrito en Hechos de los Apóstoles, con base en su testimonio o proclamación de la Resurrección, en la cual "no había nadie que padeciese necesidad".

Martín: En las iglesias evangélicas, hasta donde recuerdo, siempre se predicó acerca del conflicto espiritual, así como de la bendición material de Dios. Estos dos temas —como es evidente— hoy se sobredimensionan tanto en el púlpito como en todo aspecto de la vida cristiana. ¿A qué cree que se deben esos énfasis?

Sergio: Aunque confieso que no entiendo bien lo que significa la cuestión que me plantea, creo que si en la actualidad en ciertos medios eclesiales se los sobredimensiona, se debe a la influencia de la cultura "norteamericana" consumista que invade a nuestros pueblos a través de los medios masivos de comunicación.

Martín: La predicación y la práctica de lo que se conoce como "guerra espiritual", así como de las "leyes de la prosperidad", ¿qué aportes estarían dando a la reflexión teológica en América Latina?

Sergio: Si algo aportan, sería de carambola, para reflexionar teológicamente sobre la falsa teología que propugnan.

Martín: En un reciente libro suyo, *Teología sistemática: Prolegómenos*, toma distancia de las pseudoteologías, como la teología de la prosperidad. ¿Puede ampliar eso de pseudoteología?

Sergio: Bueno, el término "pseudo", "pseud", procede del griego *pseudês, pseudeos*. En latín sería *mendaz, falsus, fictitius*, es decir, 'falso, fingido, simulado'. En el caso de las citadas teologías, apuntarían a lo mendaz, mentiroso; tienen sus propugnadores, como se hace evidente, en ejemplos que expongo en dicho libro. También entiendo haber mostrado lo falso de sus análisis bíblico-teológicos, así como lo fingido y simulado, si entendemos que estos términos señalan el hecho de presentar como algo real lo que realmente es falso. Entiendo que lo expuesto en mi volumen es más que ilustrativo de esto.

Martín: Es interesante observar cómo en los últimos años se ha estado abordando el tema de la cultura desde la perspectiva de la misión. ¿Cree usted que los cambios culturales en América Latina, particularmente la globalización del mercado, afectan los criterios del quehacer misionero?

Sergio: Creo firmemente que sí, puesto que el quehacer misionero en todo momento está influenciado, por no decir determinado, por las condiciones sociopolítico-económicas del contexto en que se realiza.

Martín: Usted en sus diversos libros ha abordado la relación entre fe e ideología, práctica revolucionaria, misión en una sociedad socialista, etc. ¿Cree que es el tiempo de reflexionar acerca de la iglesia y su misión en el actual "desorden mundial"?

Sergio: Todavía hay pocas voces evangélicas que se pronuncian en América Latina al respecto. Podría contestarle sencillamente diciéndole que sí, que creo que es "tiempo de reflexionar acerca de la iglesia y su misión en el actual desorden mundial". Sin embargo, pienso que podría ampliar un tanto mi respuesta. ¿A qué podemos llamar el actual "desorden mundial"? Si por "desorden" entendemos, desde un punto de vista teológico, todo lo que atente contra el "orden" establecido por Dios, creo que es "el tiempo de reflexionar acerca de la iglesia y su misión" en este momento de la historia de la humanidad. Tendríamos que plantearnos cuáles son las características de ese orden divino, tomando en cuenta su revelación suprema dada en

Jesucristo, aunque podríamos referirnos a sus antecedentes dentro del profetismo hebreo del cual Él fue su heredero; pero pienso que debo ser lo más escueto posible, puesto que no se trata de escribir un ensayo sobre el tema, una temática que sería apropiada para todo un libro.

Pienso en lo mucho que el "desorden mundial actual" contradice la voluntad de Dios, expresada, por ejemplo, en el Padrenuestro. Tal parecería que para una gran porción de entre los llamados cristianos y cristianas, la oración modelo es cosa solo para repetirse pero no para vivirse. Y me refiero específicamente a los que son responsables del actual desorden, quienes pretenden ser verdaderamente cristianos y cristianas. ¿Debo decir nombres o son de todos conocidos? Si pensamos en las bienaventuranzas y en los *ayes* que aparecen en los evangelios, nos sobran motivos de reflexión acerca de la iglesia y de su misión PROFÉTICA en el desorden mundial actual. Del texto bíblico como base para nuestra reflexión al respecto, sobran palabras. Se me ocurre mencionar el Apocalipsis como uno de entre otros muchos. ¿O acaso no estamos frente a una nueva Babilonia que no tiene parangón con la Babilonia del libro bíblico? En la Antigüedad hubo un imperio del cual nos habla el Antiguo Testamento. Los pasajes que se refieren a él podrían servirnos de paradigma para nuestra reflexión en el día de hoy. Me refiero al Imperio asirio.

Martín: Finalmente, ¿a qué nos están desafiando, en términos generales, el actual panorama religioso de América Latina?

Sergio: El actual panorama religioso de Cuba es tan diferente al del resto de América Latina que no me atrevo a contestar con sentido la pregunta propuesta. Lo más probable es que "meta la pata", como decimos popularmente. Sin embargo, me aventuro, no a contestarla, pero sí a expresar algunas ideas al respecto, a riesgo de que lo que diga parezca tonto, porque a pesar de las diferencias antes señaladas, dada la libertad religiosa en Cuba estamos empezando a afrontar idénticos retos. Creo que a ambos, a Cuba y al resto de América Latina, el actual panorama religioso nos está desafiando a que nuestros pueblos aprendan a leer las Escrituras tal como lo hicieron los reformadores del siglo XVI; es decir, teniendo en cuenta que el panorama religioso al cual ellos tuvieron que enfrentarse, tomando la Escritura como arma de ataque y de defensa de la verdadera fe que proclamaban, contaba con el apoyo de los poderosos de su tiempo. Era una religión que de una u otra manera servía a los que pretendían mantener a aquellos pueblos de entonces en la ignorancia, en la pobreza tanto espiritual como material, en la indefensión política y en la opresión económica.

Martín: Muchas gracias, Sergio.

La iglesia como comunidad alternativa al sistema

Dr. Darío López (Perú)

Martín: Darío, quiero comenzar esta entrevista partiendo del hecho concreto de que un sector de la iglesia en América Latina considera que basta identificarnos como "cristianos", a secas, sin apellido alguno. Usted, como teólogo pentecostal, ¿cree que realmente importa reconocerse como "evangélico"? ¿Cuáles serían las razones?

Darío: En los últimos años he escuchado esa afirmación, particularmente, de labios de pastores de las iglesias carismáticas y de las iglesias neopentecostales que consideran que ya pasó el tiempo de las denominaciones y que ha llegado la hora de las iglesias independientes. Ellos afirman que la palabra "evangélico" está "desprestigiada" en América Latina y que, por esa razón, resulta más adecuado llamarse "cristianos".

En el Perú, la inmensa mayoría de las iglesias pentecostales se reconocen a sí mismas como iglesias evangélicas y, por eso mismo, pertenecen al Concilio Nacional Evangélico del Perú (CONEP). Esta entidad, que representa a la mayor parte de la comunidad evangélica en el país, con su presencia cada día más notoria en la vida pública, ha logrado que los evangélicos sean reconocidos como sujetos sociales y políticos claves para la consolidación de la democracia.

Como miembro de una de las denominaciones vinculadas al pentecostalismo histórico, la Iglesia de Dios (Cleveland, EE. UU.), creo que sí importa mucho reconocerse como evangélico, especialmente en la aldea global de este tiempo en la cual la ambigüedad y la falta de identidad se presentan como dos problemas recurrentes. No es suficiente llamarse "cristianos" a secas, porque cuando no se tiene un "apellido" específico, la identidad se diluye o se evapora, y uno puede convertirse en un "artículo" más de consumo dentro del amplio y variado mercado religioso contemporáneo. Cuando uno afirma que es evangélico, reconoce que tiene un pasado específico, una historia particular y una herencia que preservar. En otras palabras, posee una memoria histórica y no es un amnésico; tiene una confesión de fe que le da una identidad teológica precisa, y lleva un "apellido" honroso del cual nunca debe avergonzarse porque fue escrito con la sangre de sus ancestros espirituales: los mártires de la fe evangélica.

Martín: Las estadísticas actuales muestran el enorme crecimiento, sobre todo en América Latina, de las iglesias pentecostales y de las llamadas iglesias "neopentecostales". ¿Cuáles serían las diferencias más marcadas entre ellas? ¿O se trata del mismo pentecostalismo pero en un nuevo contexto?

Darío: No se trata del mismo sujeto religioso. Las iglesias pentecostales cuentan ya con más de cien años de presencia misionera en el mundo y, aunque tienen un "sabor" distinto al de las otras iglesias evangélicas debido a su comprensión de la persona y obra del Espíritu Santo en la iglesia y la sociedad, poseen, tanto en su declaración de fe como en su práctica misionera, las marcas de la identidad evangélica: la herencia teológica de la Reforma, la pasión evangelizadora, la piedad personal, la postura anabautista, la ética puritana y una preocupación social que se expresa en una atención a todas las necesidades humanas. No es este el caso de las llamadas iglesias neopentecostales.

Algunas de las diferencias marcadas que existen entre las iglesias pentecostales y las iglesias neopentecostales serían las siguientes:

1. Los públicos o los auditorios humanos a los cuales se dirigen no son los mismos. Las iglesias pentecostales trabajan prin-

cipalmente entre los pobres y los excluidos, mientras que las neopentecostales se dirigen a las clases media, media alta y alta de la sociedad.

2. Tienen mensajes distintos. Los pentecostales proclaman lo que ellos denominan el evangelio completo o el evangelio pentecostal (Cristo salva, sana, santifica, bautiza en Espíritu Santo y viene otra vez). En el mensaje neopentecostal, debido a su énfasis en la denominada "teología de la prosperidad" y en la "guerra espiritual", así como al uso que hacen de las "técnicas de mercadeo", casi no se anuncia el regreso del Señor, ya que enfatizan más bien el "reino ya" o la idea de que se puede construir el reino de Dios aquí en la tierra sin necesidad de predicar la esperanza bienaventurada del regreso del Señor.
3. Tienen preocupaciones sociales y políticas distintas. Ya muchos han señalado que en las iglesias pentecostales los pobres y los excluidos recuperan la palabra y adquieren conciencia de su dignidad como seres humanos. Han señalado, además, que en las iglesias pentecostales los pobres y los excluidos tienen acceso inmediato a la salud y se convierten en líderes sociales en sus respectivas comunidades. En cambio, las iglesias neopentecostales están más preocupadas por disfrutar de los beneficios temporales que da el poder político y en instrumentar al Estado en beneficio propio. Esto explica la "avalancha" de pastores y líderes neopentecostales que se han presentado en los últimos años como candidatos a la Presidencia de la República y al Congreso Nacional, repitiendo siempre el mismo discurso: Dios nos ha llamado para ser cabeza y no cola, Dios ha revelado que seremos presidentes o congresistas, Dios nos ha llamado para refundar moralmente a la nación.
4. En las iglesias pentecostales los creyentes aprenden a relacionar su fe con sus deberes ciudadanos en el "día a día", mientras que en las iglesias neopentecostales se tiende más a una privatización de la fe, lo que lleva a sus fieles a una despreocupación por la situación material en la que vive el prójimo. Este énfasis privatista de las iglesias neopentecostales se nota especialmente en el contenido de sus cantos y en las prédicas de sus conductores espirituales.

5. Los cultos de las iglesias pentecostales siempre han sido cultos participativos en los cuales todos los creyentes pueden cantar, predicar, dar testimonio y orar públicamente. En las iglesias neopentecostales los cultos son dirigidos por los "especialistas", las prédicas parecen conferencias orientadas a subir la "autoestima" de los fieles, se recorta la participación de los asistentes y los cantos parecen ser una suerte de gimnasia colectiva.

Existen quizás otras diferencias entre las iglesias pentecostales y las iglesias neopentecostales. Aquí solo me he limitado a subrayar algunas de ellas, tal vez las más visibles y significativas.

Martín: Muchos líderes sostienen que actualmente las iglesias evangélicas en América Latina están experimentando un gran "avivamiento" espiritual. ¿Está sucediendo un avivamiento en el Perú? ¿Cuáles serían los criterios para evaluar un avivamiento?

Darío: Ésta es una historia que escucho en el Perú desde hace más de diez años. Ya en el tiempo de violencia política (1980–1995), los líderes evangélicos, carismáticos y neopentecostales afirmaban que nos encontrábamos en un período de "avivamiento" espiritual. Sin embargo, curiosamente, estos mismos personajes no tenían ninguna preocupación por la situación de violencia terrorista y de represión indiscriminada que se vivía en el país, y se oponían a la tarea de defensa de los derechos humanos de evangélicos y de no evangélicos que realizaba el Concilio Nacional Evangélico del Perú (CONEP). Ellos se olvidaban que en la historia de la iglesia todo avivamiento cuyo origen se encuentra en el propósito salvífico de Dios, ha tenido siempre consecuencias sociales y políticas específicas que cambiaron el rostro de las sociedades humanas en las cuales irrumpió el poder de Él para transformar las situaciones de injusticia y agresión a la dignidad humana que se daban en los marcos temporales en los que ocurrían los avivamientos o despertares.

Personalmente considero que lo que está ocurriendo en el Perú se halla vinculado a este tiempo de "retorno a la sagrado", a este momento en el que la gente tiene más predisposición a relacionarse con "lo divino", a este contexto en el cual ser "religioso" se ha vuelto un piso común en buena parte de los países del sur del mundo, ya que no solamente crecen numéricamente las iglesias evangélicas, sino también las religiones no cristianas (por ejemplo, la de los testigos de Jehová o la de los mormones) y las religiones con un fuerte componente misionero como la fe musulmana.

Aquellos que creen que estamos viviendo en un tiempo de "avivamiento" espiritual deberían examinar con cierto cuidado la historia de la iglesia, entender que el crecimiento numérico no es el único dato que se debe considerar para afirmar que uno se encuentra en un periodo de avivamiento y, más aún, tener en cuenta que ese crecimiento numérico debe estar vinculado a las transformaciones sociales y políticas. Tendrían que preguntarse si el propósito de la presencia misionera de la iglesia en el mundo, como señal y signo visible del Reino, consiste únicamente en añadir más números a su lista de miembros, o si se trata de dar testimonio de todo el consejo de Dios atendiendo todas las necesidades de todos los seres humanos.

Martín: En las iglesias evangélicas, hasta donde recuerdo, siempre se predicó acerca del conflicto espiritual, así como de la bendición material de Dios. Estos dos temas —como es evidente— hoy se sobredimensionan tanto en el púlpito como en todo aspecto de la vida cristiana. ¿A qué cree que se deben esos énfasis? ¿Se han redescubierto estos temas de la Biblia o vienen de otras matrices?

Darío: Desde mi punto de vista, no se trata de un "redescubrimiento" de estos temas de la Biblia, sino de la necesidad de justificar ideológicamente —con un disfraz religioso— los énfasis de la sociedad de consumo (comprar para ser alguien, tener bienes como criterio de prosperidad material y para ganar prestigio, poseer un nombre en la sociedad respaldado por señales visibles de riqueza material, entre otros) y de justificar religiosamente la incursión militar y económica en las sociedades menos evangelizadas o en los pueblos no alcanzados que, curiosamente, se encuentran en el llamado mundo no cristiano.

Martín: La predicación y la práctica de lo que se conoce como "guerra espiritual", así como de las "leyes de la prosperidad", ¿qué aportes significativos estarían dando a la reflexión teológica en América Latina, concretamente a la teología en perspectiva pentecostal?

Darío: No creo que estén dando ningún aporte significativo al desarrollo de una reflexión teológica en América Latina y, menos aún, a la elaboración de una teología pentecostal con sabor latinoamericano. La tendencia que estas dos modas teológicas pasajeras tienen a una ideologización de la fe, la cual ha llevado a sus entusiastas promotores a justificar religiosamente dictaduras militares y democracias que empobrecen cada día más a los pobres, revela que en lugar de contribuir a forjar un teología desde el contexto histórico de pobreza y exclusión en el que viven miles de pentecostales, su "teología" legitima el *statu quo* y hace poco caso a la dimensión estructural del pecado y a la dimensión social de doctrinas bíblicas como la justificación por la fe y la santidad, precisamente dos temas que forman parte del evangelio completo que las iglesias pentecostales afirman y proclaman.

Más bien, dentro del amplio universo pentecostal, cada día se observa que un porcentaje bastante significativo de pastores y líderes, desde su propia realidad misionera, están comenzando a relacionar su piedad con los temas de la agenda pública y que, paso a paso, se hallan articulando una teología que responde más apropiadamente a las necesidades materiales concretas y a los dilemas éticos que los fieles de sus iglesias enfrentan cotidianamente. En otras palabras, han llegado a comprender que la teología se forja en la misión y que tiene que acompañar el peregrinaje de los creyentes de "a pie" en las realidades sociales y políticas particulares en las que ellos están inmersos y por las cuales transitan cada día.

Martín: Es interesante observar cómo en los últimos años se ha estado abordando el tema de la cultura desde la perspectiva de la misión. ¿Cree usted que los cambios culturales en América Latina, particularmente la globalización del mercado, afectan los criterios del quehacer misionero?

Darío: Así es, en efecto. De una u otra manera, la forma como se entiende la misión de la iglesia y la práctica de ésta, puede ser afectada por factores externos como la globalización del mercado que, entre otras cosas, ha convertido a la religión en un artículo más de consumo, y a los religiosos en meros consumidores de bienes religiosos adaptables al gusto o al paladar del cliente. En otras palabras, los cambios culturales no solo están diseñando los puntos de agenda de la misión de la iglesia, sino también perfilando el contenido del mensaje que se debe proclamar e indicando cuál tiene que ser el producto final de dicha misión.

Más aún, la misión de la iglesia puede ser vista como una empresa que puede ser manejada siguiendo los criterios de eficacia, eficiencia, rentabilidad, costo-beneficio, marketing, competitividad, entre otros. Además, los misioneros pueden ser entendidos como agentes de venta de un producto que debe ser manufacturado para caerle bien al paladar del eventual cliente y que puede ser cambiado para asegurar la mayor rentabilidad posible. Así, la efectividad de la misión de una iglesia local se mide en términos de números que se agregan a la relación de miembros, y el pastor de éxito es el que posee iglesias numéricamente grandes con varios cultos en un mismo día, viaja en asientos de primera clase en los aviones, se aloja en hoteles cinco estrellas y tiene un séquito de seguidores que le cuidan la espalda.

MARTÍN: ¿Cuál sería el aporte específico de la práctica de la misión de las iglesias pentecostales a la elaboración de una teología de la misión en América Latina?

DARÍO: Desde mi perspectiva, aunque mi opinión puede ser selectiva y parcializada, considero que los siguientes puntos clave pueden ser el aporte específico de las iglesias pentecostales a la elaboración de una teología de la misión en y desde América Latina:

1. Las iglesias locales tienen que constituirse en una suerte de contracultura, es decir, en sociedades alternativas y comunidades de resistencia no violenta a la sociedad predominante.
2. Todos los creyentes, varones y mujeres de todas las edades, son sujetos y agentes de la misión de Dios en los círculos sociales en los cuales transitan cada día.
3. La misión de la iglesia tiene que afectar no solamente al individuo y a su entorno familiar, sino también a las estructuras de la sociedad y producir transformaciones sociales y políticas.
4. Tanto la oración como el canto y el testimonio de los creyentes y de las iglesias locales, tienen una dimensión social y política específica que denuncian la situación de injusticia institucionalizada en las que éstos se encuentran y el carácter efímero de los que detentan el poder político y económico.

5. Cuando se proclama que Cristo viene, se anuncia la naturaleza temporal de todos los imperios humanos y el advenimiento de una nueva sociedad en la que desaparecerán todas las injusticias.
6. En la misión de la iglesia, la cruz y la resurrección caminan juntas, ya que el creyente tiene que compartir el destino de su Señor y Maestro, y con su testimonio proclama también que luego del martirio viene el tiempo de la pascua de resurrección. En otras palabras, se asume el costo del discipulado, pero se trabaja también para construir sociedades humanas más cercanas al propósito de Dios.

Martín: Finalmente, en el plano de la misión, ¿a qué nos está desafiando, en términos generales, el actual panorama religioso de América Latina?
Darío: Los siguientes pueden ser los desafíos concretos que los evangélicos tenemos que enfrentar en este tiempo de cambios significativos en el mapa religioso regional:

1. Nos desafía a precisar de manera bien clara por qué somos evangélicos y no simplemente cristianos; es decir, a tener bien definida nuestra identidad.
2. Nos desafía a repensar continuamente cuáles tienen que ser los temas que no debemos descuidar en la práctica de la misión.
3. Nos desafía al diálogo interconfesional y al diálogo interreligioso, desde nuestra identidad evangélica, y sin poner para nada en la mesa de discusión asuntos innegociables de nuestra fe, como la singularidad de Jesucristo y nuestra convicción misionera.
4. Nos desafía a pensar con mayor cuidado las ventajas y desventajas tanto de la presencia misionera de los miembros de las iglesias evangélicas como de la comunidad evangélica como sujeto social y político, en la plaza pública y en la discusión de la agenda pública.
5. Nos desafía a ser mucho más orgánicos cuando nos relacionamos con las instituciones vinculadas al Estado y con los otros sectores organizados de la sociedad civil, especialmente cuando se trata de dar una opinión evangélica sobre los temas de la agenda

pública y se tiene que participar en todo esfuerzo por consolidar las todavía frágiles democracias de la región.

6. Nos desafía a forjar una teología que sea fiel a todo el consejo de Dios, pertinente para la realidad en la que estamos situados, orientada al bien común, capaz de movilizar a toda la iglesia para que proclame la justicia de Dios en medio de las injusticias humanas y afirme en cada tramo de su recorrido misionero que el Dios de la Biblia es el Dios de la Vida que ama y defiende la vida de todos los seres humanos.

Martín: Muchas gracias, Darío.

Bibliografía

Libros

Alves, Rubem

1979 *Protestantismo e repressao.* São Paulo: Atica.

Antoniazzi, Alberto (editor)

1996 *Nem Anjos nem Demónios. Interpretaçoes sociológicas do Pentecostalismo.* Petrópolis: Vozes - CERIS.

Assmann, Hugo

1987 *La iglesia electrónica y su impacto en América Latina.* San José: Departamento Ecuménico de Investigaciones.

Attanasi, Katherine & Amos Yong (editores)

2012 *Pentecostalism and Prosperity.* New York: Palgrave Macmillan.

Barrera, Paulo

2001 *Tradição, transmissão e emoção Religiosa. Sociologia do Protestantismo Contemporáneo na América Latina.* São Paulo: Olho d'Agua.

Bastian, Jean-Pierre

1997 *La mutación religiosa de América Latina. Para una sociología del cambio social en la modernidad periférica.* México: Fondo de Cultura Económica.

1994 *Protestantismos y modernidad latinoamericana. Historia de unas minorías religiosas activas en América Latina.* México: Fondo de Cultura Económica.

Bonilla, Yattenciy & Freddy Guerrero

2005 *Nuevas formas de poder. Movimientos apostólicos y mesiánicos "evangélicos".* Quito: CLAI-FLET- FLEREC.

Brito, Enio y otros (editores)

2001 *Milenarismos e messianismos ontem e hoje.* São Paulo: Loyola.

Boyd, Gregory

2006 *Dios en pie de guerra.* Miami: Vida.

Bühne, Wolfgang

1994 *Explosión carismática.* Barcelona: CLIE.

Cabezas, Rita

1986 *Desenmascarado.* San José: Litografía López Tercero.

1993 *Guía de liberación de influencia satánica.* Miami: UNILIT.

Campos, Bernardo

1997 *De la Reforma Protestante a la pentecostalidad de la iglesia.* Quito: CLAI.

2008 *Manifestaciones recientes de un movimiento del Espíritu: el movimiento apostólico y profético en el Perú.* Santiago: RELEP.

2009 *Visión de Reino. El movimiento apostólico profético en el Perú.* Lima: Bassel Publishers.

Campos, Leonildo Silveira
2000 *Teatro, templo y mercado. Comunicación y marketing de los nuevos pentecostales en América Latina.* Quito: Abya-Yala.

Capurro, Juan
1994 *Las cinco dimensiones de la prosperidad.* Lima: Comunidad Cristiana Agua Viva. (Hay una edición posterior publicada por Caribe-Betania en el año 1997).

Carrillo, Salvador
1986 *Carismáticos. La presencia jubilosa del Espíritu Santo en el mundo actual.* Madrid: Sociedad de Educación Atenas.

Castiñeira, Ángel
1992 *La experiencia de Dios en la postmodernidad.* Madrid: PPC.

Cerullo, Morris
1991 *5 crisis mayores y 5 olas mayores del Espíritu Santo que vienen en la década de los '90.* San Diego: Evangelismo Mundial de Morris Cerullo.

Chaves, Rony
s/f *Apuntes sobre el ministerio apostólico.* San José: Avance Misionero Mundial.

Coleman, Simon
2004 *The Globalization of Charismatic Christianity. Spreading the Gospel of Prosperity.* Cambridge: Cambridge University Press.

Copeland, Gloria
1984 *La voluntad de Dios es prosperidad.* Texas: KCP Publicaciones.

Corten, André
1996 *Os pobres e o Espíritu Santo. O pentecostalismo no Brasil.* Petrópolis: Vozes.

Cruz, Antonio
1996 *Postmodernidad. El evangelio ante el desafío del bienestar.* Barcelona: CLIE.

Chantry, Walter
1990 *Señales de los apóstoles. Observaciones sobre el pentecostalismo antiguo y moderno.* Edinburgo: El Estandarte de la Verdad.

Da Silva, Severino
1997 *O Crente e a Prosperidade.* São Paulo: CPAD.

Dayton, Donald
1991 *Raíces teológicas del pentecostalismo.* Buenos Aires - Grand Rapids: Nueva Creación-William B. Eerdmans Pub. Co.

Deiros, Pablo
2012 *Historia del cristianismo. El cristianismo denominacional.* Buenos Aires: Ediciones del Centro.
2012 *Historia del cristianismo. El cristianismo protestante en América Latina.* Buenos Aires: Ediciones del Centro.
1992 *Historia del cristianismo en América Latina.* Buenos Aires: Fraternidad Teológica Latinoamericana.
1997 *Protestantismo en América Latina.* Nashville: Caribe.

Deiros, pablo y Carlos Mraida
1994 *Latinoamérica en llamas.* Miami: Caribe.

De Oliveira, Rinaldo
1993 *Conhecer a Deus para Prosperar.* Curitiba: Betánia.

Dietrich, Margarita
1993 *Las cadenas caen*. Lima: Alborada.

Duarte, Carlos
1995 *Las mil y una caras de la religión. Sectas y nuevos movimientos religiosos en América Latina*. Quito: CLAI.

Eckhardt, John
2000 *La iglesia apostólica*. Lima: Jhire Grafel.

Escobar, Samuel
2007 *Cómo comprender la misión*. Buenos Aires: Certeza Unida.
1997 *Desafios da Igreja na América Latina*. Viçosa: Ultimato.

Fábio, Caio
1996 *Batalha Espiritual*. Rio de Janeiro: VINDE Comunicações.

Forrester, Viviane
1997 *El horror económico*. Buenos Aires: Fondo de Cultura Económica.

Galindo, Florencio
1992 *El protestantismo fundamentalista. Una experiencia ambigua para América Latina*. Navarra: Verbo Divino.

Gálvez, Rigoberto y otros
2002 *Unidad y diversidad del protestantismo latinoamericano*. Buenos Aires: Kairós.

Getz, Gene
1994 *La verdadera prosperidad*. Miami: Vida.

Gogin, Gina
1997 *Presencia religiosa en las radios limeñas*. Lima: Universidad de Lima.

Gondim, Ricardo
1995 *O Evangelho da Nova Era. Uma análise e refutação bíblica da chamada Teologia da Prosperidade*. São Paulo: Abba Press.
1995 *Os Santos em Guerra*. São Paulo: Abba Press.

Green, Guillermo
2009 *¡Alerta roja!* Guadalupe, Costa Rica: CLIR.

Grenz, Stanley
1996 *A Primer on Postmodernism*. Grand Rapids: William B. Eerdmans Pub. Co.

Hagin, Kenneth
1989 *Redimido de la pobreza, enfermedad y muerte espiritual*. Tulsa: Faith Library Publications.

Hamon, Bill
2009 *Los futuros movimientos de Dios*. Buenos Aires: Peniel.

Hanegraaff, Hank
1993 *Cristianismo en crisis*. Miami: UNILIT.

Hinkelammert, Franz
1991 *Sacrificios humanos y sociedad occidental: Lucifer y la Bestia*. San José: Departamento Ecuménico de Investigaciones.

Hobsbawn, Eric y Terence Ranger (editores)
2002 *La invención de la tradición*. Barcelona: Crítica.

Hollenweger, Walter
1976 *El pentecostalismo. Historia y doctrinas*. Buenos Aires: La Aurora.

Hong, In Sik
2001 *¿Una iglesia posmoderna?* Buenos Aires: Kairós.

Hopenhayn, Martin
2002 *El mundo del dinero*. Buenos Aires: Grupo Editorial Norma
Houtart, François
1997 *Sociología de la religión*. México: Plaza y Valdés.
Hughes, Richard
2005 *Mitos de los Estados Unidos de América*. Grand Rapids: Libros Desafío.
Hümmel, Charles
1991 *The Prosperity Gospel. Health and Wealth and the Faith Movement*. Dowmers Grove: Inter Varsity Press.
Hurtado, Larry
1999 *At the Origins of Christian Worship*. Grand Rapids: William B. Eerdmans Pub. Co.
Jacobs, Cindy
1993 *Conquistemos las puertas del enemigo. Instrucciones para una intercesión militante*. Miami: Betania.
2008 *El manifiesto de la Reforma*. Lake Mary: Casa Creación.
Jiménez, Yamil
1997 *Dios quiere prosperarte*. San José: Varitec.
Jones, David & Russell Woodbridge
2012 *¿Salud, riquezas y felicidad?* Grand Rapids: Portavoz.
Kapsoli, Wilfredo
1994 *Guerreros de la oración. Las nuevas iglesias en el Perú*. Lima: SEPEC.
Lee, Edgar (editor)
2006 *Él nos dio apóstoles*. Miami: Vida.
Leite, Tácito
1990 *Seitas Neopentecostales. Seitas do nosso tempo*. Volumen 3. Rio de Janeiro: JUERP.
Lyotard, Jean-François
1990 *Economía libidinal*. Buenos Aires: Fondo de Cultura Económica
MacArthur Jr., John
1999 *O caos carismático*. São Paulo: Editora Fiel
Maldonado, Guillermo
2006 *La liberación, el pan de los hijos*. Miami: ERJ Publicaciones
Mc Afee, Robert
1965 *The Spirit of Protestantism*. New York: Oxford University Press.
Maduro, Otto
1980 *Religión y conflicto social*. México, D. F.: CEE-CRT.
Mardones, José
1996 *¿A dónde va la religión? Cristianismo y religiosidad en nuestro tiempo*. Santander: Sal Terrae.
1991 *Postmodernidad y neoconservadurismo. Reflexiones sobre la fe y la cultura*. Navarra: Verbo Divino.
Marzal, Manuel
1988 *La transformación religiosa peruana*. Lima: Fondo Editorial PUCP.
McAlpine, Thomas
1991 *Facing the Powers. What are the Option?* Monrovia: MARC.
Méndez, Ana
2009 *Sentados en lugares celestiales*. Ponte Vedra: Voice of the Light Ministries.

Míguez, José
1995 *Rostros del protestantismo latinoamericano.* Buenos Aires-Grand Rapids: Nueva Creación-William B. Eerdmans Pub. Co.

Morey, Robert
1997 *Estratégias Satánicas. Vencendo os esquemas do inimigo.* São Paulo: Abba Press.

Mraida, Carlos
2007 *Socorro, Señor. Mi iglesia se renovó y no la entiendo.* Buenos Aires: Certeza Argentina.
1994 *Latinoamérica en llamas.* Miami: Caribe.

Murphy, Edward
1994 *Manual de guerra espiritual.* Miami: Caribe - Betania.

North, Gary
1987 *La liberación del planeta tierra. La regeneración sin la revolución.* Tyler: Instituto para la Economía Cristiana.

Ocaña, Martín
2003 *Bienestar humano y reinado de Dios.* Quito: CLAI.

Oro, Ivo
1996 *O Outro é o Demónio. Uma análise sociológica do fundamentalismo.* São Paulo: Paulus.

Paredes, Rubén Tito
2006 *Con permiso para danzar.* Buenos Aires: Kairós.

Parker, Cristian
1993 *Otra lógica en América Latina. Religión popular y modernización capitalista.* Santiago: Fondo de Cultura Económica.
1997 *Religión y postmodernidad.* Lima: CEPS - Proceso Kairós.

Penn-Lewis, Jessie
s/f, aprox. 1927 *La guerra contra Satanás y el camino de victoria.* Sin lugar: Sin Editorial.

Petersen, Douglas
1996 *Not by Migth nor by Power. A Pentecostal Theology of Social Concern in Latin America.* Oxford: Regnum.

Piedra, Arturo y otros
2003 *¿Hacia dónde va el protestantismo?* Buenos Aires: Kairós.

Pieratt, Alan
1996 *O Evangelho da Prosperidade.* São Paulo: Vida Nova.

Prien, Hans-Jürgen
1985 *La historia del cristianismo en América Latina.* Salamanca: Sígueme.

Redden, Andrew
2008 *Diabolism in Colonial Peru, 1560-1750.* London: Pickering & Chatto.

Reddin, Opal
1994 *Enfrentamiento de poderes.* Miami: Vida.

Roldán, Alberto
2011 *¿Para qué sirve la teología?* Segunda edición. Grand Rapids: Libros Desafío.

Roldán, Alberto y otros (editores)
2011 *La iglesia latinoamericana: su vida y su misión.* Buenos Aires: Certeza Argentina.

Rodríguez, Alfonso
1988 *Teología del movimiento carismático contemporáneo.* Miami: Caribe.

Rodríguez, Augusto
2003 *New Apostolic Churches in Greater Los Angeles: Renewal, Mission and Growth.* Pasadena: Fuller Theological Seminary, Faculty of the School of World Mission (Ph.D. Dissertation).

Segura, Osías
2012 *Riquezas, templos, apóstoles y súper apóstoles.* Barcelona: CLIE.

Schäfer, Heinrich
1992 *Protestantismo y crisis social en América Central.* San José: DEI - ULS.

Smith, Douglas
1992 *Bendecidos para bendecir. Teología bíblica de la misión.* El Paso: Mundo Hispano.

Stedman, Ray
1995 *Batalha Espiritual. Como vencer nossas lutas diárias contra satanás e seus anjos.* São Paulo: Abba Press.

Stoll, David
s/f *¿América Latina se vuelve protestante? Las políticas del crecimiento evangélico.* Cayambe: Abya-Yala.

Stringer, Martin
2005 *A Sociological History of Christian Worship.* Cambridge - New York: Cambridge University Press.

Synan, Vinson (editor)
2006 *El siglo del Espíritu Santo.* Buenos Aires: Peniel.

Torres, Héctor
1996 *Desenmascaremos las tinieblas de este siglo.* Nashville: Caribe-Betania.

Unger, Merrill
1974 *Los demonios y el mundo moderno.* Miami: Logoi.

Wagner, Pedro
1987 *Avance del pentecostalismo en Latinoamérica.* Miami: Vida.
1993 *Oración de guerra.* Nashville: Editorial Caribe.
1985 *Señales y prodigios hoy.* Miami: Vida.
2003 *Siete principios poderosos que no aprendí en el seminario.* Miami: Vida.
2003 *Apóstoles en la iglesia de hoy.* Buenos Aires: Peniel.

Wagner, Pedro y Pablo Deiros (editores)
1998 *Manantiales de avivamiento.* Nashville – Miami: Caribe.

Wariboko, Nimi
2008 *God and Money. A Theology of Money in a Globalizing World.* New York: Lexington Books.

White, John
1995 *Cuando el Espíritu Santo llega con poder.* Lima: Puma.

Artículos

Alvarez, Carmelo
1995 "Panorama histórico de los pentecostalismos latinoamericanos y caribeños". En B. Gutiérrez (editor). *En la fuerza del Espíritu. Los pentecostales en América Latina: Un desafío a las Iglesias Históricas.* Guatemala: CELEP-AIPRAL, pp. 35–56.

Amat y León, Óscar
1997 "Entre el carismatismo y la postmodernidad". *Caminos*, n.° *57*, Lima, pp. 7–18.
1997 "Iglesia y carismatismo". *Caminos*, n.° *56*, Lima, pp. 7–24.

Arrington, French
1990 "Hermeneutics, Historical Perspectives on the Pentecostal and Charismatic". En S. Burgess & G. Mc Gee (editores). *Dictionary of Pentecostal and Charismatic Movements*. Grand Rapids: Regency Reference Library, pp. 376–389.

Autor desconocido
1966 "El cristiano y el dinero". *El Predicador Evangélico* nº 92, pp. 258-262.
1978 "El Reavivalismo Protestante, el Pentecostalismo y el Retorno a Roma". *Pregonero de Justicia* (Número Especial), pp. 21-29.

Bastian, Jean-Pierre
1997 "La dérégulation religieuse de l'Amérique latine". *Problémes d'Amérique latine*, n.° 24, pp. 3–16.

Bobsin, Oneide
1995 "Pentecostalismo - desafios e perspectivas pastorais". *Revista de Cultura Teológica*, año III, n.° 13, pp. 69–76.
1995 "Teologia da prosperidade ou estratégia de sobrevivéncia. Estudo exploratório". *Estudos Teológicos*, año 35, n.° 1, pp. 21–38.

Boleto, Fernando
1996 "Abordagem bíblica do pentecostalismo". *Revista de Cultura Teológica*, año IV, n.° 16, pp. 53–58.

Breneman, Mervin
1997 "El 'avivamiento' espiritual en la Argentina en perspectiva bíblica". *Boletín Teológico*, n.° 68, pp. 65–82.

Brinsmead, Roberto
1980 "El panorama religioso actual y el Evangelio". *Pregonero de Justicia* (número especial), pp. 2–9.

Burt, David
1996 "El ministerio de liberación". *Andamio*, n.° 1.

Cabral, Katia
1997 "Novas expressões religiosas na cidade". *Tempo e Presença*, n.° 293, pp. 30–33.

Campiche, Roland
1990 "Un enfoque sociológico en torno al campo religioso". *Cristianismo y Sociedad*, n.° 104, pp. 7–20.

Campos, Bernardo
2003 "El ministerio quíntuple y la restauración del ministerio apostólico". En D. Chiquete & L. Orellana (editores). *Voces del pentecostalismo latinoamericano*. Concepción, Chile: RELEP.
1995 "En la fuerza del Espíritu: pentecostalismo, teología y ética social". En B. Gutiérrez (editor). *En la fuerza del Espíritu. Los pentecostales en América Latina: Un desafío a las Iglesias Históricas*. Guatemala: CELEP-AIPRAL, pp. 57–72.

Deiros, Pablo
1997 "El 'avivamiento' espiritual en la Argentina en perspectiva histórica". *Boletín Teológico*, n.° 68, pp. 19–39.

Escobar, Samuel
1982 "¿Qué significa ser evangélico hoy?". *Misión*, n.° 1, pp. 14–18 y 35–39.
1966 "¿Somos fundamentalistas?". *Pensamiento Cristiano*, n.° 50, año 13, pp. 88–96.

Fernández, Pedro
1986 "La renovación carismática, una cuestión teológica". *Communio*, año 8, pp. 70–82.

Freston, Paul
1996 "Breve história do pentecostalismo brasilero". En A. Antoniazzi (editor). En *Nem Anjos nem Demónios. Interpretações sociológicas do pentecostalismo.* Rio de Janeiro: Vozes-Ceris, pp. 67–159.
1995 "Entre el pentecostalismo y la decadencia del denominacionalismo: El futuro de las iglesias históricas en Brasil". En B. Gutiérrez (editor). En *la fuerza del Espíritu. Los pentecostales en América Latina: Un desafío a las Iglesias Históricas.* Guatemala: CELEP-AIPRAL, pp. 295–316.

Gondim, Ricardo
1995 "Compreendendo o universo pentecostal e estabelecendo bases para o diálogo". *Revista de Cultura Teológica*, año III, n.° 13, pp. 77–86.

Góngora, Alvin
1996 "La teología de la prosperidad". *Boletín Teológico*, año 28, n.° 64, pp. 7–34.
1996 "La teología de la prosperidad: una lectura crítica". *Iglesia y Misión*, n.° 55, pp. 6–11.

Gutiérrez, Benjamín
1995 "Introducción. Los pentecostales en América Latina: un desafío a las iglesias históricas". En B. Gutiérrez (editor). *En la fuerza del Espíritu. Los pentecostales en América Latina: un desafío a las iglesias históricas.* Guatemala: CELEP-AIPRAL, pp. 11–32.

Johansson, Lars
1994 "New Age - A synthesis of the premodern, modern and postmodern". En V. Samuel & C. Sugden (editores). *Faith and Modernity.* Oxford: Regnum Books, pp. 208–251.

León, Jorge
1997 "El 'avivamiento' espiritual en la Argentina en perspectiva psicológica". *Boletín Teológico*, n.° 68, pp. 49–64.

Liulla, Ibis
1996 "Modernidad, renovación y prosperidad". *Caminos*, n.° 55, Lima, pp. 17–18.

Mariz, Cecilia
1995 "El pentecostalismo y el enfrentamiento a la pobreza en Brasil". En B. Gutiérrez (editor). *En la fuerza del Espíritu. Los Pentecostales en América Latina: Un desafío a las iglesias históricas.* Guatemala: CELEP- AIPRAL, pp. 199–220.
1995 "Perspectivas sociológicas sobre o pentecostalismo e o neopentecostalismo". *Revista de Cultura Teológica*, n.° 13, pp. 37–52.

Mendonça, António
1994 "O neopentecostalismo". *Estudos de Religião*, año IX, n.° 9, pp. 147–159.

Míguez Bonino, José
1983 "Historia y misión". En R. Craig (editor). En. *Protestantismo y liberalismo en América Latina.* San José: DEI-SBL, pp. 15–36.

Mo Sung, Jung
1995 "Fundamentalismo económico". *Estudos de Religião*, n.° 11, pp. 101–108.

Nogueira, Yara
1995 "Pentecostalismo no Brasil: os desafios da pesquisa". *Revista de Cultura Teológica*, año III, n.° 13, pp. 7–20.

Núñez, Emilio
1994 "El evangelio de la prosperidad". *Apuntes Pastorales*, Vol. XI, n.° 4, pp. 33–35.

Ocaña, Martín
2004 "La gracia de Dios y el bienestar humano. A propósito del lenguaje de la teología de la prosperidad". En I. Batista (editor). *Gracia, cruz y esperanza en América Latina.* Quito: CLAI, pp. 169–182.
2003 "Las leyes mágicas de la prosperidad". En *Vida y Pensamiento*, Vol. 23, n.° 1, pp. 115–129.
2012 "Luces y sombras en tiempos de avivamiento. Una lectura de los Hechos del Espíritu Santo". En A. Chiang y otros. En *El poder del Espíritu Santo ¿Qué significa hoy en América Latina?* Lima: Ediciones Puma, pp. 45–63.
1999 "Teología de la prosperidad ¿Sendero del éxito para los excluidos?" En *Signos de Vida* nº 11, Quito, pp. 2-5.

O'Donnell, Christopher
1983 "El neopentecostalismo en Norteamérica y en Europa". *Concilium*, n.° 181, pp. 76–86.

Oro, Ari
1993 "'Podem passar a sacolinha': Um estudo sobre as representações do dinheiro no pentecostalismo autónomo brasileiro atual". *Revista Eclesiástica Brasilera*, n.° 53, Fasc. 210, pp. 301–323.

Padilla, René
1996 "Misión y Prosperidad". *Iglesia y Misión*, n.° 55, pp. 4–5.

Palau, Luis
1988 "Bendición y prosperidad". *Continente Nuevo*, n.° 17, pp. 4–8.

Paredes, Rubén Tito
2011 "Con permiso para danzar: renovación de la música en las iglesias evangélicas de América Latina". En A. Roldán y otros (editores). *La iglesia latinoamericana: su vida y su misión.* Buenos Aires: Certeza Argentina, pp. 203–221.

Parker, Cristian
1994 "Mutaciones culturales y paradigmas emergentes". *Páginas*, n.° 129, pp. 40–54.

Pedde, Valdir
1997 "O poder do pentecostalismo. A experiencia do Espíritu Santo". *Estudos Teológicos*, año 37, n.° 3, pp. 243–260.

Piedra, Arturo
1996 "El cristianismo en la sociedad y la cultura latinoamericana". *Vida y Pensamiento*, Vol. 16, n.° 2, pp. 170–189.
1994 "El protestantismo costarricense, entre la ilusión y la realidad". *Senderos*, año XVI, n.° 47 pp. 77–96.
1990 "Protestantismo y sociedad en América Central". *Cristianismo y Sociedad*, n.° 103, pp. 87–106.
2005 "Theology of grace and theology of prosperity". *Reformed World*, Vol. 55, n.° 4, diciembre, Genéve.

Priest, Robert y otros
1997 "El sincretismo misionológico: el nuevo paradigma animista". En R. Priest (editor). *Poder y misión. Debate sobre la guerra espiritual en América Latina.* San José: IINDEF, pp. 14–42.

Robles, Amando
1993 "Religión y posmodernidad". En A. Jiménez (editor). En *Del búho a los gorriones. Ensayos sobre la postmodernidad.* San José: Guayacán, pp. 37–51.

Samandú, Luis
1988 "El pentecostalismo en Nicaragua y sus raíces teológicas populares". *Pasos,* n.° 17, pp. 1–9.

Schäfer, Heinrich
1994 "Fundamentalism: power and the absolute". *Exchange,* Vol. 23, n.° 1, pp. 1–24.
1996 "'¡Oh Señor de los cielos, danos poder en la tierra!'. El fundamentalismo y los carismas: la reconquista del espacio vital en América Latina". *Pasos,* n.° 64, pp. 1–9.

Silveira, Leonildo
1995 "Abordagens usuais no estudo do pentecostalismo". *Revista de Cultura Teológica,* año III, n.° 13, pp. 21–35.
1994 "A propósito de exorcistas e 'amarradores' de demónios". *Contexto Pastoral,* año IV, n.° 22, pp. 10–11.
1995 "Protestantismo histórico y pentecostalismo en Brasil: Aproximaciones o conflicto". En B. Gutiérrez (editor). *En la fuerza del Espíritu. Los pentecostales en América Latina: Un desafío a las Iglesias Históricas.* Guatemala: CELEP-AIPRAL, pp. 91–140.

Smith, Roy
1957 "¿Dios o Mammon?". *El Predicador Evangélico,* n.° 56 pp. 258–261.

Smouter, W.
1992 "El movimiento carismático: ¿cómo enfrentarlo cristianamente?". *Estandarte de la Verdad,* n.° 13, pp. 12–19.

Vega-Centeno, Imelda
1995 "Sistema de creencia. Entre la oferta y demanda simbólica". *Nueva Sociedad,* n.° 136, pp. 56–69.

Wagner, Peter
1995 "La guerra espiritual". En P. Wagner (editor). *Espíritus territoriales.* Miami: Carisma, pp. 21–47.

Wakely, Mike
1995 "Una mirada crítica a la guerra espiritual en la evangelización". *Apuntes Pastorales,* Vol. XIII, n.° 1, pp. 24–25 y 42–46.

Wauzzinski, Robert
1987 "In god we trust. The Gospel of Wealth in the USA". *Third Way,* Vol. 10, n.° 4, pp. 22–24.

Wynarczyk, Hilario
1997 "El 'avivamiento' espiritual en la Argentina en perspectiva sociológica". *Boletín Teológico,* n.° 68, pp. 7–16.

Zeigler, James
1990 "Full Gospel Business Men's Fellowship International". En S. Burgess y G. Mc Gee (editores). *Dictionary of Pentecostal and Charismatic Movements.* Grand Rapids, MI: Regence Reference Library, pp. 321–322.

www.ingramcontent.com/pod-product-compliance
Ingram Content Group UK Ltd.
Pitfield, Milton Keynes, MK11 3LW, UK
UKHW022027190726
13853UKWH00005B/2151

9 789972 701931